*edition liberación*

Franz J. Hinkelammert

# Der Glaube Abrahams und der Ödipus des Westens

Opfermythen im christlichen Abendland

Mit einem Vorwort
von Norbert Arntz

*edition liberación*

Münster 1989

*Titel der spanischen Ausgabe:*
La Fe de Abraham y el Edipo Occidental
San José (Costa Rica) 1989

Die Übersetzung aus dem Spanischen besorgte Norbert Arntz

*Redaktion:*
Andrea Fleischhacker
*Umschlagentwurf und Typographie:*
Grafikdesign Jauczius & Böwer, Münster
*Satz:*
edition liberación auf PC mit dem Programm OptiPage
*Belichtung und Druck:*
Fuldaer Verlagsanstalt, Fulda

Für die deutsche Ausgabe
© edition liberación, Münster 1989
Postfach 1744, Hafenweg 26b
D-4400 Münster
ISBN 3-923792-39-5

CIP-Titelaufnahme der Deutschen Bibliothek
**Hinkelammert, Franz J.:**
Der Glaube Abrahams und der Ödipus des Westens :
Opfermythen im christlichen Abendland /
Franz J. Hinkelammert. Mit e. Vorw. von Norbert Arntz.
Aus d. Span. übers. von Norbert Arntz. –
Münster : Ed. Liberación, 1989
Einheitssacht.: La fe de Abraham y el Edipo occidental ‹dt.›
ISBN 3-923792-39-5

# Inhaltsverzeichnis

# Vorwort

*Gloria Dei vivens pauper:* Die Ehre Gottes ist der Arme, der lebt – so schreibt Erzbischof Oscar Arnulfo Romero in seinem Löwener Vortrag vom 2. Februar 1980 die Weisheit des alten Kirchenlehrers Irenäus fort. Mit Lidia und Juán, Benigno und Gumercinda, mit den Campesinos und Campesinas von Pucará im südlichen Andenhochland Perus habe ich mich vor sechs Jahren auf den Weg gemacht, ihr Land zurückzugewinnen, den Frieden in Gerechtigkeit zu schmieden, Gemeinschaft zu weben, den Gott zu entdecken, dessen Ehre der lebendige Arme ist. Von den ihrer Würde Beraubten aus, durch die vom vorzeitigen Tod Bedrohten habe ich Einsichten und Erkenntnisse über »Gott und die Welt« gewonnen, die mir zuvor verschlossen waren. Sozusagen von der Kehrseite der Geschichte aus beginne ich neu, Theologie zu treiben. Was ich vor diesem annähernd sechsjährigen »missionarischen Einsatz« erst ahnte, ist jetzt zur eigenen Erfahrung geworden: wie sehr Geographie und Geschichte, Wirtschaft und Politik die Erkenntnis der Theologen prägen. Ob ich Theologie treibe in jenen Teilen der Erde, die von den sogenannten Auslandsschulden profitieren, also z.B. in Europa, oder unter jenen, deren Leben tagtäglich bedroht wird durch die als Auslandsschuld getarnten Wucherzinsen – das macht einen gewaltigen Unterschied.

Bei dem Bemühen, von neuem Theologie zu treiben, ist mir Franz J. Hinkelammert ein wichtiger Gesprächspartner geworden. Wirtschaftswissenschaftler und Theologe, Europäer und Lateinamerikaner, weil er seit mehr als zwanzig Jahren in verschiedenen Ländern Lateinamerikas lebt: diese zweifache »Doppelexistenz« macht ihn fähig, Plausibilitäten aufzubrechen, für die man in Europa blind geworden ist. Das »Departamento Ecuménico de Investigaciones«, das »Ökumenische

Forschungsinstitut« in San José (Costa Rica), hat er mitbegründet, um Theologie zu treiben, die der Verteidigung des Lebens der Armen dient. Deshalb verdienen seine Arbeiten es, auch im deutschen Sprachraum zur Kenntnis genommen zu werden.

Drei gemeinsame Interessen haben mich dazu gedrängt, seine spanisch verfaßten Arbeiten ins Deutsche zu übersetzen:

1. Der Einsatz für die materielle Sicherstellung des realen und konkreten menschlichen Lebens ist entscheidendes Kriterium für den überall proklamierten Einsatz zugunsten des menschlichen Lebens. Eine Praxis in diesem Sinne stellt in sich bereits eine Herausforderung des herrschenden Systems (der Minderheiten) dar, weil sie der »Logik der Bevölkerungsmehrheit« folgt. Und sie ist zugleich ein Beweis des Geistes und der Kraft des Glaubens an den Gott des Lebens, eine praktische Antwort auf die Frage: »Wie von Gott reden – mitten im Gulag der westlichen Welt?«

2. Die Auslöschung menschlichen Lebens in diesem Gulag, der sich als Elendswüste über die Zwei-Drittel-Welt zieht (z.B. hohe Kindersterblichkeit, niedrige Lebenserwartung etc.), ist kein zufälliger Verkehrsunfall. Die Vernichtung menschlichen Lebens folgt einer grausamen Logik des herrschenden Systems, welche die sogenannten Auslandsschulden in ewige Schulden, die einen in ewige Sklaven der anderen verwandelt. Des Verdachtes, daß der »Bevölkerungsüberschuß« des Sklavenheeres auf solche Weise »reguliert« werden soll, kann ich mich zumindest nicht erwehren.

3. Dies ist die »Sünde der Welt«. Und sie schafft sich ihre eigene ideologische Rechtfertigung. Markt, Geld und Kapital sind ihre Trinität. Ihre Religion durchdringt auch Christentum und Kirchen. Ja, die Botschaft des Christentums wird so genial verdreht, daß die Christen des imperialen Zentrums im reichen Norden dieser Erde an der Erkenntnis der wahren »Sünde der Welt« gehindert und so strukturell bekehrungsunfähig gemacht werden. Jedoch die Christen der Basisgemeinden in Lateinamerika und anderswo schweigen dazu nicht mehr.

Als Pfarrer in der katholischen Kirche der Bundesrepublik Deutschland halte ich die Auseinandersetzung mit den in diesem Buch dargebotenen Thesen für dringend erforderlich, damit die Kirche hier nicht Gefahr läuft, nur noch die Kirche *der* reichen Bundesrepublik zu sein, die ihre stabilisierende Rolle als angepaßte Religion nicht nur nicht reflektiert, sondern sich sogar der Finanzierung durch diese

Nutznießergesellschaft erfreut und um ihres eigenen gesellschaftlichen Bestandes willen ihren faulen Frieden mit ihr gemacht hat.

Die Weltverhältnisse nicht nur als »soziale Frage« zu behandeln, sie vielmehr als theo-logische Frage, als Gottes Frage an uns ernst zu nehmen, sodann »mit unserer kleinen Kraft zu suchen, was den Frieden schafft« – dazu können die Gedanken dieses Buches wichtige Denkanstöße bieten.

*Münster, den 24. September 1989*
*Norbert Arntz*

# Vorbemerkung

Die Gesellschaft des Okzidents hat sich aus dem europäischen Mittelalter, insbesondere vom 11. Jahrhundert an, gebildet. Sie wird mit der Reformation und den bürgerlichen Revolutionen in England und Frankreich zur bürgerlichen Gesellschaft. Vom 15. Jahrhundert an entwickelt sie sich zu einer Gesellschaft, die die ganze Welt beherrscht und die übrigen Kontinente kolonialisiert. Sie verwandelt ganz Afrika in ein großes Sklavenjagdgebiet und errichtet in Amerika das größte Sklavenreich der Weltgeschichte, das fast vier Jahrhunderte überdauert hat. Die okzidentale Gesellschaft erobert ganz Asien, verwandelt es in einen einfachen Produzenten von Rohstoffen und zerstört seine traditionellen Produktionen.

Die okzidentale Gesellschaft entwickelt einen Rassismus, den keine vorhergehende Gesellschaft in dieser Form je gekannt hat. Vom 16. Jahrhundert an betrachtet sie die Bevölkerung ihrer Machtzentren als eine weiße Rasse, die anderen Rassen überlegen ist. Sie errichtet ein rassistisches Sklavenreich, in dem die Hautfarbe darüber befindet, wer Sklave sein kann und wer nicht, wer zur Zwangsarbeit verpflichtet werden kann und wer nicht.

Heute beherrscht diese westliche, okzidentale Gesellschaft eine Welt, in der die Hälfte der Bevölkerung unter unmenschlichen Verhältnissen lebt – ohne jede Hoffnung auf einen Ausweg. Sie hat die Mehrheit ihrer Bevölkerung in menschenunwürdige Lebensbedingungen gebracht, während eine Minderheit von Ländern einen überwältigenden Überfluß genießt.

Diese okzidentale Gesellschaft hat Kriege angezettelt, die bis dahin für die Welt unvorstellbar waren. All diese Kriege wurden unter dem

Vorwand geführt, die Menschheit zu retten. Unter dieser Devise kämpften alle Beteiligten.

Die okzidentale Gesellschaft hat extreme Herrschaftsformen hervorgebracht, die zur Ausrottung ganzer Kulturen und ganzer Bevölkerungen geführt haben. Sie hat die »Schwarzen Löcher« der Geheimdienste erfunden, in denen die Menschen, die dort hineingeraten, auf unsagbare Weise entmenschlicht werden. An allen Orten und in allen ideologischen Richtungen, die innerhalb dieser Gesellschaft aufgetaucht sind, haben sich die schlimmsten Formen der Entmenschlichung herausgebildet.

Die westliche Gesellschaft hat bislang ungeahnte Produktivkräfte entwickelt, sie aber mit einer solchen Destruktivkraft versehen, daß sie heute ihre eigene Existenz und die der ganzen Menschheit bedrohen. Die Entwicklung dieser Produktivkräfte hat die Lebensfähigkeit der Mehrheit der Weltbevölkerung zerstört und sie an den Rand des Hungers gedrängt. Gleichzeitig hat sie Foltersysteme von höchster Präzision geschaffen, die von Ärzten und Psychologen bedient werden und die fähig sind, die menschliche Person völlig zu zerstören. Sie hat Waffen entwickelt, die im Falle ihrer Anwendung selbst die Erde vernichten würden. Ja, selbst ihre Technologie ist so irrational, daß sie heute das Leben auf der Erde vernichten könnte – auch ohne Kriege.

Das 20. Jahrhundert ist das Jahrhundert eines Okzidents »in extremis«. Von den maßlosen Konzentrationslagern der totalitären Systeme der ersten Hälfte dieses Jahrhunderts ist man zu den ebenso maßlosen »Gulags der Freien Welt« gelangt, die sich in der Form riesiger Elendsgebiete durch die gesamte Dritte Welt ziehen. Sie sind von Geheimdiensten bewacht, die dafür sorgen, daß diejenigen verschwinden, die Widerstand üben könnten. Gleichzeitig wird die Natur zunehmend zerstört; und über dem Ganzen schweben die Atomwaffen als apokalyptische Bedrohung der Erde.

Die westliche, okzidentale Gesellschaft hat dies alles nur unternommen, um der Menschheit und der Menschlichkeit einen Dienst zu erweisen, und zwar um der Nächstenliebe und der Erlösung willen oder um der Demokratie und der Freiheit willen. Diese westlich-okzidentale Gesellschaft glaubt die einzig freie Gesellschaft der menschlichen Geschichte zu sein.

Heute bietet sie sich als Lösung für all die Probleme an, die sie selber geschaffen hat und derer sie nicht mehr Herr werden kann. Dies hat während des letzten Jahrzehnts zu einer fatalen Mystik des zentralen westlichen Herrschaftsmechanismus geführt, zur Mystik des Marktes. Damit wird zum großen Fest aufgerufen, das gefeiert wird, wenn die Pest um sich greift, zum großen »Nach uns die Sintflut«; ein Fest, das mit dem Schwanengesang der Postmoderne beginnt; einer Ideologie des Tanzes auf dem Vulkan, der beginnt, wenn man weiß, daß der Vulkan ausbrechen wird.

Die okzidentale Gesellschaft ist an ihr Ende gekommen. Noch ist nicht entschieden, ob es ihr gelingt, die Menschheit und die Erde mit-zureißen in dieses große, schwarze Loch, das sie geschaffen hat. Sie ist auf allen Ebenen in ihre Krise eingetreten, und es scheint in ihrem Rahmen keine Lösung mehr zu geben. Aber die Menschheit muß ver-suchen, ihr zu entkommen.

Das vorliegende Buch ist eine Reflexion über die Beweggründe der okzidentalen Gesellschaft. Es ist nötig, die Gründe der Krise zu erfor-schen. Ich glaube, daß dies unmöglich ist, solange man ausschließlich die gesellschaftlichen Strukturen diskutiert und die Problematik des menschlichen Subjekts beiseite läßt, die der westlichen Gesellschaft zu-grunde liegt. Aber die Erforschung der Ursachen der Krise wird auch nicht möglich sein, wenn man auf die Diskussion der Strukturen ver-zichtet, denn durch sie wendet sich das Subjekt nach außen und objek-tiviert sich den anderen gegenüber. Daher werden wir, vom menschli-chen Subjekt ausgehend, die Beziehung zwischen Subjekt und Struktur reflektieren. In dieser Beziehung gründet die okzidentale Kultur, die das ganze Gefüge der Gesellschaft durchzieht.

Die okzidentale Gesellschaft hat eine bestimmte historische Her-kunft. Wir werden insbesondere über ihre Wurzeln in der jüdisch-christlichen Tradition sprechen, um dann zu Vergleichen mit der grie-chisch-römischen Tradition überzugehen. Deshalb der Titel: *Der Glau-be Abrahams und der Ödipus des Westens*. Doch die westliche Gesell-schaft geht nicht linear aus diesen Wurzeln hervor. Vielmehr verändert sie diese und entwickelt sie. Sie schafft so ein neues menschliches Sub-jekt, das eine völlig neue Verbindung mit den gesellschaftlichen Struk-turen und deren Entwicklung eingeht.

Die Antriebskraft für diesen ganzen Prozeß ist eine große Utopie der Freiheit, die in der jüdisch-christlichen Tradition entstanden ist und die gerade in der griechisch-römischen Tradition nicht existiert. Von der Utopie des Abraham bis zur messianischen Utopie und von dieser bis hin zur radikalisierten Utopie der Neuen Erde im Christen-tum der ersten Jahrhunderte durchläuft diese Utopie der Freiheit eine

Reihe von Verwandlungen, die durch die Christianisierung des römischen Imperiums und durch das sich daraus ergebende Zusammentreffen mit der griechisch-römischen Tradition hervorgerufen werden.

Diese Utopie wird schließlich zum Fundamentalmythos der okzidentalen Gesellschaft, in deren Geschichte sie durch Zuspruch und Widerspruch, durch Säkularisierungen und selbst durch Versuche ihrer Vernichtung hindurch immer wieder umformuliert und zu neuem Leben erweckt wird.

Die okzidentale Gesellschaft eignet sich diese Utopie der Freiheit an, indem sie sie mit den gesellschaftlichen Strukturen identifiziert. Die Strukturen der Herrschaft bekommen damit eine ungeahnte Heiligung, da sie jetzt als die verwirklichte Utopie dargestellt werden können. Strukturen aber, die vorgeben, die verwirklichte Freiheit zu sein, vernichten das menschliche Subjekt der Freiheit. Damit wird die Utopie der Freiheit in eine destruktive Macht verwandelt. Dies beginnt bereits mit der Kirche des Mittelalters, die als »societas perfecta« angesehen wird, setzt sich mit der liberalen Utopie der »unsichtbaren Hand« und der vollkommenen Konkurrenz fort und führt schließlich zu den Utopien der Anarchisten und Sozialisten. Es ergibt sich ein utopischer Reigen: Alle identifizieren ihre gesellschaftlichen Strukturen mit der Utopie der Freiheit und nehmen dem Subjekt seine Freiheit eben dadurch, daß sie behaupten, ihre Strukturen verwirklichten bereits die von ihm ersehnte Freiheit.

Die Kirche, der Liberalismus und selbst der Sozialismus führen diese Utopisierung der gesellschaftlichen Strukturen durch im Namen einer jeweils anders verstandenen societas perfecta, einer vollkommenen Gesellschaft. Und diese societas perfecta verschlingt das menschliche Subjekt, sei es im Namen seiner Erlösung durch die Kirche, im Namen der Marktstrukturen oder im Namen der Planungsstrukturen. Kirche, Markt und Plan sind angeblich die Institution gewordene Freiheit, der gegenüber das Subjekt keine Freiheit braucht. Die gesellschaftlichen Strukturen überrollen das menschliche Subjekt, weil sie von ihm fordern, seine Freiheit und Selbstverwirklichung in der blinden Internalisierung dieser Struktur zu suchen, sei dies nun im Namen der Erlösung durch die Kirche, im Namen der Freiheit durch den Markt oder im Namen der Gerechtigkeit durch den Plan.

Von der okzidentalen Gesellschaft haben wir etwas sehr einfaches zurückzuverlangen, was aber offenbar nur schwer zu erreichen ist – das Recht und die Möglichkeit des Menschen, menschenwürdig leben zu können: Nahrung zu haben, eine Wohnung, Zugang zum Gesundheitswesen und zur Erziehung – und dies in einer Gesellschaft, die all diese so elementaren Bedürfnisse auf lange Sicht zu decken vermag, ohne die Natur zu zerstören. Jede Achtung vor dem Menschen beginnt hier.

Die okzidentale Gesellschaft hingegen verachtet diese so einfachen Elemente des menschlichen Lebens. Sie will wichtigere Dinge, sie denkt angeblich viel höher vom Menschen und seiner Würde. So hoch denkt sie von der menschlichen Würde, daß diese so selbstverständlichen Lebensbedingungen des Menschen daneben all ihre Bedeutung verlieren. Der Mensch ist für den Okzident so viel mehr als diese Deckung der Lebensbedürfnisse, daß er im Namen der Menschenwürde auf die Deckung seiner Lebensbedürfnisse verzichten kann. Der Okzident denkt so hoch vom Menschen, daß er den konkreten Menschen im Namen dieser Menschlichkeit und seiner unendlichen Menschenwürde zerstören muß. Der Mensch muß Christus kennen, seine Seele muß er retten, Freiheit und Demokratie muß er haben oder auch den Kommunismus aufbauen. Im Namen dieser abstrakten Ziele hat der Okzident die einfachsten Rechte des konkreten Menschen ausradiert. Aus der Sicht dieser hohen und hehren Ziele der Menschheit erscheinen die Rechte des konkreten Menschen nur mehr als kurzsichtiger Egoismus, als Materialismus, der im Gegensatz zu den großen gesellschaftlichen Ideen steht. Es geht aber darum, alle großen Ideen von der Würde des Menschen in diesem Elementaren zu verwurzeln: im Recht aller Menschen darauf, menschenwürdig leben zu können. Ideen aber, die in diesem Recht nicht verwurzelt werden können, sind ein Mißbrauch des Wortes von der Würde des Menschen.

Die Welt von diesem Okzident zu befreien – das ist die Aufgabe. Denn Okzident, das ist und war immer die Zerstörung des Menschen im Namen der Würde des Menschen. Die Welt vom Okzident zu befreien heißt daher, das Leben des Menschen zu sichern im Namen seiner Würde. Man muß die Kirche entwestlichen, den Sozialismus entwestlichen, die Demokratie entwestlichen, vor allem aber die schlimmste Form des Westens, den Kapitalismus, entwestlichen. Dies aber heißt anzuerkennen, daß die Welt zuallererst die Welt lebender Menschen ist, in der alle leben können müssen. Eine Welt, in der es, wie Jean-Paul Sartre sagt, unmöglich ist, daß es für irgend jemanden unmöglich ist, zu leben. Dies anzuerkennen ist das Ende und die Überwindung des Okzidents.

Angesichts einer so großen und wichtigen Aufgabe ist dieses Buch nur ein sehr bescheidener Beitrag. Sehr viele Thesen des Buches sind sehr hypothetisch und gewagt. Viel mehr ist nötig. Aber ich will das Buch so, wie es jetzt ist, auch mit seinen offensichtlichen Grenzen, der Öffentlichkeit übergeben, um mich an der breiten Diskussion, die gegenwärtig überall auf der Welt ihren Anfang nimmt, zu beteiligen.

*San José (Costa Rica) im Juli 1989*

*Franz J. Hinkelammert*

# Kapitel 1:
# Der Glaube Abrahams
# und der
# Ödipus des Westens

Die menschliche Gesellschaft ist über einem Fundament aus Mythen errichtet, die dem gesellschaftlichen Bewußtsein zugrunde liegen und alle gesellschaftlichen Beziehungen – insbesondere Herrschafts- und Abhängigkeitsverhältnisse – durchdringen. Dieser mythische Urgrund muß nicht unbedingt gesellschaftlich bewußt sein, auch wenn er auf gewisse Weise vom Fundamentalmythos zur Sprache gebracht wird. Der Fundamentalmythos schafft eine Kontinuität, die nur schwer zu durchbrechen ist und die sich durch alle scheinbaren Brüche hindurch in stets neuer Gestalt wieder durchsetzt. Mord und Rache oder Sühne stehen im Mittelpunkt. Ändern kann sich jeweils die Bedeutung des Mordes oder die Art der Sühneleistung und Wiedergutmachung.

Uns interessiert hier die Gesellschaft des Westens, die im europäischen Mittelalter entsteht und sich auch heute noch als christliches Abendland begreift. Die Geschichte der abendländischen Gesellschaft gestattet es, die Entstehung eines Fundamentalmythos aus den Fundamentalmythen vorangehender Gesellschaften nachzuzeichnen. Diese werden wir deshalb zunächst analysieren, bevor wir eine These über den Fundamentalmythos der westlichen Gesellschaft selber formulieren. Es scheint uns notwendig und sinnvoll, mit dem Fundamentalmythos der jüdischen Gesellschaft als einer entscheidenden Voraussetzung für die Entstehung des Abendlandes zu beginnen.

### Der Abraham-Mythos als Fundamentalmythos

Die jüdische Gesellschaft, die nach dem Exodus entsteht, hat in der Abrahamsgeschichte ihren paradigmatischen Mythos. Daß Abraham seinen Sohn Isaak als Opfer darbringt, das wird später zum Schlüssel für die Abfassung des Fundamentalmythos in der christlichen Gesellschaft. Es geht in der Geschichte um einen Mord, aber merkwürdigerweise um einen Mord, der nicht ausgeführt wird. Als Fundamentalmythos wahrt er den doppelten Schein, es handle sich einerseits um eine Entscheidung, nicht zu töten, andererseits jedoch um eine Entscheidung, zu töten, die nur durch höhere Gewalt aufgehalten wird. Doppelsinnig erscheint auch der Glaube des Abraham: Er besteht auf der einen Seite in der Entschiedenheit, seinen Sohn nicht zu töten, auf der anderen Seite in der Entscheidung, ihn zu töten, wenn auch der Mord zuletzt nur Absicht bleibt. – Hier der Glaube, der nicht tötet, dort der Glaube, der seine Kraft gerade in der Bereitschaft zu töten beweist.

Wir sollten zunächst den Wortlaut des Textes ansehen, mit dem uns der Mythos überliefert wird. Wenn wir ihn hier als Mythos bezeichnen, wollen wir damit seine Historizität nicht bestreiten. Wahrscheinlich handelt es sich um einen Mythos, dem ein historisches Ereignis zugrunde liegt.

Nach diesen Ereignissen stellte Gott Abraham auf die Probe. Er sprach zu ihm: Abraham! Er antwortete: Hier bin ich. Gott sprach: Nimm deinen Sohn, deinen einzigen, den du liebst, Isaak, geh in das Land Morija, und bring ihn dort auf einem Berge, den ich dir nenne, als Brandopfer dar.

Frühmorgens stand Abraham auf, sattelte seinen Esel, holte seine beiden Jungknechte und seinen Sohn Isaak, spaltete Holz zum Opfer und machte sich auf den Weg zu dem Ort, den ihm Gott genannt hatte. Als Abraham am dritten Tag aufblickte, sah er den Ort von weitem. Da sagte Abraham zu seinen Jungknechten: Bleibt mit dem Esel hier! Ich will mit dem Knaben hingehen und anbeten; dann kommen wir wieder zu euch zurück.

Abraham nahm das Holz für das Brandopfer und lud es seinem Sohn Isaak auf. Er selbst nahm das Feuer und das Messer in die Hand. So gingen beide miteinander. Nach einer Weile sagte Isaak zu seinem Vater Abraham: Vater! Er antwortete: Ja, mein Sohn! Dann sagte Isaak: Hier ist Feuer und Holz. Wo aber ist das Lamm für das Brandopfer? Abraham entgegnete: Gott wird sich das Opferlamm aussuchen, mein Sohn. Und beide gingen miteinander weiter.

Als sie an den Ort kamen, den ihm Gott genannt hatte, baute Abraham den Altar, schichtete das Holz auf, fesselte seinen Sohn Isaak und legte ihn auf den Altar, oben auf das Holz. Schon streckte Abraham seine Hand aus und nahm das Messer, um seinen Sohn zu schlachten. Da rief ihm der Engel des Herrn vom Himmel her zu: Abraham, Abraham! Er antwortete: Hier bin ich. Jener sprach: Streck deine Hand nicht gegen den Knaben aus, und tu ihm nichts zuleide! ... (a) ... Als Abraham aufschaute, sah er: Ein Widder hatte sich hinter ihm mit seinen Hörnern im Gestrüpp verfangen. Abraham ging hin, nahm den Widder und brachte ihn statt seines Sohnes als Brandopfer dar. Abraham nannte jenen Ort Jahwe-Jire (Der Herr sieht), wie man noch heute sagt: Auf dem Berg läßt sich der Herr sehen.

Der Engel des Herrn rief Abraham zum zweitenmal vom Himmel her zu und sprach: Ich habe bei mir geschworen ... (b) ...: Ich will dir Segen schenken in Fülle und deine Nachkommen zahlreich machen wie die Sterne am Himmel und den Sand am Meeresstrand. Deine Nachkommen sollen das Tor ihrer Feinde einnehmen. Segnen sollen sich mit deinen Nachkommen alle Völker der Erde, weil du auf meine Stimme gehört hast. Darauf kehrte Abraham zu seinen Jungknechten zurück. Sie machten sich auf und gingen miteinander nach Beerscheba. Abraham blieb in Beerscheba wohnen (Gen 22,1–19).

Diese Abrahamserzählung widerspricht unseren Erwartungen. Gottes wegen bricht Abraham auf, seinen Sohn zu töten. Er hört jedoch den Befehl des Engels Gottes, ihn nicht zu töten. Abraham gehorcht. Das gerät ihm zum Segen, und zwar deshalb, weil er seinen Sohn *nicht* tötete, d.h. weil er das Gesetz nicht erfüllte, das seinerzeit ein Gottesgesetz war, nämlich den Erstgeborenen Gott zum Opfer darzubringen.

Um die Geschichte in dieser Form erzählen zu können, habe ich zwei Sätze unterschlagen, die der Engel Gottes spricht:

(a) »Denn jetzt weiß ich, daß du Gott fürchtest; du hast mir deinen einzigen Sohn nicht vorenthalten« (Gen 22,12b).

(b) »... und deinen einzigen Sohn mir nicht vorenthalten hast ...« (Gen 22,16c).

Durch diese beiden Sätze kann man der Geschichte einen vollkommen anderen Sinn geben. Natürlich ist vorausgesetzt, daß der Satz: »Du hast mir deinen eigenen Sohn nicht vorenthalten«, bedeutet: Du warst bereit, ihn zu töten.

Möglicherweise ist das tatsächlich seine Bedeutung, auch wenn es nicht notwendig so sein muß. Beide Sätze sehen den Gehorsam im Willen Abrahams, Isaak zu töten, nicht jedoch in der Tat, mit der er sich gegen das Gesetz auflehnt, das ihn verpflichtet, seinen Sohn zu töten. Wenn wir, wie es oben geschehen ist, die beiden Sätze herausnehmen, besteht der Gehorsam Abrahams darin, seinen Sohn *nicht* getötet zu haben.

Die Frage ist: Gehören die beiden Sätze zur ursprünglichen Geschichte oder nicht? Sie könnten später eingefügt worden sein, um der Geschichte einen anderen Sinn zu geben. Höchstwahrscheinlich ist es auch so. Denn in der Tat entsprechen die Einfügungen dem ursprünglichen Zusammenhang der Abrahamsgeschichte nicht.

Abraham bricht auf, um seinen Sohn zu opfern, weil Gott von ihm dieses Opfer verlangt – so sagt es der Text. Es handelt sich um das Opfer des Erstgeborenen, das zur Zeit des Abraham ein allgemeingültiges kulturelles Gesetz war. Deshalb wurde es als Gottes Gesetz angesehen. Folglich kann es auch nicht überraschen, daß im Text Gott es ist, der die Opferung des Sohnes von Abraham verlangt. Er verlangt sie von allen Vätern, und zwar durch das allgemein akzeptierte Gesetz. Es kann auch nicht überraschen, daß Abraham – wie alle Väter seiner kulturellen Umgebung – bereit ist, das Opfer zu vollziehen. Überraschend ist jedoch, daß jetzt ein Engel Gottes erscheint, der von Abraham verlangt, seinen Sohn nicht zu opfern. Er verlangt, das Gesetz zu verletzen, das Gesetz Gottes zu übertreten – eine schwere Tat, durch die sich Abraham von seiner Kultur und Gesellschaft lossagen würde. Er verlangt einen völligen Bruch mit dem zu seiner Zeit gültigen Gesetz und folglich einen Kampf. Als Konsequenz muß Abraham seinen Wohnort nach Beerscheba verlegen. Wahrscheinlich hat man ihn verfolgt, weil er gegen Gesetz und Ordnung Widerstand geleistet hat.

Der Engel verlangt, frei zu werden und sich gegen das Gesetz aufzulehnen: Abraham gehorcht. Folglich gehorcht er also keiner Norm und keinem Gesetz. Durch seinen Gehorsam wird er vielmehr zu einer Freiheit befreit, die ihn über das Gesetz stellt. Als freier Mensch ist Abraham souverän gegenüber dem Gesetz. Er urteilt über das Gesetz. Und der Engel verlangt nichts anderes von ihm, als sich diese Freiheit zurückzuerobern. Der Gehorsam macht Abraham frei. Und was von ihm verlangt wird, ist: frei zu sein. Indem er seinen Sohn *nicht* tötet und sich damit seiner gesamten kulturellen und gesellschaftlichen Umgebung widersetzt, bestätigt er diese Freiheit, die seinen Glauben ausmacht. Deshalb besteht der Glaube Abrahams darin, seinen Sohn *nicht* getötet zu haben. Die Umformung der Opfergeschichte dagegen sieht den Glauben Abrahams in seiner Bereitschaft und seinem guten Willen, den Sohn zu töten.

Die Bestätigung seiner Freiheit ist nicht zu verwechseln mit Willkür gegenüber dem Gesetz. Abraham tut nicht, wonach ihm gerade der Sinn steht, er handelt frei und nicht willkürlich. Er bestätigt seine Freiheit, indem er das Leben bejaht, sein eigenes und das aller anderen. Deshalb opfert er seinen Sohn nicht, sondern bestimmt ihn zum Leben und folglich zu seiner eigenen Freiheit. Hätte Abraham ihn »freiwillig« geopfert, wäre er nichts als ein Sklave des Gesetzes und Todes gewesen. Deshalb ist seine Freiheit nicht Willkür. Sie bejaht das Leben aller, indem sie ein Gesetz des Todes aufhebt.

Abrahams Tat ist auch keine simple Ausflucht. Er entzieht sich dem Gesetz nicht durch irgendeinen Vorwand, um seinen Sohn zu retten: Mögen andere ihren Erstgeborenen opfern, ich suche mir einen Vorwand, um das zu vermeiden. Hätte Abraham so gehandelt, hätte er die neue Freiheit nicht entdeckt und hätte auch keinen Glauben.

Abraham schafft in seinem Glauben eine neue ethische Beziehung. Er bricht das Gesetz, um sich darüber zu erheben. Kein Kind darf getötet und geopfert werden, denn Gott ist ein Gott des Lebens. Damit rettet Abraham nicht nur seinen Sohn, sondern schafft jedes Kindesopfer ab. Der Glaube Abrahams bricht mit der Kultur, der Gesellschaft und ihren Institutionen, um sie der Freiheit des Menschen zu unterwerfen, d.h. der Bejahung des Lebens. Dieser Bejahung entspricht eine Verheißung, die ebenfalls eine Verheißung von Leben ist: »Ich will dir Segen schenken in Fülle und deine Nachkommen zahlreich machen wie die Sterne am Himmel und den Sand am Meeresstrand.« Indem der Mensch frei wird zur Bejahung des Lebens gegen das Gesetz des Todes, wird es reichlich Leben geben. Das Leben schafft mehr Leben. Aber das Gesetz verfolgt denjenigen, der sich über das Gesetz erhebt. Abraham hat Furcht davor und zieht deshalb nach Beerscheba um. Als Jesus in der gleichen Lage steckte, gab es für ihn kein Beerscheba. Darum tötete ihn das Gesetz.

Die Verurteilung der Kindesopfer in den Texten der Bibel ist eindeutig. Sie kehrt ständig wieder, so daß man schließen kann, daß diese Kindesopfer eine ungeheure Anziehungskraft gerade auf die Autoritäten hatten, die ständig dazu neigten, in Situationen einer Autoritätskrise darauf zurückzugreifen. Es bestand ein magischer Glaube, durch das Kindesopfer den Sieg im Kriege oder die Stabilität der Macht gegenüber den eigenen Untertanen sichern zu können. So wiederholt sich die Verurteilung der Kindesopfer in der Bibel ständig:

>Du sollst auch *nicht eins deiner Kinder geben, daß es dem Moloch geweiht werde*, damit du nicht entheiligst den Namen deines Gottes; ich bin der Herr« (Lev 18,21).

»... denn sie haben ihren Göttern alles getan, was dem Herrn ein Greuel ist und was er haßt; denn *sie haben ihren Göttern sogar ihre Söhne und Töchter im Feuer verbrannt*« (Dtn 12,31).

Vom König Ahas heißt es, daß er in einer solchen Krisensituation seinen Sohn opferte:

Dazu ließ er *seinen Sohn durchs Feuer gehen nach den greulichen Sitten der Heiden*, die der Herr vor den Israeliten vertrieben hatte, und brachte Opfer dar und räucherte auf den Höhen und auf den Hügeln und unter allen grünen Bäumen (2 Kön 16,3).

Dem entspricht das generelle Verbot solcher Opfer:

Und der Herr redete mit Mose und sprach: Sage zu den Israeliten: Wer unter den Israeliten oder den Fremdlingen in Israel *eins seiner Kinder dem Moloch gibt, der soll des Todes sterben.* Das Volk des Landes soll ihn steinigen. Und ich will mein Antlitz kehren gegen einen solchen Menschen und will ihn aus seinem Volk ausrotten, *weil er dem*

*Moloch eins seiner Kinder gegeben und mein Heiligtum unrein gemacht und meinen heiligen Namen entheiligt hat.* Und wenn das Volk des Landes bei dem Menschen durch die Finger sehen würde, der eins seiner Kinder dem Moloch gegeben hat, daß es ihn nicht tötet, so will doch ich mein Antlitz gegen diesen Menschen kehren und gegen sein Geschlecht und will ihn und alle, die wie er mit dem Moloch Abgötterei getrieben haben, aus ihrem Volk ausrotten (Lev 20,1–5).

Es gibt sogar mehrere Textstellen aus den Propheten, die sich wie eine Interpretation des Abraham-Mythos lesen. Es handelt sich insbesondere um Bezugnahmen bei Jeremia und bei Ezechiel.

Jeremia streitet jede Möglichkeit ab, daß Gott jemals ein Kindesopfer verlangt haben könnte. Implizit bedeutet das, er kann es auch im Falle Abrahams unmöglich verlangt haben, und alle Interpretationen dieser Art müssen falsch sein und verweisen nicht auf Jahwe. Über diese Kindesopfer sagt er:

»Siehe, ich will ein solches Unheil über diese Stätte bringen, daß jedem, der es hören will, die Ohren gellen sollen, weil sie mich verlassen und diese Stätte einem fremden Gott gegeben und dort andern Göttern geopfert haben, die weder sie noch ihre Väter noch die Könige von Juda kannten, und weil sie die Stätte voll unschuldigen Blutes gemacht und dem Baal Höhen gebaut haben, um ihre Kinder dem Baal als Brandopfer zu verbrennen, *was ich weder geboten noch geredet habe und was mir niemals in den Sinn gekommen ist*« (Jer 19,4f).

»Auch haben sie die Kulthöhe des Tofet im Tal Ben-Hinnon gebaut, um ihre Söhne und Töchter im Feuer zu verbrennen, *was ich niemals befohlen habe und was mir nie in den Sinn gekommen ist*« (Jer 7,31).

»Sie errichteten die Kulthöhe des Baal im Tal Ben-Hinnon, um ihre Söhne und Töchter für den Moloch durchs Feuer gehen zu lassen. Das habe ich ihnen *nie befohlen, und niemals ist mir in den Sinn gekommen, solchen Greuel zu verlangen* und Juda in Sünde zu stürzen« (Jer 32,35).

Hier wird jede Möglichkeit bestritten, daß es Gott jemals in den Sinn gekommen sein sollte, ein Kindesopfer zu verlangen. Ezechiel ist sich da offensichtlich nicht so sicher. Daher sagt er:

Darum *gab auch ich ihnen Gebote, die nicht gut waren, und Gesetze, durch die sie kein Leben haben konnten,* und ließ sie unrein werden durch ihre *Opfer, als sie alle Erstgeburt durchs Feuer gehen ließen, damit ich Entsetzen über sie brachte* und sie so erkennen mußten, daß ich der Herr bin (Ez 20,25f).

Hier sagt Gott, daß er tatsächlich einmal solche Gebote gegeben hat, aber nicht, um durch die Opfer einen positiven Erfolg zu sichern, sondern um Entsetzen zu schaffen, das dann den Menschen dafür öffnen sollte, sich Gesetze zu geben, durch die sie Leben haben konnten. Das Opfer wird also als Erziehungsprozeß interpretiert, der dafür bereit machen soll, das Leben an die Stelle des Opfers zu setzen. Auch diese Stelle könnte sich auf Abraham beziehen, so daß das Gebot, seinen Sohn zu opfern, eben eine Probe dafür war, ob er tatsächlich fähig sei, der Vater der Verheißung des Lebens zu werden. Da ihn das Entsetzen ergriff und er seinen Sohn nicht opferte, bestand er die Prüfung.

Prüfungen dieser Art gibt es auch in anderem Zusammenhang, z.B. als Gott von David eine Volkszählung fordert: »Und der Zorn des Herrn entbrannte abermals gegen Israel, und er reizte David gegen das Volk und sprach: Geh hin, zähle Israel und Juda!« (2 Sam 24,1) David führte tatsächlich diese von Gott geforderte Zählung durch. Gerade deshalb aber bestand er die Prüfung nicht. Gott prüfte ihn, aber er hätte die Prüfung nur bestanden, wenn er frei gewesen wäre und diesen Befehl Gottes nicht ausgeführt hätte. David bekennt daher seine Schuld, die darin besteht, das getan zu haben, was Gott, um ihn zu prüfen, von ihm forderte:

Aber das Herz schlug David, nachdem das Volk gezählt war. Und David sprach zum Herrn: Ich habe schwer gesündigt, daß ich das getan habe. Und nun, Herr, nimm weg die Schuld deines Knechts, denn ich habe sehr töricht getan (2 Sam 24,10).

Hätte David diesen Befehl Gottes nicht ausgeführt, dann wäre er gehorsam gewesen. Das versteht die Schrift unter Gehorsam. Wir verstehen heute unter Gehorsam etwas anderes; und auch unser Verständnis von Demut entspricht nicht mehr der hier gezeigten Demut. Hätte David den Befehl Gottes nicht ausgeführt, wäre er demütig gewesen und hätte die Prüfung bestanden.

Wir würden von Stolz oder Hochmut sprechen, wenn ein Mensch sich über das Gesetz erhebt; unsere Begriffe können eine solche Situation überhaupt nicht erfassen. Allerdings wird an späterer Stelle von diesem Befehl gesagt, er sei vom Satan gekommen: »Und der Satan stellte sich gegen Israel und reizte David, daß er Israel zählen ließe« (1 Chr 21,1). David hat also den Befehl Satans ausgeführt, anstatt den Willen Gottes zu tun:

Dies alles aber mißfiel Gott sehr, und er schlug Israel. Da sprach David zu Gott: Ich habe schwer gesündigt, daß ich das getan habe. Nun aber nimm weg die Schuld deines Knechts (1 Chr 21,7f).

War in Samuel die Rede davon, daß Gott diesen Auftrag erteilt, so ist jetzt, im späteren Text, der sich auf den gleichen Vorfall bezieht, vom Satan die Rede. Wir haben hier das gleiche Problem wie bei der Verurteilung des Kindesmordes bei Ezechiel und Jeremia. Wenn Ezechiel annimmt, daß Gott den Befehl gegeben hat, interpretiert er diesen als Prüfung, die man besteht, indem man den Befehl Gottes nicht ausführt. Jeremia aber bestreitet, daß Gott solche Befehle geben könne, und muß daher den Satan als wahren Urheber anführen.

Zieht man diesen Schriftzusammenhang in Betracht, so kann man eigentlich nur zu dem Ergebnis kommen, daß der Glaube Abrahams darin bestand, seinen Sohn nicht zu töten, und die Prüfung gerade dadurch bestanden wurde, daß er das von Gott geforderte Opfer verweigerte.[1]

Die vorher erwähnten Einfügungen scheinen die Freiheit Abrahams ins Gegenteil zu verkehren. Daraus kann man schließen, daß sie später vorgenommen wurden. Sie setzen voraus, daß man nicht mehr darum weiß, daß jenes Gesetz, den Erstgeborenen zu töten, zu Abrahams Zeiten als Gottesgesetz angesehen wurde. Die Bereitschaft Abrahams, seinen Sohn zu opfern, wäre also kein besonderes Verdienst gewesen. Jetzt aber erscheint die Geschichte außerhalb ihrer kulturellen Herkunft und wird deshalb so erzählt, als hätte Gott von Abraham etwas völlig Ungewöhnliches verlangt. Abraham sagt ja und wird deshalb gesegnet.

Das Ergebnis: Die Bejahung des Todes schafft Leben. Dies ist genau die Sprache des Gesetzes, das zum Tode führt, sein Programm jedoch hinter der Behauptung verbirgt, die Bejahung des Todes verheiße Leben. Es ist auch die Sprache der Institutionalisierung. Der Kern jeglicher Institution ist die Verwaltung des Todes. Ihre Ideologie muß folglich den Tod im Namen des Lebens bejahen. Dem entspricht ein Glaube, in dem der Vater bereit ist, seinen Sohn zu töten.

Im Grunde stimmen die beiden Einfügungen so überein, daß man sie in einem einzigen Satz zusammenfassen kann: »Du hast mir deinen einzigen Sohn nicht vorenthalten.« Selbst dieser Satz ist noch doppeldeutig. Insofern Abraham seinen Sohn nicht tötet, sagt er nicht nein zu Gott. Er sagt vielmehr nein zum Tod. Aber der Gott Abrahams ist der Gott des Lebens. Also überantwortet er Gott seinen Sohn eben dadurch, daß er ihn *nicht* tötet. Die Einfügung dagegen unterstellt: die Bereitschaft, seinen Sohn zu töten, sei die Bereitschaft, ihn Gott zu überantworten. Vom Standpunkt Abrahams aus ist das unmöglich. Er gewinnt seinen Sohn für Gott, indem er ihn *nicht* tötet. Darin besteht seine Umkehr zur Freiheit und die Offenbarung Gottes als eines Gottes des Lebens und nicht des Todes. Diejenigen, die die Einfügungen vornehmen, wagen nicht das Unglaubliche zu sagen: »Dein guter Wille, den eigenen Sohn zu töten, hat dich für das Leben gerettet.« Wer wagte es, so offenkundig ein Verbrechen zu preisen? Deshalb verstekken sie die Rechtfertigung des Verbrechens in einem doppeldeutigen Text. Außerdem waren sie wohl dazu gezwungen, eine doppeldeutige Formulierung zu finden. Die mündliche Tradition bewahrte noch die ursprüngliche Bedeutung des Isaak-Opfers. Die Veränderung dieser mit großer Treue mündlich gehüteten Tradition wurde sehr wahrscheinlich vorgenommen, als man sie in der Zeit des Königs David schriftlich niederlegte. Man konnte sie nicht einfach in ihr Gegenteil verkehren. Folglich war man dazu gezwungen, eine doppeldeutige Formulierung zu verwenden, die auf irgendeine Weise die traditionelle Interpretation der Geschichte noch zuließ.

Daraus ergibt sich eine Überraschung. Selbst wenn man die Einfügungen im Text beläßt, behauptet die Geschichte des Isaak-Opfers immer noch nicht, daß der Glaube Abrahams in seiner Bereitschaft bestanden hätte, den eigenen Sohn zu töten. Nur eine entsprechende Sozialisierung legt den Leser auf eine solche Deutung fest. Aus dem Wortlaut des Textes ergibt sie sich nicht zwangsläufig. Man hat uns eingeschärft, daß, wer Gott gehört, Gott geopfert und daher getötet werden muß. Der Satz: »Du hast mir deinen einzigen Sohn nicht vorenthalten«, kann danach nur bedeuten: »Du warst bereit, ihn zu töten.« Aber der Satz kann auch genau das Gegenteil bedeuten: »Du warst nicht bereit, ihn zu töten, denn indem du ihn tötest, nimmst du ihn auch Gott.« Gott wollte ihn lebend, da er der Gott der Lebenden ist. Die Prüfung durch Gott kann eben darin bestanden haben: Wäre Abraham fähig gewesen, seinen Sohn zu töten, dann hätte er keinen Glauben gehabt, und folglich hätte ihm auch die Verheißung nicht gegolten. In der Weigerung, seinen Sohn umzubringen, aber bewies er, daß er glaubte und seinen Sohn Gott nicht vorenthalten wollte. Daraus folgt, daß es sich bei diesem Satz möglicherweise nicht um eine nachträgliche Einfügung handeln muß, sondern daß die ständige Übung dazu geführt haben mag, den Text völlig verkehrt zu lesen. Es gibt viele Beispiele von Textveränderungen, ohne auch nur die Veränderung eines einzigen Wortes vorgenommen zu haben, und zwar einfach durch die Neuinterpretation einiger Schlüsselwörter. Später werden wir sehen, daß genau dies mit der paulinischen Gesetzestheologie geschieht, die vollständig verändert wird durch die simple Bedeutungsveränderung einiger Wörter, besonders der Wörter »Fleisch« und »Geist«.

Hier ergibt sich offensichtlich eine dunkle Seite der Gottesvorstellung der Bibel. Jahwe ist ein Gesetzgeber, der ein Gesetz gibt, das zum Leben führt und nicht zum Tode. Wenn dieses Gesetz aber zum Tode

26

führt, muß man es brechen. Bricht man es, damit das Leben möglich wird, steht Gott auf seiten dessen, der das Gesetz bricht. Dieser ist gehorsam und demütig gewesen, weil er dem Gesetz nicht blind gefolgt ist. Er hat den Glauben. Führt ein Auftrag Gottes zum Tode, darf man ihn nicht erfüllen, er kann dann sogar als Auftrag Satans interpretiert werden. Diese Vorstellung des Verhältnisses von Gesetz und Glaube ist nicht die einzige, die in der Bibel auftaucht, aber sie ist gerade an entscheidenden Stellen gegenwärtig. Gott gehören heißt daher, zu leben und nicht sein Leben Gott durch den Tod zu opfern.

Dennoch erscheint an vielen Stellen, in denen dieser Glaube betont wird, auch die gegensätzliche Auffassung, obwohl sie nicht die herrschende ist. Gott zu gehören, behält dann die Bedeutung, ihm durch das Opfer des Lebens zu gehören. Dieses Opfer darf aber nicht gebracht werden, so daß eine Auslösung stattfinden muß. Der Mensch, der Gott gehört, darf nicht geopfert werden, aber er soll ausgelöst werden. So erklärt sich auch, daß Abraham anstelle seines Sohnes Isaak einen Widder opfert. So heißt es etwa:

> Das erste, was den Mutterschoß durchbricht, jeder männliche Erstling beim Vieh, bei deinen Rindern und Schafen, gehört mir. Den Erstling vom Esel aber sollst du durch ein Schaf auslösen. Willst du ihn nicht auslösen, dann brich ihm das Genick! *Jeden Erstgeborenen deiner Söhne mußt du auslösen.* Man soll vor mir nicht mit leeren Händen erscheinen (Ex 34,19f).

Ein Brandopfer des Erstgeborenen der Söhne darf nicht stattfinden, der Sohn muß ausgelöst werden. Alle sonstigen Erstgeborenen können zwar ausgelöst werden, müssen es aber nicht. Ohne Auslösung müssen sie geopfert werden. In diesem Falle aber ist das Opfer kein Brandopfer, sondern es wird gemeinsam verzehrt, vorausgesetzt, daß es sich nicht um ein unreines Tier handelt, z.B. den Esel. Werden sie ausgelöst, so muß ein Opfer dargebracht werden. Gott verlangt also jede Erstgeburt:

> Deinen Reichtum und Überfluß sollst du nicht für dich behalten. *Den Erstgeborenen unter deinen Söhnen sollst du mir geben.* Ebenso sollst du es mit deinen Rindern, Schafen und Ziegen halten (Ex 22,28f).

Es kommt ein merkwürdiges Ergebnis zustande: Wenn man die Tiere nicht auslöst, muß man sie opfern. Das Opfer aber ißt man gemeinsam, also mit den Söhnen; und dieses gemeinsame Essen löst die Söhne aus, denn es ist ja das Opfer von Tieren, mit denen man den Sohn auslöst. In der Abrahamsgeschichte allerdings macht Abraham aus dem Widder ein Brandopfer. Diese Auslösung des erstgeborenen Sohnes wird mit der Befreiung aus Ägypten verbunden:

Die Erstgeburt vom Esel sollst du auslösen mit einem Schaf; wenn du sie aber nicht auslöst, so brich ihr das Genick. *Beim Menschen aber sollst du alle Erstgeburt unter deinen Söhnen auslösen.* Und wenn dich heute oder morgen dein Sohn fragen wird: Was bedeutet das?, sollst du ihm sagen: Der Herr hat uns mit mächtiger Hand aus Ägypten, aus der Knechtschaft geführt. ... *Darum opfere ich dem Herrn alles Männliche, das zuerst den Mutterschoß durchbricht, aber die Erstgeburt meiner Söhne löse ich aus. ... denn der Herr hat uns mit mächtiger Hand aus Ägypten geführt* (Ex 13,13–16).

Ägypten wird hier zum Symbol für Sklaverei und Sohnesopfer zugleich. Der Gott, der aus der Sklaverei erlöst, erlöst auch vom Sohnesopfer. Letztlich wird hier beides als ein einziges Phänomen gesehen. Dies stimmt mit der Logik aller Mythen aller Völker überein. Sklaverei *ist* Sohnesopfer und Menschenopfer. Daher wird durch das Sohnesopfer die Sklaverei legitimiert und impliziert.

In einem anderen Zusammenhang haben wir ein ähnliches Ergebnis. Aus einem Schwur, den Saul vor der Schlacht von Michmas leistet, ergibt sich, daß er zum Dank gegenüber Jahwe seinen Sohn Jonathan opfern muß. Als er ihn opfern will und auch tatsächlich dazu bereit ist und sogar Jonathan zustimmt, stellt sich ihm das Heer entgegen:

Doch das Heer erklärte dem Saul: Jonathan soll sterben, der diesen herrlichen Sieg in Israel errungen hat? Nein, das darf nicht sein. *So wahr Jahwe lebt,* kein Haar soll von seinem Haupt zur Erde fallen. Hat er doch *mit Gott den Sieg am heutigen Tag errungen.* So *löste das Volk den Jonathan aus,* daß er nicht zu sterben brauchte (1 Sam 14,45).

Das Volk stellt sich Saul entgegen, »so wahr Jahwe lebt«, d.h. so wahr Jahwe ein Gott ist, dem man dadurch gehört, daß man am Leben bleibt. Es hält den Schwur also für falsch, und es bricht ihn im Namen Jahwes, dem Saul doch dieses Opfer geschworen hat. Dennoch folgt: »So *löste das Volk den Jonathan aus,* daß er nicht zu sterben brauchte.« Folglich bringt es zur Auslösung ein Opfer dar, das wahrscheinlich gemeinsam gegessen wurde. Diejenigen, die sich im Namen Jahwes weigerten, Jonathan zu opfern, lösen ihn durch ein Opfer aus. Im Namen Jahwes befreien sie sich von einer Macht, die dieses Menschenopfer fordert; sie tun es, indem sie Jahwe, dem Gott, der keine Menschenopfer will, ein anderes Opfer darbringen, das diesen verurteilten Menschen auslöst. Offensichtlich ist dort eine Macht, der man ein Lösegeld zahlen muß, um frei zu sein für Gott und für ihn zu leben. Aber diese Macht scheint Teil von Gott selbst zu sein. Es scheint, daß der Gott des Lebens eine dunkle Seite hat, die man respektieren muß, um für Gott leben zu können.

Die Stellen in der Abrahamsgeschichte, die ich als Einschübe bezeichnet habe, müßten dann in diesem Sinne interpretiert werden. Indem Abraham sich weigert, seinen Sohn zu opfern, steht ihm Gott als Gott des Lebens gegenüber, der seinen Glauben anerkennt. Indem er den Widder anstelle seines Sohnes opfert, löst er diesen aus. Er tut dies gegenüber dieser dunklen Seite Gottes, die geachtet sein will. Er geht eine Art Pakt mit dem Teufel ein als Voraussetzung dafür, mit Gott als dem Gott des Lebens paktieren zu können. Dies geschieht außerdem in einer Zeit, in der Gott und Teufel noch nicht manichäisch-dualistisch getrennt sind. Noch ist Satan der Ankläger am Hofe Gottes.

Die Umwandlung des Textes in eine Opferhandlung wendet die Freiheit Abrahams gegen ihren Zweck. Sie verwandelt den Menschen, der sich über das Gesetz gestellt hatte, in einen blinden, ja kriminellen Gesetzesvollstrecker: Er wird zum Vater, der sogar seinen Sohn umbringt, um das Gesetz zu erfüllen; zum Vater, der das schlimmste Verbrechen begeht. Die Kehrseite dieses Verbrechens ist der Vatermord durch den Sohn.

Wenn wir uns dies vor Augen halten, werden wir darauf kommen, wer die Textveränderungen vorgenommen hat: Es sind die Tempelpriester, die das neue Sinai-Gesetz zur Geltung bringen müssen. Den Sohn töten heißt für jeden menschlichen Mythos: das Gesetz bestätigen. Um Gesetz und Abrahamsgeschichte miteinander verknüpfen zu können, müssen sie die Geschichte uminterpretieren, damit Abraham dazu dienen kann, das Gesetz zu bestätigen. Diese Abrahamsgeschichte ist nur in der neu geschaffenen Form hilfreich: Um das Gesetz zu erfüllen, war Abraham bereit, seinen eigenen Sohn umzubringen; deshalb hat Gott ihn gesegnet. So spricht das Gesetz.

Abraham handelte jedoch in einer ganz neuen Weise, die geeignet war, das Gesetz zu untergraben. Deswegen mußte eine Umdeutung vorgenommen werden, die es gestattete, mit Abrahams Tat ein anderes Gesetz zu legitimieren, das sich ebenfalls von seiner unerhörten Tat herleitete. Dieses andere Gesetz hat sein Fundament im Glauben Abrahams, muß diesen aber leugnen, um sich legitimieren zu können. Das Sinai-Gesetz ist nicht möglich ohne die Freiheits-Tat Abrahams. Aber es kann nur legitimiert werden, wenn man den Sinn der Tat umkehrt. Eine ganz einfache Doppelsinnigkeit löst diesen Widerspruch. Die Freiheit, die am Ursprung des Gesetzes stand, muß geleugnet werden, um das Gesetz selber zu legitimieren. Deshalb wird die Großtat, den Sohn nicht zu töten, verwandelt in den Willen, ihn zu töten, den wiederum Gott mit dem rettenden Eingriff belohnt: Es genügt der gute Wille zu töten. Darum verpflichtet das Gesetz den Juden, seinen Erstgeborenen symbolisch zu opfern, indem das Kind durch ein Opfertier ersetzt wird. Das Exodus-Buch selber erzählt uns, wer den Mythos vom Abraham-Opfer verdreht hat:

> Mose trat an das Lagertor und sagte: Wer für den Herrn ist, her zu mir! Da sammelten sich alle Leviten um ihn. Er sagte zu ihnen: So spricht der Herr, der Gott Israels: Jeder lege sein Schwert an. Zieht durch das Lager von Tor zu Tor! Jeder erschlage seinen Bruder, seinen Freund, seinen Nächsten. Die Leviten taten, was Mose gesagt hatte. Vom Volk fielen an jenem Tag gegen dreitausend Mann. Dann sagte Mose: Füllt heute eure Hände mit Gaben für den Herrn! Denn jeder von euch ist heute gegen seinen Sohn und seinen Bruder vorgegangen, und der Herr hat Segen auf euch gelegt (Ex 32,26–29).

Dies ist die Umkehrung des Abraham-Mythos. Hier tritt die Priestermacht als Gesellschaftsklasse auf, die in der Tat die politische Herrschaft über die vom Gesetz geschaffene Gesellschaft übernimmt. Sie sind der Macht geweiht, »denn jeder von euch ist heute gegen seinen Sohn und seinen Bruder vorgegangen, und der Herr hat Segen auf euch gelegt.« Es ist völlig irrelevant, ob dieses Massaker wirklich historisch ist, wahrscheinlich ist es das nicht. Es folgt viel zu sehr der Logik mythischer Rationalität. Sie setzt die Bereitschaft voraus, »Söhne und Brüder« zu töten, und erwartet von daher Segen. Der Text beschreibt in mythischen Begriffen exakt, was Macht zu allen Zeiten war: Sie ist die Bereitschaft, den Sohn und alle Kinder zu töten. Interessant ist, daß der Text davon spricht, sie hätten »Söhne und Brüder« getötet – nicht ihre Väter. Der Grund liegt auf der Hand: Sie selber sind die Väter, die ihre Söhne töten. Auf dieser Grundlage üben sie ihre Macht aus.

Es ist offenkundig, daß die ursprüngliche Abrahamsgeschichte mit solcherart Macht nicht vereinbar ist. Die Macht rechnet mit dem Segen als Vergeltung für die Bereitschaft, sogar den eigenen Sohn umzubringen, um das Gesetz durchzusetzen. Abraham empfing den Segen, weil er sich weigerte, seinen Sohn zu töten, um dem Gesetz Genüge zu tun, und weil er sich über das Gesetz erhob. Die Priestergruppe jedoch, die nach dem Exodus in Israel die Macht übernimmt, sich als Sohn Abrahams versteht und es sein will, muß die Geschichte des Isaak-Opfers umschreiben in eine Geschichte, in der auch Abraham seinen Segen empfängt, weil er bereit war, seinen Sohn Isaak zu töten.

Aber das ist noch nicht alles. Die Um-Schreibung sichert die Doppelsinnigkeit des Textes. Man kann ihn auf doppelte Weise lesen: im Sinne der Priestergruppe und der Macht oder im Sinne des Ursprungs und der Befreiung. Das hat in Israel eine Dialektik hervorgebracht, die in seiner Geschichte bis heute niemals verschwunden ist. In der Bibel wird sie dargestellt als die Dialektik zwischen der Tradition der Priester einerseits und der Tradition der Propheten andererseits, als die Dialektik von Tempel und Unterdrückung auf der einen und Gerechtigkeit und Befreiung auf der anderen Seite.[2]

Es handelt sich in der Tat um eine Dialektik, nicht um eine einseitige Position. Glaube und Freiheit Abrahams sind Zeichen einer Hoffnung, die über das menschlich Realisierbare hinausreicht; einer Hoffnung, die nicht institutionalisierbar ist. Deshalb tritt die Priestermacht auf, die die Hoffnung umkehrt, um sich legitimieren zu können. Das Problem der Macht ist auch heute noch dasselbe. Um die Hoffnung auf Freiheit zu institutionalisieren, muß man sie wieder und wieder umgestalten. Der Priester spielt nicht notwendigerweise die Rolle des Übeltäters. Macht muß ausgeübt werden; und überall und zu jeder Zeit wird sie legitimiert durch die Bereitschaft zu töten – und sei es den eigenen Sohn. Aber ebenso gilt es, gegenüber der Macht die Freiheit zu sichern, die darin besteht, den Sohn nicht zu töten. Abraham ist der erste Bote der Anarchie als einer gesetzesfreien Ordnung. Seitdem ist diese große Hoffnung menschlichen Lebens niemals mehr erloschen; und sie wird auch nie wieder in Vergessenheit geraten. Sie bleibt ein echter Beweggrund zur Freiheit.

Das Vorhandensein der Dialektik von Macht und Befreiung erklärt jedoch, warum die Geschichte des Isaak-Opfers in der jüdischen Tradition jener Zeit nur eine untergeordnete Rolle spielte. Erst in der christlichen Tradition gewinnt sie einen zentralen Stellenwert, als man nämlich damit begann, den Kreuzestod Jesu in Analogie zur Opferung Isaaks zu interpretieren.

Die Abrahamsgeschichte erfüllt, auch wenn sie historisch ist, die Funktion eines Fundamentalmythos für eine ganze Gesellschaftsstruktur. Sie ist modern, weil sie an der Doppeldeutigkeit festhält. Sie kann vom Standpunkt der herrschenden Klasse aus gelesen werden oder vom Standpunkt der Befreiung aus der Unterdrückung. In der griechischen Tradition gibt es keinen Abraham, der ja zu seiner Freiheit sagt, indem er sich weigert, seinen Sohn zu töten. Der griechische Mythos vom Ödipus ist als Fundamentalmythos nichts weiter als ein Mythos zur Rechtfertigung der Macht. Der Abraham-Mythos dagegen dient zugleich der Herrschaft *und* dem Protest und wird wieder und wieder umgeformt. Später, ab dem 16. Jahrhundert, passiert etwas Ähnliches mit der Erklärung der Gleichheit der Menschen. Sie kann auch von beiden Seiten aus gelesen werden, und so geschieht es auch.

## Der Abraham-Mythos und die griechischen Mythen

Der Mythos vom Vater, der seinen Sohn tötet, und vom Sohn, der seinen Vater tötet, taucht auf irgendeine Weise in den Fundamentalmythen all jener Gesellschaften auf, die eine Gesellschaftsordnung auf Gesetze gründen. Sie erscheinen jedoch in unterschiedlicher Gestalt. Der Abraham-Mythos ist die jüdische Lösung für das Problem, das überall auftaucht.

Unter der Voraussetzung, daß das Christentum aus der jüdischen Tradition und damit aus dem Abraham-Mythos hervorgeht, aber ebenso von der hellenistischen Umgebung mit seiner griechischen Mythologie beeinflußt wird, ist es notwendig, nachzuschauen, wie sich die griechische Tradition diesem Problem stellt. Auch in ihr tritt der Vater auf, der seinen Sohn tötet. Ihm entspricht aber der Sohn, der den Vater umbringt, der Ödipus. Hier entsteht ein Kreislauf, den die Abraham-Tradition nicht kennt. In ihr gibt es den Vater, der seinen Sohn töten soll, aber seine Freiheit entdeckt und nicht tötet. Deshalb hat auch der Sohn keinen Anlaß, den Vater zu töten. Wie der Vater frei wird, so auch der Sohn.

In der griechischen Tradition dagegen tötet der Vater seinen Sohn. Der Sohn überlebt nur, weil der Vater, ohne es zu wissen, einen Fehler begeht. Er unternimmt alles, um seinen Sohn zu töten, und glaubt auch, dies getan zu haben. Aber durch irgendeinen Zufall – stets von seiten eines guten Menschen – überlebt der Sohn, der schließlich seinen Vater tötet. Es handelt sich um einen tragischen Zirkel der gesamten griechischen Mythologie: Der Vater tötet den Sohn, und der Sohn tötet den Vater. Das beginnt schon bei den Fundamentalmythen der Götterwelt. Uranos, der oberste der Götter, vertreibt seine Söhne, die Zyklopen, in den Tartarus, wo sie für immer eingeschlossen sind. Seine anderen Söhne, die Titanen, lehnen sich gegen ihn auf, um die Zyklopen zu rächen. Kronos, einer von ihnen, tötet seinen Vater Uranos, indem er ihn kastriert. Kronos folgt seinem Vater auf den Thron, aber ihm wird prophezeit, daß ihm einer seiner Söhne den Thron rauben wird. Daher verschlingt alle Söhne, die ihm geboren werden, damit keiner am Leben bleibe, der die Prophezeiung wahrmachen könnte. Zeus jedoch entkommt, ohne daß Kronos es merkt, und tötet seinen Vater mit einem Blitz.

Stets schließt sich der Kreis. Der Ödipus-Mythos aber geht noch darüber hinaus. Laios, dem Vater des Ödipus, prophezeit man, daß sein

Sohn ihn töten werde. Um dem zuvorzukommen, tötet Laios seinen Sohn Ödipus. Er glaubt ihn wirklich getötet zu haben, aber Ödipus entkommt mit der Hilfe eines Hirten, der Mitleid mit dem Kind hat. Als Erwachsener tötet Ödipus seinen Vater, ohne ihn zu kennen, und heiratet seine Mutter, ohne darum zu wissen. Mit ihr hat er die beiden Söhne Eteokles und Polyneikes sowie die Tochter Antigone. Als er erfährt, daß er seinen eigenen Vater umgebracht und seine eigene Mutter zur Gattin hat, sticht er sich die Augen aus. Seine Mutter tötet sich selbst. Unter seinen Söhnen Eteokles und Polyneikes entsteht nun ein tödlicher Konflikt um die Nachfolge. In einem Duell bringen sie sich gegenseitig um. Kreon, der neue König, verbietet die Beerdigung des Polyneikes. Antigone widersetzt sich dem Verbot und findet daraufhin auch den Tod.

Der gesamte Mythos baut auf dem Recht des Vaters auf, seinen Sohn zu töten. Der Mythos vertuscht dies jedoch durch die Prophezeiung, die dem Vater, weil er weiß, daß der Sohn ihn töten wird, das Recht gibt, den Sohn zu töten. Dafür gibt es keinen Beweis, es ist eine simple Unterstellung, mit der etwas legitimiert werden soll.[3] Der Sohn dagegen hat kein Recht, sich zu verteidigen. Wenn er am Ende seinen Vater tötet, begeht er ein Verbrechen.

Auch dies verbirgt der Ödipus-Mythos. Ödipus würde den Vater nicht töten, wenn er wüßte, daß er es ist. Er würde seine Mutter nicht heiraten, wenn er wüßte, daß sie seine Mutter ist. Der Sohn hat keinen Anspruch auf Verteidigung. Er begeht all die Taten in Unwissenheit. Sobald Ödipus den wahren Zusammenhang erfährt, zerstört er sich selbst. Auch seine Söhne bringen sich gegenseitig um.

Gesetz und Autorität haben das Sagen, besitzen das Gewaltmonopol, sogar das Tötungsrecht. Dagegen gibt es zwar eine Reaktion, aber sie ist nicht legitim. Nicht Freiheit fordert Ödipus, sondern den endlosen Kreislauf der Gewalt, aus dem es kein Entrinnen gibt. Das Gesetz bestimmt. Das Gesetz tötet, und zwar zu Recht. Der Mensch reagiert und tötet auch. Aber damit vollzieht er nur seine Bestimmung, sich selber ein Ende zu setzen. Man kann dem Kreislauf nicht entkommen, mag auch das Gesetz dem Vater Recht geben, der seinen Sohn tötet.

Die Abraham-Tradition ist davon jedoch sehr verschieden. In ihr gibt es eine Freiheit, von der die griechische Tradition nicht einmal träumt. Alle griechische Tradition bleibt merkwürdig blind gegenüber solcher Freiheit. Es gibt keinen Vater, der sich weigert, seinen Sohn zu töten. Diese großartige Tat menschlicher Freiheit gegenüber dem Gesetz, diese grenzenlose Bejahung menschlicher Subjektivität, die, wenn nötig, das Gesetz bricht, gibt es nicht.

Abraham nimmt seine Freiheit in Anspruch – und damit sein Leben. Und sein Leben schließt das Leben seines Sohnes und das aller anderen mit ein. Er tötet nicht und ist auch nicht dazu bereit. Sein Glaube besteht eben darin, *nicht* den guten Willen zu haben, den das Gesetz ihm abverlangt, nämlich seinen Sohn zu töten. Er weigert sich, dies zu tun; und eben diesen Glaubensgehorsam verlangt der Engel Gottes von ihm. Gegenüber der griechischen Tradition ist das einzigartig.

Es ist interessant, den Vergleich beider mythischer Traditionen noch weiter zu treiben. Isaak tötet seinen Vater nicht, weil er dazu keinen Grund hat. Sein Vater hat ihn nicht getötet, warum also sollte er diesen töten? Deshalb kennt die jüdische Tradition keinen Ödipus. Zwar beginnt die Geschichte, wie der Ödipus-Mythos, mit einem Vater, der auszieht, seinen Sohn umzubringen – alle Würfel scheinen gefallen. Abraham jedoch macht sich frei davon. Er tötet seinen Sohn nicht. Ödipus kann nicht in Erscheinung treten, weil der Vater keinen Anlaß geschaffen hat. Abraham wird frei; und Isaak kann sich diese Freiheit zu eigen machen.

Aber wie im Falle der Ödipus-Söhne gibt es auch unter den Abraham-Söhnen einen Konflikt um die Nachfolge, und zwar zwischen den Kindeskindern Esau und Jakob, den Söhnen Isaaks. Mit einem Schwindel bringt Jakob Esau um das Erstgeburtsrecht, wodurch dieser sich zutiefst verletzt fühlt. Esau hätte Grund genug zu einem tödlichen Duell, das dem der Ödipus-Söhne vergleichbar wäre. Aber die abrahamitische Tradition beweist die gleiche Freiheit, die Abraham besaß. Jakob und Esau treffen sich nach langer Zeit, aber ihr Treffen dient dem Friedensschluß. Mit einer Umarmung verzeiht Esau Jakob. Die Umarmung Jakobs und Esaus ist das Gegenbild zum Duell zwischen Eteokles und Polyneikes – der Respekt freier Menschen voreinander. Die gleiche Umarmung wiederholt sich bei den Söhnen Jakobs. Sie hatten ihren Bruder Josef getötet. Ohne ihr Wissen jedoch entkam er lebend. Anläßlich einer Hungersnot begegnen sie ihm in Ägypten. Josef erkennt seine Brüder, sie jedoch ihn nicht. Er hilft ihnen, dann gibt er sich zu erkennen und verzeiht ihnen mit einer Umarmung. Noch einmal eine Umarmung als Gegenstück zum tödlichen Duell der Ödipus-Söhne.

Die gesamte Abraham-Tradition erscheint wie eine umgekehrte Parallele zum Ödipus-Mythos. In beiden Fällen zieht der Vater aus, seinen

Sohn zu töten. Im Ödipus-Beispiel tötet er ihn tatsächlich, auch wenn der Sohn zunächst entkommt. Im Abraham-Beispiel tötet er ihn nicht, sondern stellt seine Freiheit über das Gesetz. Im Ödipus-Mythos tötet der Sohn den Vater. In der Abrahamsgeschichte tötet der Sohn den Vater nicht. Im griechischen Mythos bringen sich die Söhne gegenseitig um, als sie wegen der Nachfolge in Streit geraten. In der Abrahamsgeschichte lösen die Söhne den Konflikt um die Nachfolge, indem sie einander durch eine Umarmung vergeben.

Im griechischen Mythos verletzt Ödipus das Inzest-Verbot, indem er seine Mutter heiratet. Diese Verletzung gilt als schwerstes Verbrechen, das mit dem Tode bestraft wird. Im Abraham-Mythos stellt Abraham seine Frau Sarah als seine Schwester vor, was sie möglicherweise auch war. Das rettet ihm das Leben; und Gott selber handelt zu seinen Gunsten. Das geschieht zu einer Zeit, in der die Unabhängigkeit vom Inzest-Verbot symbolisiert wird. Die Pharaonen heiraten ihre Schwestern, um dadurch zu manifestieren, daß sie außerhalb des Gesetzes stehen und darüber verfügen. Wer in jener Zeit Gesetze erläßt, ist, im Unterschied zu heute, dem Gesetz nicht unterworfen. Der heutige Gesetzgeber ist selber dem Gesetz unterworfen. Der Pharao dagegen ist unabhängig, weil er außerhalb des Gesetzes, jedoch nicht über dem Gesetz steht. Diese Art von Unabhängigkeit ist nicht Freiheit für alle, weil sonst das Gesetz in Frage gestellt und relativiert würde. Das ist jedoch der Fall bei Abraham: Er lebt eine Freiheit jenseits des Gesetzes und in diesem Sinne über dem Gesetz, welche das Gesetz nicht abschafft, sondern für alle relativiert. Der Pharao ist nicht frei, sondern absoluter Herrscher außerhalb jeden Gesetzes. Abraham dagegen ist frei, weil er jenseits des Gesetzes über das Gesetz urteilt und in diesem Sinne die Freiheit universal macht.

Abraham erhebt den Anspruch auf eine Freiheit über das Gesetz hinaus. Deshalb findet er zu einem guten Ende und lebt unter der Verheißung Gottes. Ödipus dagegen entkommt dem Kreislauf des Gesetzes nicht und verwickelt sich in ein tragisches Ende, aus dem es kein Entrinnen mehr gibt. Dieser Vergleich bestätigt zumindest indirekt unsere Interpretation der ursprünglichen Abrahamsgeschichte. Hätte Abraham wirklich seinen Sohn Isaak getötet – oder zumindest den festen Willen dazu gehabt –, dann hätte Isaak auch Abraham getötet, und seine Söhne – oder seine Kindeskinder – hätten sich gegenseitig umgebracht wie die Ödipus-Kinder. Der Zusammenhang spricht eine eindeutige Sprache. Er ist nicht vereinbar mit der Vorstellung, das Opfer

Abrahams habe in der Bereitschaft bestanden, seinen Sohn zu töten, wovor ihn nur der Eingriff Gottes bewahrte. Abraham rettet seinen Sohn durch seinen Glauben. Die Autoren der Einfügung, welche die ursprüngliche Geschichte des Isaak-Opfers in ihr Gegenteil verkehrt, haben den großen Zusammenhang nicht bemerkt. Dadurch verraten sie sich selbst.

Der griechische Mythos, der dem Abraham-Mythos vielleicht am nächsten kommt, ist der Mythos des Athamas, der auszieht, seinen Sohn Phrixos zu opfern:

(Die Männer Boiotiens) verlangten, daß Phrixos sterben sollte, woraufhin Athamas laut weinend Phrixos auf den Berggipfel führte. Er wollte gerade seine Kehle durchschneiden, als Herakles, der zufällig in der Nähe war, heraneilte und das Opfermesser seiner Hand entwand. »Mein Vater Zeus«, rief Herakles aus, »verabscheut Menschenopfer!«

Trotzdem hätte Phrixos sterben müssen, wäre nicht ein geflügelter goldener Widder, den Hermes auf Befehl Heras – oder, wie manche sagen, auf Befehl des Zeus selbst – gesandt hatte, plötzlich vom Olymp zu seiner Rettung niedergeflogen.

»Steige auf meinen Rücken!« rief der Widder, und Phrixos gehorchte. »Nimm auch mich!« bat Helle. »Laß mich nicht zurück in den Händen meines Vaters.«

Da zog Phrixos sie auf den Widder, und dieser floh nach Osten, zum Lande Kolchis, wo Helios seine Pferde hält.[4]

Aber auch dieser griechische Mythos ist nicht mit dem Abraham-Mythos identisch. Athamas, der Vater, wird nicht frei. Er erhebt sich nicht über das Gesetz des Opfers. Zeus muß Phrixos gegen den Willen des Vaters entführen, um ihn zu retten. Helle, die Schwester von Phrixos, fürchtet, jetzt an seiner Stelle geopfert zu werden und muß mit ihm entfliehen.

Keine Menschenopfer zu bringen wird zu einem neuen Verbot, zu einem neuen Gesetz, nicht zur Freiheit gegenüber dem Gesetz. Der Vater wird nur frei, wenn er selbst sich frei macht und sich über das Gesetz stellt. Das scheint aber gerade dem griechischen Denken unmöglich zu sein. Ein ganz ähnlicher Fall der Rettung des Opfers durch einen Gott ist folgender:

Als Idomeneus nach Kreta segelte, wurde er vom Sturm erfaßt; er gelobte, die erste Person, der er begegnen würde, dem Poseidon zu opfern; dies war sein eigener Sohn oder – wie manche sagen – eine seiner Töchter. Er wollte gerade seinen Eid erfüllen, als eine Seuche das Land heimsuchte und das Opfer unterbrach.[5]

Aufs neue greift die Macht, die das Opfer verhindert, von außerhalb ein. Es handelt sich um ein Verbot des Opfers durch ein neues Gesetz, nicht um Freiheit gegenüber dem Gesetz.

Als Saul seinen Sohn Jonathan opfern will, ist es gerade das Volk, das dieses Opfer verhindert. Wenn auch Saul nicht frei wird, so doch sein Volk. Vor der Schlacht von Michmas gelobt Saul:

Saul aber hatte an jenem Tage ein großes Enthaltungsgelübde auferlegt und folgende Verwünschung über das Volk ausgesprochen: Verflucht sei jeder, der Speise genießt vor dem Abend, bis ich Rache genommen habe an meinen Feinden. ...

Nur Jonathan hatte nicht gehört, wie sein Vater über das Volk einen Schwur getan hatte. Er streckte also die Spitze seines Stabes, den er in der Hand hatte, aus, tauchte sie in eine Honigwabe und führte seine Hand zum Munde. Da wurden seine Augen wieder hell (1 Sam 14,24–27).

Als Jonathan vom Schwur seines Vaters erfährt, sagt er:

Mein Vater stürzt das Land in Unglück. Seht doch, wie meine Augen hell geworden sind, weil ich dieses bißchen Honig genossen habe (1 Sam 14,29).

Durch das Los aber wird Jonathan als schuldig erkannt:

Nun sagte Saul zu Jonathan: Gestehe mir, was du getan hast. Und Jonathan gestand ihm und sprach: Nur ein bißchen Honig habe ich mit der Spitze des Stabes, den ich in meiner Hand hielt, gekostet. Hier stehe ich, ich bin bereit zu sterben. Saul antwortete: Gott tue mir dies und das an, ja, Jonathan, du mußt sterben. Doch das Heer erklärte dem Saul: Jonathan soll sterben, der diesen herrlichen Sieg in Israel errungen hat? Nein, das darf nicht sein. So wahr Jahwe lebt, kein Haar soll von seinem Haupt zur Erde fallen. Hat er doch mit Gott den Sieg am heutigen Tage errungen. So löste das Volk den Jonathan aus, daß er nicht zu sterben brauchte (1 Sam 14,43–46).

Es handelt sich offensichtlich um eine Versuchung der Könige, die durch das Kindesopfer ihre Macht zu sichern versuchen und dabei auf den Widerstand des Volkes treffen. Daher heißt es auch vom König Salomo, allerdings ohne weiteren Kommentar:

Damals baute Salomo eine Höhe dem Kemosch, dem greulichen Götzen der Moabiter, auf dem Berge, der vor Jerusalem liegt, und dem Moloch, dem greulichen Götzen der Ammoniter (1 Kön 11,7).

Soweit ich sehe, gibt es nur einen einzigen Fall, in dem das Opfermotiv in der jüdischen Tradition mit der gleichen Bedeutung auftaucht, die es in der griechischen Tradition auf so beherrschende Weise hat. Es ist dies der Fall des Richters Jiphtach, dem Sohn Gileads und einer Prostituierten:

Gileads Frau aber gebar ihm auch Söhne, und als die Söhne dieser Frau größer wurden, verjagten sie Jiphtach und sagten zu ihm: Du hast keinen Anteil am Erbe unseres Vaters, denn du bist der Sohn eines fremden Weibes. Da floh Jiphtach vor seinen Brüdern und ließ sich im Land Tob nieder. Er sammelte um sich eine Schar nichtsnutziger Leute, die mit ihm zu Felde zogen (Ri 11,2f).

In einer Situation der Gefahr, in der ihn seine Brüder zu Hilfe riefen, verlangte er dafür absolute, ständige Autorität:

Als die Ammoniter Israel angegriffen hatten, gingen die Ältesten von Gilead, um Jiphtach aus dem Lande Tob zu holen. Sie sagten ihm: Komm, sei unser Anführer, damit wir mit den Ammonitern kämpfen. Aber Jiphtach erwiderte den Ältesten von Gilead: Habt ihr mich nicht gehaßt und aus dem Hause meines Vaters verjagt? Warum kommt ihr jetzt zu mir, da ihr in Not seid? ... Wenn ihr mich zurückholt, um gegen die Ammoniter zu kämpfen, und Jahwe sie an mich ausliefert, dann werde ich euer Haupt sein (Ri 11,4–9).

Die Ältesten nahmen die Bedingung an:

Jiphtach machte Jahwe ein Gelübde und sprach: Wenn du die Ammoniter in meine Hand gibst, dann soll der, der zuerst aus der Tür meines Hauses mir entgegenkommt, wenn ich als Sieger vom Kampf gegen die Ammoniter heimkehre, Jahwe gehören, und ich will ihn als Brandopfer darbringen. Jiphtach zog gegen die Ammoniter, um sie anzugreifen, und Jahwe gab sie in seine Hand. ...

Als Jiphtach nach Mizpe in sein Haus kam, da trat seine Tochter heraus, ihm entgegen, und tanzte zum Paukenschlag. Sie war sein einziges Kind; außer ihr hatte er weder Sohn noch Tochter. Sobald er sie sah, zerriß er seine Kleider und rief: Ach, meine Tochter, Unglück bringst du mir! Daß du es bist, die mich ins Unglück bringt! Ich habe mich selbst gebunden vor Jahwe und kann nicht widerrufen. Sie antwortete ihm: Mein Vater, wenn du dich gebunden hast vor Jahwe, dann handle an mir nach deinem Gelübde, das du ausgesprochen hast, denn Jahwe hat dir Rache verliehen an deinen Feinden, den Ammonitern. Dann sprach sie zu ihrem Vater: Diese Bitte sei mir gewährt! Laß mich noch zwei Monate frei, daß ich hingehe und über die Berge ziehe und mit meinen Gefährtinnen meine Jungfrauschaft beweine. Er sprach zu ihr: Geh hin!, und ließ sie für zwei Monate frei. So ging sie hin, sie und ihre Gefährtinnen, und beweinte ihre Jungfrauschaft in den Bergen. Nach zwei Monaten kehrte sie zu ihrem Vater heim, und er vollzog an ihr das Gelübde, das er ausgesprochen hatte. Sie hatte keinen Mann erkannt. Daher wurde es Brauch in Israel: Alljährlich gehen die Töchter Israels hin, die Tochter Jiphtachs, des Gileaditers, zu beklagen, vier Tage im Jahr (Ri 11,29–40).

Jiphtach zeigt sich als unbegrenzt grausam und zerstörerisch:

Da besetzte Gilead vor Ephraim die Jordanfluten, und wenn ephraimitische Flüchtlinge sagten: Laßt mich hinüber!, fragten die Leute von Gilead: Bist du ein Ephraimit? Antwortete er: Nein, dann sagten sie zu ihm: Sag mal Schibbolet! Da sagte er: Sibbolet, denn er konnte es nicht richtig aussprechen. Dann packten sie ihn und erschlugen ihn an den Jordanfurten. Auf diese Weise kamen zweiundvierzigtausend Mann aus Ephraim um (Ri 12,5f).

Dieser Mythos ist ein wahrer Anti-Abraham. Nach Robert von Ranke-Graves handelt es sich um ein Opfer, das Jiphtach der Göttin Anatha darbringt, die solche Brandopfer auf ihren heiligen judäischen Bergen verlangte. Danach war die Opferung eines königlichen Prinzen in Dankbarkeit für eine gewonnene Schlacht einst allgemeiner Brauch.[6]

Der Text aber stellt das Opfer als ein Jahwe dargebrachtes Opfer dar, ohne jeden Kommentar. Ich würde annehmen, daß es sich um einen sehr alten, vor-abrahamitischen Mythos handelt, der hier aufgenommen wird. Die Erklärung dafür, daß er überhaupt aufgenommen wurde, würde ich gerade in der Inversion des Abraham-Mythos suchen, die oben anhand von Ex 32,26–29 bereits diskutiert wurde.

## Jesus und die Abraham-Tradition

Jesus bezieht sich auf das Isaak-Opfer in seiner ursprünglichen Bedeutung (ohne die sinnverdrehenden Einfügungen). Im Johannesevangelium stellt Jesus sich seinen Verfolgern, die ihn töten wollen. Ihnen gegenüber identifiziert Jesus sich mit Isaak, dem Sohn Abrahams. Er sagt ihnen:

Wenn ihr in meinem Wort bleibt, seid ihr wirklich meine Jünger. Dann werdet ihr die Wahrheit erkennen, und die Wahrheit wird euch befreien. Sie erwiderten ihm: Wir sind Nachkommen Abrahams und sind noch nie Sklaven gewesen. Wie kannst du sagen: Ihr werdet frei werden? Jesus antwortete ihnen: ... *Ich weiß, daß ihr Nachkommen Abrahams seid. Aber ihr wollt mich töten,* weil mein Wort in euch keine Aufnahme findet. ... Sie antworteten ihm: Unser Vater ist Abraham. Jesus sagte zu ihnen: *Wenn ihr Kinder Abrahams wärt, würdet ihr so handeln wie Abraham. Jetzt aber wollt ihr mich töten,* einen Menschen, der euch die Wahrheit verkündet hat, die Wahrheit, die ich von Gott gehört habe. *So hat Abraham nicht gehandelt.* Ihr vollbringt die Werke eures Vaters. Sie entgegneten ihm: Wir stammen nicht aus einem Ehebruch, sondern wir haben nur den einen Vater: Gott. Jesus sagte zu ihnen: Wenn Gott euer Vater wäre, würdet ihr mich lieben; denn von Gott bin ich ausgegangen und gekommen. ... Warum versteht ihr nicht, was ich sage? Weil ihr nicht imstande seid, mein Wort zu hören. *Ihr habt den Teufel zum Vater, und ihr wollt das tun, wonach es euren Vater verlangt. Er war ein Mörder von Anfang an.* ...
Wenn jemand an meinem Wort festhält, wird er auf ewig den Tod nicht schauen. Da sagten die Juden zu ihm: Jetzt wissen wir, daß du von einem Dämon besessen bist. Abraham und die Propheten sind gestorben, du aber sagst: *Wenn jemand an meinem Wort festhält, wird er auf ewig den Tod nicht erleiden.* Bist du etwa größer als unser Vater Abraham? Er ist gestorben, und die Propheten sind gestorben. Für wen gibst du dich aus? Jesus antwortete: ... Euer Vater Abraham jubelte, weil er meinen Tag sehen sollte. Er sah ihn und freute sich. Die Juden entgegneten: Du bist noch keine fünfzig Jahre alt und willst Abraham gesehen haben? Jesus erwiderte ihnen: Amen, amen, ich sage euch: Noch ehe Abraham wurde, bin ich. *Da hoben sie Steine auf, um sie auf ihn zu werfen. Jesus aber verbarg sich und verließ den Tempel* (Joh 8,31–59).

Diese Worte offenbaren Jesu Verständnis der Abrahamsgeschichte und des Isaak-Opfers. Man kann sie nur verstehen, wenn man mit Jesus davon ausgeht, daß der Glaube Abrahams darin bestand, seinen Sohn nicht zu töten. Hätte Jesus den Glauben Abrahams mit dessen Bereitschaft, seinen Sohn zu töten, identifiziert, dann hätte er seine

Verfolger als echte Kinder Abrahams loben müssen. Seine Verfolger können ihre eigene Bereitschaft zu töten mit dem umgedeuteten Glauben Abrahams rechtfertigen und sich deshalb als Kinder Abrahams betrachten. Jesus kann das nicht mitvollziehen. Deshalb legt er diese Bereitschaft den Kindern des Teufels zur Last, nicht dem Glauben: »*Er war ein Mörder von Anfang an ...*« Indem die Juden den Glauben Abrahams als die Bereitschaft, den eigenen Sohn umzubringen, interpretieren, hören sie auf, Kinder Abrahams zu sein, und werden zu Kindern des Teufels.

Abraham nachzufolgen bedeutet, nicht zu töten, sondern das Leben aller zu bejahen. Das Leben schafft neues Leben. Deshalb folgt die Verheißung Jesu: »*Wenn jemand an meinem Wort festhält, wird er auf ewig den Tod nicht erleiden.*« Sie ergänzt und radikalisiert die Verheißung des Lebens, die Abraham vom Engel Gottes erhielt: »*Ich will dir Segen schenken in Fülle und deine Nachkommen zahlreich machen wie die Sterne am Himmel und den Sand am Meeresstrand.*« Leben wird möglich durch die Bejahung des Lebens. Die Bejahung des Todes zeugt den Tod, nicht das Leben.

Der Vorwurf Jesu jedoch wird beantwortet mit dem Versuch, ihn zu töten: »*Da hoben sie Steine auf, um sie auf ihn zu werfen. Jesus aber verbarg sich und verließ den Tempel.*« Das erinnert an das Ende der Geschichte von Abraham und Isaak: »*Darauf kehrte Abraham zu seinen Jungknechten zurück. Sie machten sich auf und gingen miteinander nach Beerscheba. Abraham blieb in Beerscheba wohnen.*« Abraham mußte fliehen, nachdem er sich geweigert hatte, seinen Sohn zu töten. Er und sein Sohn müssen eine Zuflucht suchen, und Jesus, der sich mit Isaak identifiziert hatte, ist ebenfalls dazu gezwungen, weil die Kinder Abrahams nicht handeln wie Abraham. Diesmal noch findet er ein Beerscheba, wie Abraham es fand. Später findet er keines mehr und wird tatsächlich getötet. – Wer aber tötet Jesus? Es nützt uns wenig zu antworten: die Kinder des Teufels. Wir müssen wissen, wie die Kinder des Teufels vorgehen, sie töten ja nicht aus Spaß. Das Johannesevangelium selber besteht immer wieder darauf, daß Jesus getötet wird, um das Gesetz zu erfüllen, das als Gottes Gesetz gilt. Das Gesetz also tötet Jesus. Man tötet ihn im Namen des Gesetzes.

Die Mörder Jesu hatten, als sie Jesus opferten, nicht den Glauben Abrahams, der diesen davor bewahrte, das Gesetz des Todes zu erfüllen. Sie hatten den Glauben, der bereit ist zu töten; und in diesem Glauben – einer Umkehrung des Abraham-Glaubens – bejahen sie das Gesetz, berufen sich darauf und rechtfertigen damit den Mord an Jesus. Tatsächlich geben Jesu Gesetzesübertretungen nach dem Gesetz selber keineswegs das Recht, ihn umzubringen. Das Gesetz wird zu diesem Zweck benutzt, ist aber nicht Ursache seiner Ermordung. Jesus wurde wahrscheinlich umgebracht, weil er sich mit den Armen identifiziert hat; zu einem solchen Grund darf man sich jedoch nicht offen bekennen. Das Gesetz, in dessen Namen man handelt, dient nur als Vorwand. Man kann durchaus sagen: Jesus wird umgebracht, weil er ein überzeugter Jude ist. Dasselbe geschieht später vielen Christen, die, weil sie überzeugte Christen sind, von der christlichen Gesellschaft umgebracht werden. Ihre Richter und Mörder jedoch behaupten stets, im Namen eines Gesetzes zu handeln, um den Willen Gottes zu erfüllen. Zweifellos läßt das Gesetz Raum dafür. Man verwandelt es in ein Mordwerkzeug, in eine Waffe, die den Tod bringt.

Weil Jesus keinen Zufluchtsort Beerscheba mehr hat, willigt er ein, im Namen des Gesetzes getötet zu werden. Sein Tod offenbart die Bosheit des Gesetzes – offenbart das Gesetz als Überbringer des Todes. Dies wird nun für seine Anhänger unübersehbar. Somit wird der Glaube Abrahams erneuert und radikalisiert. Die Rettung, die durch Jesu Tod kommt, besteht nicht in seiner Selbstaufopferung, sondern vielmehr darin, die Bosheit des Gesetzes offenbar zu machen. Das Gesetz hat den Überbringer des Lebens getötet. Jetzt entsteht eine neue Freiheit in der Tradition Abrahams. Frei sein heißt, sich über das Gesetz erheben. Die Freiheit geht über das Gesetz hinaus. Sie besteht nicht darin, gesetzliche Normen zu erfüllen. Freiheit besteht darin, das Gesetz, und zwar jedes Gesetz der Bejahung menschlichen Lebens zu unterwerfen. Die paulinische Theologie folgt dieser Linie.

### Die paulinische Theologie des Gesetzes und die strukturelle Sünde

Die paulinische Theologie des Gesetzes spiegelt den tiefen Eindruck wider, den bei den ersten Judenchristen die Erfahrung hinterläßt, daß Jesus, der Urheber des Lebens, getötet wurde, um ein Gesetz zu erfüllen, dessen gottgegebener Sinn es war, Leben zu geben. Das ganze Denken des Apostels Paulus kreist um dieses Problem. Deshalb stellt sich Paulus der Tatsache, daß die Erfüllung des Gesetzes den Tod bringt. Es handelt sich dabei nicht nur um das mosaische Gesetz, vielmehr um jedwedes Gesetz in jeder Lage.

> Ich lebte einst ohne das Gesetz; aber als das Gebot kam, wurde die Sünde lebendig, ich dagegen starb und mußte erfahren, daß dieses Gebot, das zum Leben führen sollte, den Tod bringt. Denn nachdem die Sünde durch das Gebot den Anstoß erhalten hatte, täuschte und tötete sie mich durch das Gebot (Röm 7,9–11).

Der Text spricht von der Sünde; dabei handelt es sich jedoch nicht um die Übertretung irgendeines Gesetzes. Die Sünde steckt vielmehr im Gesetz selber, handelt durch das Gesetz und benutzt es. Sie handelt folglich gerade dann durch das Gesetz, wenn es erfüllt wird.

Paulus spricht hier von einem Gesetz und von Geboten, die in Strukturen institutionalisiert sind. Das geltende Gesetz ist Ausdruck einer bestehenden Struktur. Die Sünde agiert mit Hilfe der Struktur und des durch sie geltenden Gesetzes und nicht durch dessen Übertretung. Die Sünde wird ein selbständiges Wesen, aus dem das Gesetz seine eigene Existenz herleitet und das im Gesetz präsent ist. Das ist die strukturelle Sünde.

Der heilige Paulus weist darauf hin, wie die Sünde mit Hilfe des Gesetzes handelt: Das Gesetz tötet (»die Sünde tötete mich durch das Gebot«). Die Sünde führt ins Reich des Todes, ein Reich mit einer anspruchsvollen Ethik, die aber nichts anderes ist als eine Ethik des Todes. Wenn diese Analyse stimmt, dann gibt es Sünden im Sinne von Gesetzesübertretungen und eine Sünde, die dem Gesetz schon innewohnt und die durch die Erfüllung des Gesetzes tötet. Nur diese Sünde kann strukturelle Sünde sein. Indem eine bestimmte Struktur und mit ihr eine bestimmte Ethik bejaht wird, wird der Tod bejaht. Der Wegweiser zu dieser Sünde ist also stets der Tod, den die Struktur und ihre Bestätigung mit sich bringen. Das ist stets der Tod in einem umfassenden, immer auch körperlichen Sinne, nicht nur das, was man den Tod der Seele nennt.

Immer und überall, wo die Bejahung einer Struktur und die Erfüllung eines Gesetzes den Tod bringt, handelt die Sünde. Wenn der Inquisitor in Befolgung seines Gesetzes den Häretiker verbrennt, ist es die Sünde, die mit Hilfe des Gesetzes handelt und den Tod bringt. Der Inquisitor erfüllt das Gesetz, er übertritt es nicht! Dennoch begeht er damit *die* Sünde. Er ist Sünder, obwohl er keinem Gesetz zuwiderhandelt. Er ist Sünder, indem er sich mit der strukturellen Sünde identifiziert, sie sich zu eigen macht. Natürlich ist *er* der Sünder und nicht die Struktur. Er wird aber nur zum Sünder, indem er sich der Sünde unterwirft, die mit Hilfe der Struktur agiert. Er wird zum Sklaven der Sünde, ohne dabei eine Gesetzeswidrigkeit zu begehen. Gesetzeswidrigkeiten sind neben dieser Sünde geringfügige, ja winzige Sünden. So lehrt es wenigstens der heilige Paulus.

Die Sünde besteht gerade darin, einer womöglich sehr anspruchsvollen Ethik Genüge zu tun, was mit großen Opfern verbunden sein kann. Läßliche Sünden zu begehen ist leicht; die strukturelle Sünde jedoch erfordert mehr. Zur Hölle zu fahren ist schwierig, nicht einfach. Es gibt eine Askese des Bösen, die es erforderlich macht, sich aufzuopfern. Die strukturelle Sünde verfügt über ein normatives System, erzeugt Druck und verurteilt den Unfolgsamen. Paulus konfrontiert uns mit der Tatsache, daß wir uns hier im Reich des Todes befinden. Wenn es aus Gesetzeswidrigkeiten bestünde, wäre es kein Reich, sondern ein Chaos. Die herrschende Ordnung selber, gestützt durch das Gesetz: sie bringt den Tod. Deshalb ist der Inquisitor für gewöhnlich ein Asket. Darum kann Bertolt Brecht von den Drachen der chinesischen Kunst, die das Böse darstellen, sagen: Ihr Antlitz offenbart, wie schwer es ist, das Böse zu tun. Die Eroberung Amerikas, die Evangelisierung und Kolonialisierung, das heutige Eintreiben der Auslandsschulden – all das bedeutet Unterordnung unter ein Gesetz, mit dessen Hilfe die Sünde agiert, um den Tod zu säen. Wer solche Frevel begeht, sündigt, weil er Sklave der Sünde ist und sich ihrem Gesetz unterwirft; er sündigt, weil er sich mit der strukturellen Sünde identifiziert.

Es gibt einen entscheidenden Unterschied zwischen der strukturellen Sünde und den kleinen bzw. läßlichen Sünden. Die kleinen Sünden sind Gesetzeswidrigkeiten. Wer sie begeht, ist sich der Tatsache bewußt, daß er eine ethische Norm verletzt. *Die* Sünde ist anders. Sie wird durch eine Ethik gestützt, ja geradezu eingefordert. Denn jede Ethik verlangt Gehorsam und muß das Sündenbewußtsein an Gesetzesübertretungen orientieren. Für die normative Ethik gibt es nur solcherart Sünden; *die* Sünde als strukturelle Sünde existiert für sie nicht. Mit Hilfe der Ethik kann die strukturelle Sünde nicht aufgedeckt werden, da diese Ethik selbst – und wer ihr folgt – der Sünde unterliegt. Notwendigerweise begeht man daher die Sünde, die in der Identifikation mit der Struktur besteht, ohne Sündenbewußtsein und Schuldgefühl. Ihr Charakter selbst hebt das Sündenbewußtsein auf, man begeht sie guten Gewissens, d.h. in dem Bewußtsein, ethische Forderungen zu befolgen. Kann derjenige ein Sünder sein, der sogar unter persönlichen Opfern gehorsam ist? Die These von der strukturellen Sünde behauptet das. Es kann sich nicht um eine persönliche Sünde handeln, weil diese das Schuldbewußtsein voraussetzt.

Zweifellos hat Jesus diese Sünde im Sinn, als er seinen Mördern vergibt, weil sie nicht wissen, was sie tun. Sie sündigen, indem sie sich mit der strukturellen Sünde identifizieren, denn sie töten Jesus im Gehorsam gegenüber dem Gesetz. Das Wesen dieses Gesetzes besteht – durch den Gehorsam, den es verlangt – gerade darin, solcherart Sünde herbeizuführen. Indem das Gesetz das Gewissen für Sünden im Sinne der Gesetzesübertretungen entwickelt, hebt es das Bewußtsein für die Sünde auf, die man durch die Identifikation mit der strukturellen Sünde begeht. Das Gesetz wirkt zerstörerisch, weil es seine Werte als absolute Werte präsentiert.

Diesem Reich des Todes, der herrschenden Ordnung des Gesetzes, setzt Paulus das Reich des Lebens entgegen, über Gesetz und institutionalisierte Ordnung hinaus. Nicht die Erfüllung des Gesetzes führt ins Reich des Lebens, sondern nur die Unterwerfung des Gesetzes unter die Bejahung des Lebens. Das ist das Kriterium zur Unterscheidung des Gesetzes. Das Gesetz verbietet zu töten. Aber bei der Erfüllung dieses Verbotes tötet es. Diese Analyse führt uns zur vorrangigen Option für die Armen als Kriterium zur Unterscheidung von Gesetz und Ordnung. Gesetzeserfüllung tötet den Armen. Folglich muß der Arme Kriterium und Subjekt der Unterscheidung sein. Damit tritt eine neue Subjektivität des Armen in Erscheinung und eine neue Freiheit, die im Ja zum Leben aller besteht. Aber das Ja zum Leben aller ist notwendigerweise eine vorrangige Option für einige: nämlich für die Armen. Dies ist die Logik der paulinischen Kritik am Gesetz, die später weiter ausgeführt wird. Sie mündet in einen Messianismus der Armen, auch wenn Paulus selbst nur selten davon spricht.


## Die Wieder-Holung der Opfertheorie

Die paulinische Kritik am Gesetz hat nichts mit dem Opfergedanken im Sinn. Ihr Bewußtsein ist aus einer Katastrophe hervorgegangen: Der Gehorsam gegenüber dem Gesetz, das dem Leben dienen sollte, tötet den Urheber des Lebens. Deshalb muß die Beziehung von Gesetz und Legalität völlig neu durchdacht werden. Wenn das Gesetz selbst ein Gesetz zum Tode ist, muß man darüber hinausgehen. Nur der Glaube kann den Tod besiegen, folglich steht er über dem Gesetz und beurteilt es. Der Glaube kann nicht im Gehorsam gegenüber dem Gesetz bestehen.

Diese Position des Paulus, die sich im Einklang befindet mit Jesu Verständnis des Abraham-Glaubens in Joh 8, wird jedoch nicht von allen Autoren der christlichen Botschaft geteilt. Es wird sogar unmittelbar behauptet, der Glaube Abrahams bestehe in seiner Bereitschaft, den eigenen Sohn zu töten. Der Hebräerbrief sagt:

> Aufgrund des Glaubens brachte Abraham den Isaak dar, als er auf die Probe gestellt wurde, und gab den einzigen Sohn dahin, er, der die Verheißungen empfangen hatte und zu dem gesagt worden war: Durch Isaak wirst du Nachkommen haben. Er verließ sich darauf, daß Gott sogar die Macht hat, Tote zum Leben zu erwecken; darum erhielt er Isaak auch zurück. Das ist ein Sinnbild (Hebr 11,17–19).

Der Jakobusbrief sagt:

> Willst du also einsehen, du unvernünftiger Mensch, daß der Glaube ohne Werke nutzlos ist? Wurde unser Vater Abraham nicht aufgrund seiner Werke als gerecht anerkannt? Denn er hat seinen Sohn Isaak als Opfer auf den Altar gelegt. Du siehst, daß bei ihm der Glaube und die Werke zusammenwirkten und daß erst durch die Werke der Glaube vollendet wurde. So hat sich das Wort der Schrift erfüllt: Abraham glaubte Gott, und das wurde ihm als Gerechtigkeit angerechnet, und er wurde Freund Gottes genannt (Jak 2,20–23).

Nach beiden Zitaten besteht der Glaube Abrahams in der Bereitschaft, seinen eigenen Sohn zu opfern. Deswegen wird er gerecht genannt und seine Tat eine Tat des Glaubens. Der Glaube steht hier nicht mehr im Konflikt mit dem Gesetz, das ein Werkzeug des Mordes ist, vielmehr wird der Mord zum Beweis des Glaubens. Das steht im Gegensatz zur paulinischen Tradition, nach der der Glaube im Streit mit dem Tod liegt und folglich auch mit dem Gesetz.[7]

Aber aus dieser anderen Interpretation des Abraham-Glaubens geht auch ein völlig neues Verständnis des Todes Jesu hervor: Er wird als Opfertod interpretiert. Das wird zum einen durch die Umkehrung der paulinischen Gesetzeskritik möglich und zum anderen durch die Deutung des Todes Jesu mit Hilfe der Opfertheorie, nach der Isaak von Abraham geopfert werden sollte.

## Die Umkehrung der paulinischen Gesetzeskritik durch die Ideologisierung des Todes

Das Kriterium für Paulus' Urteil über das Gesetz ist der Tatbestand, daß es den Tod bringt. Die Sünde benutzt das Gesetz und auch die Struktur, um den Tod zu säen. Sie wird begangen, ohne daß man sich ihrer bewußt ist. Der Tod jedoch, den die Sünde sät, ist sichtbar: Man sieht die verbrannten Ketzer und Hexen; man sieht die bei der Evangelisierung ausgerotteten Völker; man sieht die Folgen der Kolonialisierung, die vom Gesetz des Privateigentums verwüsteten Kontinente; man sieht die von der Eintreibung der Auslandsschulden ruinierten Völker; man sieht die Toten Nicaraguas, die im Namen der Gesetze des totalen Marktes der Reagonomics und im Namen des Gesetzes der Demokratie getötet wurden. Das alles sieht man.

Aber die strukturelle Sünde projiziert Leben auf das Bild von den Toten. Sterben wird zu einem Verdienst, der Tod zum wahren Dienst am Leben. Damit ist das Kriterium für die Sünde aufgehoben. So geschieht es schon bei Jesu Tod: Es ist besser, wenn *einer* für das ganze Volk stirbt. Der Tod wird umgewandelt zu einem Dienst am Leben. Auch die Inquisitoren handelten in diesem Bewußtsein, als sie das Leben der Seele vom Leben des Leibes trennten und das Leben der Seele zum wahren Leben erklärten. Verbrannten sie die Ketzer, so verbrannten sie nur die Körper, während das Leben der Seele gerettet wurde. Die Ausrottung ganzer Völker in Amerika, die Versklavung von Afrika und Amerika, die Kolonialisierung der ganzen Welt, einhergehend mit der Vernichtung der verschiedenen Kulturen, das Eintreiben der Auslandsschulden und der Terrorismus der von der US-Regierung gelenkten und durch *humanitäre Hilfe* finanzierten Contra – all das ist purer Dienst am Leben. Es gibt Tote, aber keinen Tod. Bei genauerer Betrachtung sind die Toten sogar Zeichen für das Leben.

Der heilige Paulus kann zufrieden sein. Aber er ist es nicht. Die paulinische Leiblichkeit erlaubt nicht die Aufspaltung des Menschen in voneinander getrennte Elemente: Körper und Seele. Das Leben ist das Leben des Leibes; und das Leben der Seele ist nur in diesem sichtbar. Den Leib töten heißt also auch die Seele vernichten, und beide werden zusammen auferweckt. Niemals denkt Paulus an eine Seele, die ohne den Leib lebt. Die strukturelle Sünde jedoch diktiert diese Aufspaltung, um den Tod als wahren Überbringer des Lebens präsentieren zu können. Indem das Gesetz und die Struktur töten, sollen sie Leben hervorbringen. Hinter solcher Ideologisierung verbirgt sich die strukturelle Sünde.

Einige Beispiele für diese Ideologisierung der strukturellen Sünde will ich hier analysieren. Das erste Beispiel soll Bernhard von Clairvaux' Interpretation des Todes sein, der durch die Kreuzzüge verursacht wurde, die das Gesetz und die Struktur des mittelalterlichen Christentums ins Heilige Land bringen sollten:

Aber die Soldaten Christi kämpfen vertrauensvoll in den Schlachten des Herrn, ohne jede Furcht vor Sünde, weil sie selber in Todesgefahr geraten oder einen Feind töten könnten. Sterben oder Töten um Christi willen ist für sie keine verbrecherische Tat und hält großen Ruhm bereit. Darüber hinaus erlangen sie zwei Dinge: Im Sterben dienen sie Christus, und beim Töten wird Christus selber ihr Lohn sein. Er nimmt den Tod des Feindes als Rache gerne an, noch lieber aber gibt er sich selbst als Trost dem Soldaten, der um seinetwillen stirbt. Das heißt, der Soldat Christi tötet ruhigen Gewissens und stirbt noch ruhigeren Gewissens. Wenn er unterliegt, geht er als Gewinner hervor, und wenn er siegt, ist Christus der Gewinner. *Zu diesem Zweck hat er das Schwert bei sich: Er handelt im Namen Gottes, vollstreckt in seinem Namen den Fluch gegen den Übeltäter.* Es sündigt nicht als Mörder eines Menschen, sondern – so würde ich sagen – als Mörder des Bösen, wer den Sünder tötet, um die Guten zu verteidigen. Er gilt als Verteidiger der Christen und Rächer Christi an den Übeltätern. Und wenn sie ihn töten, wissen wir, daß er nicht umkommt, sondern an sein Ziel gelangt ist. Der Tod des Heiden ist eine Ruhmestat für den Christen, denn durch ihn wird Christus verherrlicht.[8]

Der Tod als Ergebnis der strukturellen Sünde wird nicht als Hinweis auf die Sünde verstanden, sondern gefeiert. »Der Soldat Christi tötet ruhigen Gewissens.« Damit verkündet Bernhard von Clairvaux, daß es kein Sündenbewußtsein geben, der Soldat Christi gar nicht sündigen kann. Töten ist höchstens Genugtuung. Der Soldat Christi begeht einen Mord am Bösen und reißt das Übel an der Wurzel aus; er handelt gut. Durch den Tod des Heiden wird Christus verherrlicht, der im Soldaten seinen Racheengel hat. Tod ist Leben und Verherrlichung Christi. Es muß eine wesentliche Veränderung stattgefunden haben, wenn Bernhard von Clairvaux den milden Jesus widerspruchslos als jemanden vergegenwärtigen kann, der Freude empfindet, sich nun endlich für die Schmerzen der Kreuzigung rächen zu können.

Der Verlust des Sündenbewußtseins, der vom Christentum selber gefördert wurde, wurde später säkularisiert weiterbetrieben. Heute ist er in die institutionalisierte Gewalt und in die systematische Verletzung der Menschenrechte durch staatlichen Terrorismus verwandelt, der gegen »ideologische Verbrechen« mit den gleichen Argumenten vorgeht wie Bernhard von Clairvaux. Deshalb kann das Problem nicht durch die Säkularisierung verursacht sein, die ja nur in säkularisierter Form fortsetzt, was zuvor religiös hervorgebracht wurde. Das Problem kann nicht durch eine Rückkehr zur Religion und noch weniger durch eine Rückkehr zur Orthodoxie gelöst werden, wo doch gerade die Orthodoxie an seiner Wiege stand. Es ist notwendig, solche Positionen hinter sich zu lassen, aber zugleich genau auf die Wege zu achten, die zur Überwindung führen können. Der sogenannte »Verlust der Religiosität« erklärt nichts. Die strukturelle Sünde ist das Problem. Der gesamte christliche Glaube ist von ihr verwandelt worden.

Ein anderes Beispiel bietet die Theologie der Contra von Nicaragua. Bischof Pablo Vega sagte als Vorsitzender der Nicaraguanischen Bischofskonferenz: »Es gibt eine militärische Aggression, aber es gibt auch eine ideologische Aggression. Und offensichtlich ist es schlimmer, die Seele zu töten als den Körper.«[9] Er behauptet auch: »Der Mensch ist ohne Seele nichts wert, ohne Leib aber kann er leben.«[10]

Bischof Pablo Vega vergleicht den Terrorismus der Contra, die den Körper, aber nicht die Seele töten, mit dem Vorgehen der Sandinisten, die die Seele, aber nicht den Körper töten. Der Dualismus Leib/Seele wird ganz einfach umgewandelt in eine ideologische Rechtfertigung des Terrorismus, der zur Waffe für das wahre Leben der Seele wird. Somit sind die Sandinisten viel schlimmer als die Contras. Der Bischof versteht den Terrorismus als ein Mittel, das Leben der Seelen, d.h. das wahre Leben, zu retten, demgegenüber der Tod des Leibes unbedeutend ist. Damit unterstützt die Kirche den Terrorismus. Hier haben wir ein weiteres Beispiel dafür, wie sich die strukturelle Sünde verbirgt, indem sie den von ihr verursachten Tod in einen Dienst am wahren Leben verwandelt.

Das letzte Beispiel stammt aus der Argumentation des Internationalen Währungsfonds (IWF) und lautet folgendermaßen:

Die Wirkung der steuerlichen Maßnahmen, zum Beispiel der auf Einkommensteuer bezogenen Maßnahmen, welche die Steuerbeträge für die unteren Einkommensgruppen erhöhen, sie aber für die höchsten Einkommensgruppen senken, begünstigt die armen Schichten.[11]

Hier handelt es sich um das Gesetz des Marktes, um seine Ethik und seine Struktur. Im Namen des Gesetzes nimmt man den Armen einen Teil ihrer Einkünfte, um sie den Reichen zu geben, indem man die Steuern für die unteren Einkommen erhöht und für die hohen Einkommen senkt. So tötet dieses Gesetz.

Der IWF folgert jedoch, daß diese Boshaftigkeit geradezu ein Dienst an den Armen ist. Die strukturelle Sünde wird getarnt, indem man den unter den Armen angerichteten Ruin zum Dienst an ihrem Leben deklariert. So hat sich der IWF selber in einen Helfer der Armen verwandelt. Er nimmt ihnen die Lebensmittelhilfen, die Arbeitslosenhilfe, die Subventionen für das öffentliche Gesundheits- und Bildungswesen. Er nimmt ihnen alles, was er kann, aber nur, damit es ihnen besser geht. Selbst wenn er das Eintreiben der Auslandsschulden erzwingt, das die betroffenen Völker so verheerend zerrüttet, tut er das nur, weil er ihnen auf diese Weise am besten dient. So verwandelt die Ideologie den Völkermord in eine Tat der Nächstenliebe und verbirgt so die strukturelle Sünde.

Auf diese Weise kann man die strukturelle Sünde selber schon nicht mehr wahrnehmen. Der Tod, den das in den Strukturen institutionalisierte Gesetz verursacht, ist reiner Augenschein, der eigentliche Kern dahinter ist Dienst am Leben. Das Gesetz tötet nicht mehr, es schafft Leben. Die Sünden-Theologie des heiligen Paulus wird so umgeformt, daß es keine Tod-Sünde mehr gibt, sondern nur noch läßliche Sünden, die auf Gesetzesübertretungen reduziert und ausschließlich innerhalb einer persönlichen und individualistischen Ethik begriffen werden.

Damit wird jedoch aus der vielgehörten dramatischen Klage über den Verlust des Sündenbewußtseins eine Farce. Die individualistische Ethik bezieht sich dann nur noch auf Bagatellen, wie z.B. jenen Menschen den Verlust des Sündenbewußtseins nachzusagen, die empfängnisverhütende Mittel benutzen, ohne dabei Gewissensbisse zu verspüren. Das ist alles, was bleibt. Das Entscheidende, daß nämlich der Verlust des Sündenbewußtseins in der Tat ein Drama für die ganze Menschheit bedeutet, das ihre Existenz selbst bedroht, wird dagegen übersehen.

Die Theologie der Befreiung tritt der strukturellen Sünde mit der vorrangigen Option für die Armen entgegen. Sie ist eine Option für das Leben aller Menschen, weil das Leben aller nur möglich ist, wenn das Leben der Armen gesichert wird. Dabei handelt es sich nicht um einen weiteren Wert, der wieder in Strukturen institutionalisierbar wäre, sondern um ein Kriterium für alle Werte und die entsprechenden Strukturen, sofern diese Tod und Vernichtung bewirken. Weil das beim Armen zuallererst sichtbar wird, bedeutet die Option für das Leben zugleich die vorrangige Option für die Armen. Aber dieses Kriterium ist nur dann eindeutig, wenn dabei, vom leiblichen Leben ausgehend, das Leben des Armen umfassend, d.h. die materiellen Voraussetzungen zur Befriedigung der Grundbedürfnisse, gesichert wird. Schwächt man die Option an diesem Punkt ab, wird aus der Option für die Armen unversehens eine Option für die Reichen und eine weitere Ideologie für die strukturelle Sünde.

Die Umkehrung der paulinischen Gesetzeskritik führt den Opferbegriff in die Interpretation des Todes Jesu ein.

## Jesu Tod als Opfer: Der Ödipus des Westens

Die Umkehrung der paulinischen Gesetzeskritik geschieht hauptsächlich dadurch, daß man zwei Schlüsselbegriffe des Paulus uminterpretiert: Fleisch und Geist. Sie werden identifiziert mit dem Dualismus von Leib und Seele bzw. Materie und Geist. Damit jedoch erhält die Theologie des Paulus einen völlig neuen Sinn.

Die paulinische Gesetzeskritik hört auf, eine grundsätzliche Kritik an jeder Art von Gesetz zu sein, unabhängig von seinem konkreten Inhalt. Sie wird zur Kritik an bestimmten Gesetzen, die dem Reich des Todes zugeschrieben werden. Aber auch dies hat nicht mehr die gleiche Bedeutung wie bei Paulus. Dem Reich des Todes wird ein Reich des Lebens entgegengesetzt. In diesem Reich des Lebens herrscht das wahre Gesetz, das Gesetz des Lebens. Damit wird es zum absoluten Gesetz von uneingeschränkter Gültigkeit. Paulus kennt kein Gesetz der Freiheit in diesem Sinne. Wenn er von Freiheit spricht, meint er damit etwas, das über jedes institutionalisierte Gesetz hinausreicht.

Diese Umdeutung bringt die bürgerliche Gesellschaft dazu, ihr eigenes Gesetz als das schließlich verwirklichte Gesetz der Freiheit zu präsentieren, demgegenüber alle anderen Rechtsordnungen nur noch als Gesetz des Todes gelten können. Wenn Reagan vom Reich des Bösen in Moskau spricht, hat er dies im Sinn.

In der Tat, die Umkehrung der paulinischen Gesetzeskritik geht dem Aufkommen der bürgerlichen Gesellschaft voraus. Theologisch und ideologisch ist sie bereits im 11. und 12. Jahrhundert vollzogen. Das Christentum sucht jetzt nach einer Legitimation für ein institutionalisiertes Gesetz und findet sie in der Tat des Vaters, der seinen Sohn tötet, weil das Gesetz ihn dazu zwingt. Das macht eine vollständige Uminterpretation des Todes Jesu nötig. Nach der Überlieferung der Evangelien und der Paulusbriefe stirbt Jesus, weil das Gesetz erfüllt und nicht weil es verletzt wird. Dieses Kriterium gilt für jedes Gesetz und all seine Institutionalisierungen. Glaube und Gesetz stehen im Gegensatz zueinander; der Glaube steht über dem Gesetz. Nach dieser Ansicht des Paulus kann letztlich kein Gesetz legitimiert werden. Das Gesetz hat kein Recht. Mehr noch: Es stellt eine Gefahr dar, vor der man sich hüten muß, da es kein Leben schenkt, sondern das Leben bedroht.

Je mehr ein Gesetz der Legitimation durch das Christentum bedarf, um so mehr muß man Jesu Tod umdeuten. Es kann und darf nicht das

Gesetz gewesen sein, das ihn umbrachte. Das Gesetz hat Recht – wenigstens das Gesetz einer christlichen Gesellschaft, die alle anderen Gesetze als Gesetze des Todes bezeichnen wird. Warum also starb Jesus?

Jesu Tod ergibt sich nach der neuen Deutung wiederum aus einem legitimen Gesetz, das sogar die Innenbeziehungen der göttlichen Dreifaltigkeit regelt: das Gesetz, alle Schulden bezahlen zu müssen.

Die Menschen haben gesündigt und haben deshalb eine Schuld bei Gott. Weil er ein gerechter Gott ist, verlangt er die Bezahlung der Schulden. Göttliche Gerechtigkeit besteht darin, alle Schulden zu begleichen oder einzutreiben. Da nur das Blut seines Sohnes einen entsprechenden Wert hat, verlangt Gott in seiner unendlichen Liebe den Tod seines Sohnes. Auf diese Weise können die Schulden beglichen werden. Das Gesetz tötet also immer noch, aber jetzt handelt es sich um ein gerechtes Gesetz, das töten muß. Um es zu erfüllen, tötet Gott selber sogar seinen eigenen Sohn. Das Gesetz tötet, aber es gibt nun keinen Glauben mehr, der über dem Gesetz stünde und mit ihm in Konflikt geraten könnte. Die göttliche Liebe besteht in der Erfüllung des Gesetzes.

Für den Sohn gibt es kein Entkommen. Will er die Menschen erlösen, hat er die Schuld zu bezahlen, und zwar mit der Münze seines eigenen Blutes. Da ist keine Mutter mehr, die ihre schützende Hand über ihn hält; da gibt es keinen mitleidigen Hirten mehr, der ihn verbirgt, wie bei Ödipus, als sein Vater Laios ihn zu töten befiehlt. Jesus hat weder solche Beschützer noch ein Beerscheba. Aber er will auch gar keinen Schutz. Er will getötet werden, um die Schuld zu bezahlen. Der Vater hat den Befehl gegeben, ihn zu töten, und Jesus anerkennt, daß es aus großer Liebe geschieht. Jesus ist unendlich gehorsam. Ohne Anzeichen von Widerstand oder Zorn übergibt er sich dem Vater. Er ist gehorsam bis zum Tode. Er macht den Willen des Vaters, ihn zu töten, zu seinem eigenen. Beide wollen dasselbe: das gerechte Gesetz mit Freude erfüllen.

Dieser Jesus ist ein perfekter Ödipus, aber hundertmal vollkommener als der griechische Ödipus, denn er ist ein Ödipus, der seinen Vater *nicht* tötet. Warum sollte er ihn auch töten? Er begreift, daß es so in Ordnung ist: Das Gesetz, das absolut gerechte, muß erfüllt werden. Das gerechte Gesetz gibt das Recht zu töten und verlangt vom Getöteten, seinen Tod zu akzeptieren. Den Tod akzeptieren heißt, die Gerechtigkeit anerkennen. Und Jesus in seiner unendlichen Vollkommenheit erkennt die Gerechtigkeit seines Vaters an. Ödipus rebelliert gegen den Vater, der ihn tötet. Ödipus ist ein schwacher Mensch. Der Ödipus des christlichen Abendlandes ist stark; er rebelliert nicht, sagt gehorsam ja und dankt dem Vater. Deshalb kommt es nicht zum Vatermord. Außerdem geht es ihm so noch viel besser. Mit Zustimmung seines Vaters kann er seine Mutter sogar zur Gattin nehmen. Seine Mutter ist unser aller Mutter. Auch die Kirche ist Mutter für uns alle. Jesus aber nimmt sich die Kirche zur Braut. Im Himmel feiert man ein großes Hochzeitsfest, und der Vater ist dabei. Jesus ist also viel intelligenter als Ödipus, der seinen Vater erst tötete, bevor er seine Mutter zu sich nahm. Der Ödipus des christlichen Abendlandes macht es anders: Er läßt sich von seinem Vater töten; und in völliger Übereinstimmung mit ihm heiratet er seine Mutter, die auch zu unserer Mutter wird: die Kirche.

Der griechische Ödipus ist ein tragischer Fall. Er muß den Vater töten, weil der Vater ihn töten wollte. Aber er darf es nicht, denn der Vater besitzt die legitime Autorität, die allen Respekt verdient. Darum hat er Schuld auf sich geladen, die unvermeidlich sein tragisches Schicksal wird. Bis zu einem gewissen Grade entschuldigt ihn der Mythos, auch wenn er Partei ergreift zugunsten des Vaters. Deshalb erzählt der Mythos, daß Ödipus nicht gewußt habe, wer sein Vater war. Auf der anderen Seite begreift man die Tragödie des Vaters. Ihm bleibt nichts anderes, als ein Gesetz zu erlassen, das ihn zwingt, seinen Sohn umzubringen. Aber es handelt sich hier um Tragödien, nicht um legitime Verfahrensweisen.[12]

Der Ödipus des christlichen Abendlandes ermordet seinen Vater nicht, sondern ist damit einverstanden, von ihm getötet zu werden. Dennoch läßt auch er das Töten nicht. Er bringt jetzt den Vater der Lüge um, den Dämon. Er sucht ihn überall, um ihn zu töten. Weil er ihn sucht, findet er ihn auch überall – bei den anderen und in sich selber. Obwohl er es für richtig hält, getötet zu werden, gibt es da in ihm und bei den anderen etwas, das Widerstand leistet. In diesem Widerstand entdeckt er den Vater der Lüge, der umgebracht werden muß, um Gott-Vater gehorsam sein zu können. Jesus ist der widerstandslose, perfekte Ödipus des christlichen Abendlandes. Der christliche Ödipus identifiziert sich mit diesem Jesus, aber er ist nicht so vollkommen. Er widersteht. Er bekämpft den Widerstand, aber er verliert den Kampf. Deshalb trägt er ihn auf ein Feld, auf dem er gewinnen kann. Er bekämpft jene, die sich nicht vom Vater töten lassen wollen, der doch nur das Gesetz vollstreckt. Indem er einwilligt, vom Vater getötet zu werden, stürzt er sich zugleich – statt sich auf den Vater zu stürzen, der ihn umbringt – auf jene, die dem Gesetz des Vaters Widerstand leisten. Dem Vater widerstandslos gehorsam, tötet er die Brüder. Der Ödipus des Westens ist in höchstem Maße aggressiv gegen jene, die dem Vater nicht gehorsam sind und den von ihm auferlegten Tod nicht akzeptieren. Diese völlige Unterwerfung nennt er Freiheit – eine Freiheit, die allen aufgezwungen werden muß.

Das Gesetz, dem der Vater gehorcht, indem er den Sohn tötet und dem der Sohn zustimmt, ist das Gesetz der bürgerlichen Gesellschaft: das Wertgesetz. Der Ödipus des christlichen Abendlandes unterstellt, daß es sogar im Innern der göttlichen Dreifaltigkeit gelte. Es ist das Gesetz, das Gott verpflichtet, die Schulden der Menschen einzutreiben. Es ist das unbarmherzigste Gesetz, das die Menschheitsgeschichte je gekannt hat. Dieses Gesetz, das im 11. Jahrhundert erarbeitet wird, zwingt dazu, Jesu Tod als Opfertod zu interpretieren. Mit ihm tritt die bürgerliche Gesellschaft auf die Bühne, auch wenn es noch Jahrhunderte dauert, bis sie sich durchsetzt.

Der abendländische Ödipus richtet die Welt zugrunde. Seine uneingeschränkte Unterwerfung unter das Gesetz wendet er um in eine schrankenlose Aggressivität gegen Widersetzlichkeit. Er hat der Struktur des Subjekts in der abendländischen Gesellschaft vollständig seinen Stempel aufgedrückt. Diese ist heute dabei, die gesamte Menschheit zusammen mit der Natur zu vernichten. Dieses Phänomen hat nicht nur mit dem Christentum zu tun. Was hier im Spiele ist, hat mit der Struktur des Subjekts selber zu tun, unabhängig von der jeweiligen Ideologie, der man anhängt. Man braucht nur Karl Poppers Buch *Die offene Gesellschaft und ihre Feinde* zu lesen, um das zu erkennen. Hier hat sich der abendländische Ödipus ein säkularisiertes Mäntelchen umgehängt, unter dem er unverändert weiterlebt. Die Säkularisierung erschüttert ihn nicht. In der Sprache Reagans ist er jetzt der Freiheitskämpfer. Dennoch bleibt er ganz unterwürfig und wagt nicht einmal, von der Freiheit zu träumen. Wir haben hier das bestgehütete Tabu unserer Gesellschaft vor uns. Wir beschäftigen uns sehr mit dem griechischen Ödipus, als ob er zu uns gehöre. Aber genau damit suchen wir tunlichst die Diskussion über unseren eigenen Ödipus zu vermeiden. Außerdem muß die Diskussion über unseren eigenen Ödipus im Rahmen theologischer Vorstellungen geführt werden. Der Theologie wird jedoch der Wissenschaftscharakter und ihren Diskussionen die Seriosität abgesprochen, damit das Tabu unangetastet bleibt. Der abendländische Ödipus ist aber nicht theologischer als der griechische. Es erscheint uns nur so, weil er zu uns gehört. Beim griechischen Ödipus erscheint uns das Religiöse als bloße Verpackung, beim christlich-abendländischen dagegen nicht. Das beweist nur einmal mehr, wie tief wir selber mit ihm verhaftet sind und wie wenig uns der griechische Ödipus im Grunde betrifft. Mit dem griechischen Ödipus haben wir nicht mehr viel zu tun, darum können wir ihn ohne größere Schwierigkeiten diskutieren. Daß wir dem Ödipus des Westens keine ernsthafte Bedeutung zumessen, beweist nur, daß es sich um ein zentrales Tabu unserer Gesellschaft handelt. Ihn als rein theologisches Problem abzutun in dem Sinne, daß es ihm an gesellschaftlicher Bedeutung mangele, ist der Versuch, das Tabu weiterhin zu schützen, auch wenn es uns vernichtet.

## Die Freudsche Interpretation

Sigmund Freud behandelt das Problem des abendländischen Ödipus im letzten Kapitel seines Buches *Der Mann Moses und die monotheistische Religion*[13]. Seine Interpretation des Ödipus-Komplexes legt ihn auch bei der Interpretation des abendländischen Ödipus fest. Freud übersieht, daß der Ödipus-Komplex um zwei Beziehungen kreist, die einander entsprechen: die Ermordung des Sohnes durch den Vater und die Ermordung des Vaters durch den Sohn. Diese Entsprechung wird möglich, weil der Sohn der Ermordung durch den Vater entkommt, ohne daß der Vater darum weiß. Er entkommt stets mit Hilfe seiner Mutter, einer Göttin oder eines Hirten, die Vorkehrungen für seine Rettung treffen. Dennoch bleibt es letztlich seine Mutter, die ihn vor dem Zorn des Vaters bewahrt, ohne daß dieser darum weiß. Der Mutter kommt ein Mann zu Hilfe, der wegen seiner Eigenschaften die männliche Autorität patriarchalischer Herrschaft nicht repräsentieren kann, vorwiegend ein einfacher Mann, z.B. ein Hirte. In der Beziehung des Sohnes zur Mutter erkennt man folglich ein Symbol der Freiheit über die Gesetzesautorität des Vaters, der den Sohn tötet. In der Hochzeit mit seiner Mutter, dem Symbol für die Autorität der Freiheit, macht er diese Freiheit gegenwärtig.

Für Freud aber existiert nur der Vatermord. Die Beziehung zwischen Sohn und Mutter wird reduziert auf einen völlig privatisierten Sexualwunsch. Eine Freiheit, die über das Gesetz hinausginge, tritt nicht in Erscheinung. Schon der griechische Ödipus maß der Ermordung des Sohnes durch den Vater wenig Bedeutung bei wie auch der Mutterbeziehung, die vor dem mordenden Vater rettet. Damit offenbart er seine Parteinahme für den Vater gegen den Sohn und überhaupt seine patriarchalische Wurzel. Aber sie werden zumindest erwähnt. Für Freud scheinen sie nicht einmal zu existieren.

In seiner Analyse des Falles Mose sucht Freud deshalb nach dem Vatermord, findet ihn aber nicht, weil das in der Tat nicht das jüdische Problem ist. Darum konstruiert er ihn arg künstlich, indem er unterstellt, daß Mose vom Volk ermordet worden sei. Dieser Mord sei vertuscht worden, tauche jedoch in der jüdischen Geschichte immer wieder auf wegen der unvermeidlichen Wiederkehr des Verdrängten.

Die Ödipus-Problematik der jüdischen Tradition aber ist gerade die Ermordung des Sohnes durch den Vater, die wiederum den Vatermord verursacht. Freud unterläßt es, Abraham zu analysieren, während er sich um die Analyse des Mose bemüht. Für ihn hat das Isaak-Opfer mit dem Ödipus-Komplex nichts zu tun. Wegen dieses Versäumnisses kann er weder das Problem der jüdischen noch der christlich-abendländischen Tradition verstehen. Er macht den griechischen Ödipus zu einer Figur von universaler Bedeutung und rückt den mörderischen Haß auf den Vater in ihr Zentrum.

Auf diese Weise vermeidet er es, die Diskussion der Vater-Sohn-Beziehung mit der Diskussion der Herr-Knecht-Beziehung in Verbindung zu bringen. Die Herrschaft – das institutionalisierte Gesetz – wird mit dem Vater identifiziert, der seine Kinder rechtmäßig umbringt. Weil Freud dies nicht leistet, muß er einen Vatermord suchen, den es nicht gibt, und übersieht den Kindesmord, der existiert. Auf der Suche nach dem Grund für das Schuldgefühl, das die jüdische Tradition so tief prägt, findet er die Schuld für einen Vatermord, der nie geschah. Deshalb konstruiert er ihn mit Hilfe der These von der Wiederkehr des Verdrängten.

Anscheinend hat aber das Schuldgefühl des jüdischen Volkes viel mehr zu tun mit der Ermordung des Sohnes, und zwar nicht erst seit Mose, sondern seit Abraham. Als die Angehörigen des Stammes Levi zu Priestern ernannt werden, d.h. für Israel zur herrschenden politischen Klasse werden, weil sie bereit sind, Söhne und Brüder zu töten, entsteht für sie ein Problem. Sie haben Abraham zum Vater, der seinen Sohn nicht tötete und eben deshalb die Verheißung des Lebens empfing. Die Priester dagegen stehen für die Vater-Herrschaft, durch die der Sohn getötet wird. Beide Positionen sind zu gleicher Zeit nicht zu bewältigen, aber keine der beiden kann einfach abgeschafft werden. Man braucht die Autorität, aber kann sie nicht vorbehaltlos legitimieren. Stets gibt es da den Vater Abraham, der stört und den Argwohn wachhält, der Sohn dürfe nicht getötet werden. Selbst wenn die Priester die Geschichte verdrehen, die Zweideutigkeit ist nicht zu übersehen. Das Gewissensproblem liegt auf der Hand – in mythischer Gestalt. Sie haben aus Abraham, der seinen Sohn nicht tötete, einen Mörder gemacht, aus Gott-Vater, dessen Wille es ist, daß Abraham seinen Sohn nicht tötet, einen Gott, der verlangt, ihn zu töten. Sie haben den Vater, der seinen Sohn nicht tötet, zur väterlichen Autorität gemacht, die bereit ist, ihn zu töten. Aber bei diesem Veränderungsprozeß hinterlassen sie Spuren, die das Gewissen wieder aufleben läßt.

So entsteht eine Autorität, die Gewissensprobleme bei der Ausübung ihrer Herrschaft hat. Als Priester bejahen sie die Autorität, die notfalls Söhne und Brüder tötet. Als Söhne Abrahams aber, die sie weiterhin auch sind, können sie ihre Autorität nicht bedingungslos ausüben. Ihre Herrschaft wird von innen her in Frage gestellt. Das ist einzigartig. Weder in Griechenland noch in Rom gibt es so etwas. Dort hat man absolute Autorität – ohne Selbstzweifel und Gewissensprobleme.

Nur weil jede jüdische Herrschaft diesen Stachel im eigenen Gewissen verspürt, ist die große prophetische Tradition möglich. Daher stammt die Vorstellung von Gerechtigkeit, die ebenso einzigartig ist: Gerechtigkeit als das Recht der Schwachen und nicht, wie in der aristotelischen Tradition, als die Sorge des Herrschers um die Fütterung der Henne, die ihm goldene Eier legt.

Fast ununterbrochen durch eintausend Jahre hindurch kennt Israel eine lebendige Volksbewegung, während überall sonst die absolute Autorität des Vaters gilt, der seine Söhne tötet. Israel hat als einzige Gesellschaft eine Geschichte, die auch den Beherrschten eine Stimme gibt. Was die Beherrschten über die Herrschaft gedacht haben, wissen wir allein durch Israel. Aus keiner anderen Gesellschaft verfügen wir über irgendwelche systematischen Informationen von den Unterdrückten – weder aus Griechenland noch aus Rom noch aus christlicher Zeit. Sie alle haben die Geschichte der Beherrschten aus dem Bewußtsein verdrängt, und sie würden heute damit fortfahren, wenn man nicht den Buchdruck erfunden hätte. Deshalb sind die Juden schlechte Herrscher. Nur wenige Könige haben Erfolg; fast immer werden sie unterworfen.

Als Absalom, ein Sohn Davids, den Vatermord plant, wird er von seinem Vater nicht getötet. Dieser begeht keinen Mord an seinem Sohn. Das ist die Wiederkehr Abrahams. Der Vorgang hat die gleiche mythische Bedeutung wie das Isaak-Opfer. Da gibt es keine Herrscher nach der Art der Griechen und Römer. Das Schuldgefühl, das die Juden entwickeln, spiegelt diese Unfähigkeit wider, auf die sie erneut mit ihrer ethischen Askese reagieren, die wiederum nur das Schuldgefühl verstärkt. Eine bewundernswert unglückliche Situation.

Als sie von Samuel einen König verlangen, antwortet er ihnen:

Das werden die Rechte des Königs sein, der über euch herrschen wird: Er wird eure Söhne holen und sie für sich bei seinen Wagen und seinen Pferden verwenden, und sie werden vor seinem Wagen herlaufen (1 Sam 8,11).

Samuel, der so spricht, gehört selber der herrschenden Klasse an. Sein Wort wirft ein Schlaglicht auf Denkweisen innerhalb der herrschenden Schichten, die wenig hilfreich für eine Gesellschaft sind, die sich bei anderen oder im eigenen Volk durchsetzen will.

Eine solche Gesellschaft braucht Frieden, keinen Krieg. Und stets taucht beides wieder auf: eine Autorität, die wie der Vater den eigenen Sohn tötet, und der Einspruch Abrahams: »Tu dem Jungen nichts zuleide.« Wenn Samuel sagt: »Er wird eure Söhne holen und sie für sich bei seinen Wagen verwenden«, dann bezieht er sich damit auf die Ermordung des Sohnes. Als Cicero sich Tendenzen Roms gegenüber sah, eine Kaiser- oder Cäsarenherrschaft zu errichten, sprach er nicht wie Samuel, sondern im Namen der abstrakten Werte der Republik. Er sprach wie die Verteidiger der heutigen Demokratie.

Wenn jüdische Autorität nur ein begrenztes Tötungsrecht hat, hat auch der mörderische Haß gegen den Vater seine Grenzen und wird nicht absolut. Deshalb ist der Vatermord in der jüdischen Tradition nicht vorherrschend. Man sorgte sich um das, was ihm vorausgeht, nämlich die Ermordung des Sohnes.

Das Schuldbewußtsein begleitet den Prozeß, in dem sich eine Autorität mit Gewissen herausbildet. Es gibt eine Herrschaft, die die Bejahung des Lebens in eine Verwaltung des Todes umkehrt. Aber das Ja zum Leben ist gerade das Fundament der Umkehrung selbst. Von neuem gibt es einen Kreislauf. Das unmittelbare Ja zum Leben, das aus der ursprünglichen Abrahamsgeschichte folgt, muß durch ein institutionalisiertes Gesetz vermittelt werden. Das ist die Aufgabe des Sinai-Gesetzes. Das institutionalisierte Gesetz bedeutet die Verwaltung des Todes. Das gilt für jedes Gesetz. Ja zum Tod sagen bedeutet jedoch das Gegenteil zum Glauben Abrahams, in dessen Namen man anfing. Dennoch muß man so handeln, will man wirksam das Leben bejahen. Ein Dilemma ohne Ausweg, das ein Schuldgefühl provozieren muß, wenn man es ernst nimmt.

Die jüdische Gesellschaft findet keine Lösung für dieses Dilemma. Um das Leben zu bejahen, verwickelt man sich immer mehr in das Gesetz, von dem man annimmt, daß es dem Leben dient. Zu diesem Zweck hat Gott es gegeben. Damit entsteht ein immer künstlicheres, immer ausgeklügelteres Gesetz. Man hofft auf Befreiung durch Erfüllung des Gesetzes. Aber je härter es ist, um so weniger kann man es erfüllen. Das Schuldgefühl wird verstärkt statt besänftigt. Ein stärker werdendes Schuldgefühl aber zwingt zu noch strengerer Einhaltung des Gesetzes.

Dieser ganze Prozeß verweist auf das Herrschaftssystem selbst mit seinem inneren Widerspruch, den es nicht lösen kann. Deshalb treibt es zu künstlichem Gesetzesgehorsam. Aber ein solcher Gehorsam macht den Menschen noch unglücklicher.

Die paulinische Gesetzeskritik untersucht diesen Prozeß und kommt zu dem Ergebnis: das Gesetz tötet. Die Erfüllung des Gesetzes erlöst nicht von Schuld, sondern verschlimmert sie noch. Je mehr man das Ziel verfolgt, dem Gesetz gerecht zu werden, um so mehr macht man aus Gott eine Vater-Autorität, die zu töten befiehlt; um so schwerer wiegt die Schuld, sich vom Gott Abrahams entfernt zu haben, der befiehlt, Isaak nicht zu töten. Außerdem ist das Schuldgefühl bei der Anstrengung zur Gesetzeserfüllung nur die Kehrseite des Schuldgefühls, das aus der Uminterpretation der Abrahamsgeschichte und ihres Gottesbildes herrührt.

Das wird auch in das Geschichtsverständnis Israels übersetzt, wenn jedes Unglück des Volkes als Strafe für eine Schuld gedeutet wird. Gott bestraft das Volk auf Schritt und Tritt. Aber auch diese Mißgeschicke haben damit zu tun, daß jegliche Herrschaft in der jüdischen Gesellschaft innerlich gebrochen ist durch den Stachel des schlechten Gewissens. Das nimmt ihr die Schlagkraft gegenüber allen anderen Herrschaftsformen. Die jüdische Herrschaft funktioniert besser im Frieden als im Krieg. Dennoch lebt sie ständig im Krieg.

Was dem jüdischen Volk Einmaligkeit verleiht und seine geschichtliche Identität ausmacht, ist zugleich Ursache für das Schuldgefühl, aus dem es sich nicht befreien kann. Freud beschreibt diesen Prozeß mit folgenden Worten:

Man verdiente nichts Besseres, als von ihm bestraft zu werden, weil man seine Gebote nicht hielt, und im Bedürfnis, dieses Schuldgefühl, das unersättlich war und aus soviel tieferer Quelle kam, zu befriedigen, mußte man diese Gebote immer strenger, peinlicher und auch kleinlicher werden lassen. In einem neuen Rausch moralischer Askese legte man sich immer neue Triebverzichte auf und erreichte dabei wenigstens in Lehre und Vorschrift ethische Höhen, die den anderen alten Völkern unzugänglich geblieben waren. ... Diese Ethik kann aber ihren Ursprung aus dem Schuldbewußtsein wegen der unterdrückten Gottesfeindschaft nicht verleugnen.[14]

Darauf gründet Freud seine Analyse: auf dem Schuldbewußtsein aus unterdrückter Gottesfeindschaft. Ich glaube, damit wird er dem Problem nicht gerecht. Um seine These zu stützen, muß er nach einem Vatermord suchen, den er niemals beweisen kann. Dies Problem existiert nicht. Was es dagegen sehr wohl gibt, ist die Feindschaft des Menschen gegen die Menschen, des Vaters gegen den Sohn. Für die jüdische Tradition ist es unmöglich, Gott und Mensch gegeneinander auszuspielen. Gott wird beleidigt, wenn der Mensch beleidigt wird. Darauf fußt das ganze Gesetz und dient dem Leben, weil es das irdische Leben sichert. Und Gott schenkt Leben, insofern er irdisches Leben schenkt. Jedes Gesetz, und sei es noch so merkwürdig, hat den Sinn, das irdische Leben zu sichern. Das Gesetz verletzen bedeutet nicht, unmittelbar Gott selber anzugreifen, sondern die Menschen und ihr Leben – und darum auch Gott. Aber Leben fordert Gerechtigkeit, die gegründet ist auf dem Recht des anderen. Dieser Aspekt gehört mehr zur prophetischen Tradition. Dennoch kann daraus nur eine Tradition werden, weil dieser Aspekt ein Teil des Ganzen ist, auch der priesterlichen Tradition, selbst wenn diese vor allem das Gesetz und seine Einhaltung im Sinne hat.

Das Problem Freuds wird noch eindeutiger in seiner Interpretation des Christentums:

... war es doch ein jüdischer Mann *Saulus aus Tarsus,* der sich als römischer Bürger *Paulus* nannte, in dessen Geist zuerst die Erkenntnis durchbrach: Wir sind so unglücklich, weil wir Gottvater getötet haben. Und es ist überaus verständlich, daß er dies Stück Wahrheit nicht anders erfassen konnte als in der wahnhaften Einkleidung der frohen Botschaft: Wir sind von aller Schuld erlöst, seitdem einer von uns sein Leben geopfert hat, um uns zu entsühnen. In dieser Formulierung war die Tötung Gottes natürlich nicht erwähnt, aber ein Verbrechen, das durch einen Opfertod gesühnt werden mußte, konnte nur ein Mord gewesen sein. Und die Vermittlung zwischen dem Wahn und der historischen Wahrheit stellte die Versicherung her, daß das Opfer Gottes Sohn gewesen sei.[15]

Wenn Freud sagt: »ein Verbrechen, das durch einen Opfertod gesühnt werden mußte, konnte nur ein Mord gewesen sein«, dann folgt daraus nicht, daß es ein Vatermord gewesen sein muß. Für eine solche Schlußfolgerung gibt es weder bei Paulus noch in der gesamten jüdischen Tradition Anlaß. Paulus spricht ausdrücklich davon, daß es einen Mord gibt. Aber der wird nicht gegen Gott verübt, sondern gegen uns selbst als seine Kinder. Das Gesetz tötet, indem es erfüllt wird. Im Gehorsam gegen das Gesetz wird der Mensch getötet. Das Gesetz ist der Vater. Wir selber als Vater-Autorität aufgrund des Gesetzes töten uns selber als Söhne vor dem Gesetz. Das Problem von Paulus ist also die Frage: Ist es Gott, der uns tötet, wenn er uns das Gesetz gibt? Und er antwortet: Nein, nicht Gott, sondern die Sünde, die ein Gesetz mißbraucht, das für das Leben bestimmt war. Es ist nicht Gottes Wille, daß wir uns um des Gesetzes willen töten. Es ist vielmehr ein Mord, der Gott schmäht, auch wenn Gott das Gesetz gegeben hat, jedoch kein Gottesmord und auch kein Vatermord, sondern ein Mord am Sohn. – Das ist paulinisch. Nun muß allerdings geklärt werden, was für Paulus Sünde ist. Sie ist die Kraft, die das Gesetz zum Töten bringt.

Durch diese Sünde handelt die Erbsünde. Ich neige dazu, sie mit Hilfe der Umdeutung des Abraham-Glaubens zu erklären. Die Umdeutung geschieht nicht freiwillig, sondern aus Notwendigkeit, sie muß vollzogen werden. Darin besteht die Erbsünde, die der menschlichen Natur innewohnt, daß sie ein innerer Zwiespalt dieser Natur ist. Hätte es einen Gottesmord gegeben, dann wäre es der am Gott Abrahams, insofern er ersetzt wird durch einen Gott, der identifiziert wird mit dem Tod durch das Gesetz. Der Gott, dessen Wille es ist, daß der Vater den Sohn nicht tötet, wird ersetzt durch einen Gott, dessen Wille es ist, ihn zu töten. Aber das ist kein Vatermord, sondern der Mord am Sohn.

Freud ist zu einer solchen Analyse nicht fähig. Er kennt nur den Urvater, d.h. den Vater, der den Sohn tötet und den der Sohn umbringt. Aber in der jüdischen Tradition, zu der auch die christliche gehört, gibt es ein doppeltes Vaterbild, das die beiden einander widersprechenden Väter umfaßt. Das zweite Vaterbild (der Vater, der bereit ist, den Sohn zu töten), soll das erste Vaterbild ersetzen (den Vater, der sich weigerte, seinen Sohn zu töten). Das kann aber nicht gelingen, weil man sich dafür stets durch Berufung auf das erste Vaterbild legitimieren muß. Durch den Versuch also, es zu beseitigen, wird das erste Vaterbild geradezu bestätigt und damit dem zweiten die Legitimation entzogen. Folglich muß das zweite Vaterbild sterben. Das erscheint als Gottesmord, ist es aber nicht. Es ist gar kein Gottesmord geschehen, weil der angeblich tote Gott zurückkehrt als der Gott Abrahams, dessen Wille es ist, den Sohn nicht zu töten. Diese Rückkehr ereignet sich gegenwärtig wieder durch die Befreiungstheologie.

Auf das Christentum als Sohnesreligion bezieht sich Freud einige Abschnitte später:

> Beachtenswert ist, in welcher Weise die neue Religion sich mit der alten Ambivalenz im Vaterverhältnis auseinandersetzte. Ihr Hauptinhalt war zwar die Versöhnung mit Gottvater, die Sühne des an ihm begangenen Verbrechens, aber die andere Seite der Gefühlsbeziehung zeigte sich darin, daß der Sohn, der die Sühne auf sich genommen, selbst Gott wurde neben dem Vater und eigentlich an Stelle des Vaters. Aus einer Vaterreligion hervorgegangen, wurde das Christentum eine Sohnesreligion. Dem Verhängnis, den Vater beseitigen zu müssen, ist es nicht entgangen.[16]

Wieder das gleiche Problem. Das Christentum wurde nicht zur Sohnesreligion, es entstand als solche. Aber schon das Judentum ist Sohnesreligion, wenn Abraham sein Vater ist. Doch zurück zum Isaak-Opfer: Als Abraham mit seinem Sohn Isaak vom Berg hinabsteigt, nachdem er sich geweigert hatte, ihn zu töten, ist er da noch sein Vater? Er hat auf die Vater-Autorität verzichtet. Im Grunde genommen ist er nur noch Vater im biologischen Sinne, als Erzeuger. In jedem anderen Sinne sind beide ab jetzt Brüder. Der Vater ist verschwunden, aber ohne jeden Vatermord. Es entsteht eine neue Gestalt: der Vater-Bruder.

Wenn die zwei nun Brüder sind, sind beide auch Söhne, Söhne Gottes. Sie könnten jetzt entdecken, daß auch Gott kein Machthaber ist und keine Machthaber will, nicht einmal die Herrschaft Gottes. Wenn Gott auf seine Macht verzichtet, bleibt er der Vater? Als Schöpfer ja, aber auch er wandelt sich zum Vater-Bruder.

So wirkt das Christentum tatsächlich, aber schon von Anfang an. Wenn Jesus der Sohn Gottes ist, ist jeder Mensch Bruder und Schwester Gottes. Gott-Vater ist dann auch Gott-Bruder. Die Apokalypse schließt mit der Bemerkung, daß am Ende Gott »alles in allem« sein wird, was nur bedeuten kann: Gott-Bruder. Jesus selber nennt Gott Abba. Abba ist ein Kosename für Vater, etwa wie Papa. Danach ist Gott ein Vater, nicht in Macht und Herrschaft, sondern auf brüderliche Weise. Er ist Vater nach dem Bilde des Abraham, der mit seinem Sohn Isaak vom Berg herabsteigt. Er ist der Vater, der sein Kind liebt und es deshalb nicht schlägt. In gewissem Sinne beseitigt das Christentum den Vater, zumindest jenen Vater, den Freud meint, aber es ermordet ihn nicht. Die Beseitigung der Vater-Herrschaft bedeutet nicht Vatermord, sondern geschieht durch die Entdeckung eines Vaters, der auf Macht und Herrschaft verzichtet. Wenn Gott Mensch geworden ist, ist der Mensch Gott geworden. Zwischen ihnen zählt keine Herrschaftsbeziehung mehr, sie sind vielmehr gleichrangig. Die zwischen ihnen bestehenden Unterschiede sind sekundär.

Und wieder gibt es einen Mord. Aber auch dieser ist kein Vatermord, sondern ein Brudermord, und zwar am Gott-Menschen. Wer hat ihn umgebracht? Paulus antwortet: die Sünde, die dazu das Gesetz mißbraucht. Durch das Gesetz also wird er ermordet. Aber was ist das Gesetz? Die Struktur der Vater-Herrschaft bzw. alle Menschen, insofern sie autoritäre Väter sein wollen. Die Erbsünde selber tötet den Gott-Bruder und entlarvt sich damit als Vater-Herrschaft der Lüge. Deshalb kann Paulus sagen, daß der Tod Jesu frei macht vom Gesetz. Er befreit von der Vater-Herrschaft, die in nichts zerfällt, und es erscheint der Vater, der Liebe ist, der Abba-Vater, der Vater-Papa. Dieser ist der Vater Jesu.

Es unterliegt keinem Zweifel, daß ein solches Christentum unfähig ist, Autorität zu legitimieren. Es macht jede Art von Herrschaft völlig illegitim. Es ist die reine Subversion, die Anarchie. Es entdeckt die Freiheit über das Gesetz hinaus, die von da an alle Herrschaft untergräbt. Es handelt sich um eine Hoffnung, die weiter reicht als Gesetz und Tod. Sie zielt auf das, was die Bibel »Neue Erde« nennt, d.h. Erde ohne Tod.

Dem Christentum ergeht es ähnlich wie in der jüdischen Geschichte dem Vater Abraham. Es handelt sich ja um die gleiche Botschaft, nur ist sie zu universaler Bedeutung, sogar über den Tod hinaus, radikalisiert. Es ist die Botschaft der Freiheit, die mit aller Herrschaft bricht.

Bei der Christianisierung des Imperiums wird jedoch die Botschaft umgedeutet, damit sie institutionalisiert werden kann. Sie muß vermittelt werden durch das Gesetz, das sie selber untergraben hatte. Und mit dem Gesetz kehrt die Vater-Herrschaft zurück, die den eigenen Sohn tötet. So geschieht es seit Konstantin, bis es seine vollendete Gestalt im 11. Jahrhundert bei Anselm von Canterbury findet. Allerdings ist die Zweideutigkeit, die die Umdeutung ermöglicht, der christlichen Botschaft seit jeher inhärent.

Von da an werden alle Fragen anders beantwortet. Wer hat Jesus getötet? Gott-Vater selber, der Sühne verlangte für die von den Menschen verübten Sünden, und zwar durch den Tod seines Sohnes, weil nur der ihm Genugtuung verschaffen konnte. Diese Antwort übersteigt bei weitem die Umdeutung der Abrahamsgeschichte: Von dem Abraham, dessen Glaube nur in dem festen Willen bestand, ein Verbrechen zu begehen, nämlich den eigenen Sohn zu töten, steigert man sich zu dem

Gott, der seinen eigenen Sohn tatsächlich tötet, ja dessen Liebe geradezu darin besteht, ihn getötet zu haben. Dieser Gott ist kein unvollkommener Mensch mehr wie Abraham, bei dem die feste Absicht genügte, sondern das vollkommene Wesen, das den Mord wirklich in die Tat umsetzt, und zwar weil es seine Liebe will und weil es seine unendliche Gerechtigkeit verlangt. Er ist Abraham bei weitem überlegen. Das ist Herrschaft wie nie zuvor in der Menschheitsgeschichte. Wer jedoch beging den Mord wirklich? Die Menschen, weil sie hochmütig sind, ihren Eigenwillen durchsetzen und ein von Machtgier, Bosheit und Sünde besessenes Leben auf Erden führen wollen. Aus dem Blickwinkel der Machthaber bringen die Menschen Jesus um, genauso wie sie sich strafbar machen gegenüber der Autorität. Im Aufstand gegen die Autorität sündigen sie und bringen Jesus um. Die Hinrichtung Jesu war demzufolge eine Rebellion gegen das Gesetz.

Die gesamte jüdische Tradition, Paulus eingeschlossen, lehrt, daß der Gehorsam Gott gegenüber nicht im Gesetz besteht, sondern in der Einwilligung, frei zu sein. Als Abraham nicht tötete, war er gehorsam, zwar nicht im Sinne des Gesetzes, aber im Sinne der Freiheit. Sein Gehorsam machte ihn frei, und eben das war es, was Gott von ihm erwartete. Auch Jesus war seinem Vater gehorsam, als er frei wurde. Dieser Gehorsam erfährt jetzt eine völlige Umdeutung: Jesus war gehorsam, als er einwilligte, vom Vater getötet zu werden; als er das Gesetz akzeptierte, das ihn zu töten befahl.

Die Menschen haben Jesus gerade deshalb getötet, weil sie dem Gesetz, dem Willen des Vaters, seinen Sohn zu akzeptieren, ungehorsam wurden. Sie unterwarfen sich nicht dem Gesetz, dem Jesus sich unterwarf – gehorsam bis zum Tode am Kreuz. Jesus wird zum Ödipus, der nicht seinen Vater umbringt, sondern widerstandslos darin einwilligt, von ihm getötet zu werden. Die Menschen, die gegen das Gesetz rebellieren, töten ihn, weil sie diese Einwilligung nicht ertragen. Die menschliche Bosheit, die in der Gesetzesübertretung, nicht in seiner Erfüllung besteht, tötete ihn. Alle Menschen sind für diese Tat verantwortlich, weil niemand von der Schuld freigesprochen werden kann, das Gesetz zu übertreten. Sogar unsere Kinder schlagen Nägel in den Leib des gekreuzigten Jesus, wenn sie Süßigkeiten stibitzen.

Um sich von der Schuld zu erlösen, muß man sie bekennen. Das allein genügt aber nicht. Man muß dem Gesetz so gehorchen wie Jesus: gehorsam bis zum Tode. Jedoch nicht jedem beliebigen Gesetz, sondern dem Gesetz Jesu. Dies besteht darin, zu zahlen, was man schuldig ist, so wie Jesus an Gott-Vater die Schulden bezahlte, die die Menschheit bei ihm hatte. Das ist das Gesetz des Bürgertums, das Wert-Gesetz.

Die Sünde besteht jetzt in der Gesetzesübertretung, nicht wie bei Paulus in seiner Erfüllung. Deshalb haben die Gesetzesbrecher und nicht die Autorität, die das Gesetz diktiert, Jesus umgebracht. Die Mörder Jesu haben sich von ihrem Hochmut verleiten lassen, sich gegen Autorität, Gesetz und Gehorsam aufzulehnen. Ohne ausdrücklich davon zu sprechen, wirft man letztlich dem Glauben Abrahams vor, Jesus getötet zu haben, und erhebt damit den Vorwurf gegen jene, die Abraham folgen, indem sie dem Vater verbieten, den Sohn zu töten. Der Glaube Abrahams, der auch der Glaube Jesu ist, wird des Mordes an Jesus bezichtigt. Darin besteht die Umdeutung.

Wer also tötete Jesus? Die Juden. Doch dahinter verbirgt sich ein noch größeres Drama. Die Juden sind die Repräsentanten des Abraham-Glaubens. Das Christentum rebelliert gegen seine eigenen Quellen, gegen sich selbst. Die Juden hatten den Glauben Abrahams bereits in sein Gegenteil verkehrt, aber nicht beseitigt. Sie machten ihn doppeldeutig und paßten ihn der Herrschaft an, ohne ihn zu vernichten. Diese Art des Christentums aber macht den Abrahams-Glauben zum Todfeind, zum Mörder Jesu, zu etwas Teuflischem. Das wird auch an der Tatsache deutlich, daß das Christentum dem Teufel den Namen Luzifer gibt, den alten Beinamen Jesu. Luzifer ist nun der zum Teufel gewordene Glaube Abrahams, der Jesus tötete. Der Glaube wird dem Christentum ausgetrieben. Es ist jetzt in der Lage, Herrschaft ohne Grenzen zu legitimieren, was die jüdische Tradition nicht konnte.

Jesus gilt als der Mensch, der sich in unendlichem Gehorsam dem Gesetz unterwirft, und wird zugleich identifiziert mit der Vater-Herrschaft, die das Gesetz diktiert. Aber das ist noch nicht alles. Die Beziehung beider zueinander in der göttlichen Dreifaltigkeit ist das Gesetz. Der Heilige Geist ist der Geist des Gesetzes. Das Gesetz ist da, existiert, ist keine gewollte, hergestellte oder rituelle Norm. Es besteht bereits, seit es die Dreifaltigkeit gibt. Es ist das Gesetz perfekter Vertragserfüllung und hundertprozentiger Schuldentilgung. Gewiß wird es jetzt sehr schwierig, zwischen Vater und Sohn zu unterscheiden. Die Ermordung des Sohnes durch den Vater wird selber zum Vatermord. Beide umarmen sich im Tod, und der Heilige Geist ist das Feuer, das beide verzehrt. Der Mord, den einerseits Gott, der Vater und Herr, an seinem Sohn begeht, ist auf der anderen Seite der Vatermord, den die Menschen begehen, als sie Jesus töten. Daraus wird eine einzige Tat.

Das Christentum ist keine Vaterreligion, die sich zur Sohnesreligion entwickelt, sondern eine Sohnesreligion, die zur Vaterreligion wird, ohne je ihre Herkunft aus einer Sohnesreligion leugnen zu können. Der Vatermord ist zugleich Sohnesmord; und der Sohnesmord impliziert den Vatermord, weil der Vater völlig identisch wird mit dem Sohn, der wiederum gehorsam bis zum Tode sich dem Gesetz des Vaters unterwirft.

Den Vatermord haben jene begangen, die Jesus umbrachten, alle, die das Gesetz übertreten. Und wer tut das nicht? Die Ermordung des Sohnes durch den Vater ist ein Opfer, das all jene von der Schuld erlöst, die bekennen, Jesus, der Vater und Sohn zugleich ist, getötet zu haben. Alle, die dies nicht bekennen, sind die eigentlichen Mörder. Natürlich sind das zuerst die Juden, weil sie Gott-Vaters Willen nicht akzeptiert haben, Jesus als den Christus anzuerkennen; dann aber auch die Ketzer, die Hexen, die Araber und alle nicht oder schlecht christianisierten Völker.

Diese Umdeutung des Christentums wird begleitet von einem Schuldgefühl, das die Menschheit vom Hochmittelalter bis heute durchzieht. Dieser Schuldkomplex scheint belastender zu sein als der des ersten Jahrhunderts, von dem Freud spricht.

Mir scheint, daß dieser Schuldkomplex auch diesmal nicht vom Vatermord herrührt. Der Vatermord, gegen die Person des Sohnes begangen, wird anderen vorgeworfen und auf sie geschleudert, um vom eigenen Schuldkomplex, der aus der Ermordung des Sohnes stammt, abzulenken. Natürlich taucht hier das Element des Vatermordes auf. Aber ich glaube, dahinter verbirgt sich der viel wichtigere Schuldkomplex: nämlich sich schuldig gemacht zu haben durch die Umwandlung des Abraham-Glaubens, und damit des Glaubens Jesu, in einen Teufelswahn. Es ist das Wissen um die Schuld, den Sohn getötet zu haben, als sie Jesus töteten, und darüber hinaus dies noch für rechtens erklärt zu haben. Daß Gesetzlichkeit keine Grenzen mehr haben soll, das erklärt zu haben, ist die eigentliche Schuld. Alles wird getan, um die Schuld auf andere abzuwälzen und sich selbst davon zu erlösen. Wären die Juden dem Willen Gottes gehorsam gewesen, lebten heute alle bereits im Paradies. Weil sie ungehorsam waren, leben wir noch im Tal der Tränen: Die Juden sind an allem schuld und außerdem all jene, die keine Christen wurden. Aber der Grund sind die Juden: Grund für Hunger, Krankheit, Krieg und Naturkatastrophen. Hätten sie Gehorsam bewiesen, wäre nichts von alledem geschehen. Wir lebten bereits im Paradies, in dem es solche Geschehnisse nicht mehr gäbe. Selbst für die Sünden der Christen wird den Juden nun die Schuld zugesprochen. Wären sie gehorsam gewesen, wären wir keine Sünder mehr.

Aber wie die Dinge nun einmal liegen, muß man alles daransetzen, die Welt dem Vater gehorsam zu machen, und zwar durch den Gehorsam gegenüber dem Gesetz, das mehr und mehr dem Gesetz der bürgerlichen Gesellschaft gleicht. Wenn ihm alles unterworfen ist, kommt die Erlösung, die den Juden und uns durch sie verlorenging.

Hier kommt eine Aggressivität nach außen und nach innen zum Vorschein, die den ethischen Universalismus des Christentums in einen universalen Imperialismus verwandelt. Auch das jüdische Schuldgefühl hatte zur Aggressivität geführt, aber die Juden konnten nicht andere deswegen bezichtigen. Folglich richteten sie es durch die Kunstgriffe ihrer moralischen Askese gegen sich selber. Das Gesetz, das tötet, tritt auf den Plan, aber es richtet sich gegen jenen, der ihm unterworfen ist, nicht gegen andere. Das christliche Schuldgefühl dagegen wird zur Aggressivität gegen andere, gegen die ganze Welt. Auch wenn es durch die Machtergreifung der bürgerlichen Gesellschaft säkularisiert wird, wirkt es auf gleiche Weise weiter. Es bleibt die Wurzel der säkularisierten Gesellschaft selbst und wird in ihrem Inneren wirksam, auch wenn sie sich nicht einmal ihrer christlichen Wurzeln erinnert. Es bleibt immer noch das nicht eingestandene Wissen darum, durch die Tötung des Sohnes und durch die Umwandlung des guten Vaters, der den lebendigen Sohn will, in einen Vater, der den Sohn tötet, schuldig geworden zu sein. Freud kommentiert den Vorgang so:

> Nur ein Teil des jüdischen Volkes nahm die neue Lehre an. Jene, die sich dessen weigerten, heißen noch heute Juden. Sie sind durch diese Scheidung noch schärfer von den anderen abgesondert als vorher. Sie mußten von der neuen Religionsgemeinschaft, die außer Juden Ägypter, Griechen, Syrer, Römer und endlich auch Germanen aufgenommen hat, den Vorwurf hören, daß sie Gott gemordet haben. Unverkürzt würde dieser Vorwurf lauten: Sie wollen es nicht wahr haben, daß sie Gott gemordet haben, während wir es zugeben und von dieser Schuld gereinigt worden sind.[17]

Freud übersieht den Strudel, den der Vorwurf hervorruft: die allgemeine Verfolgung, das in Aggressivität verwandelte Schuldgefühl und die sich durch die Triumphe der Verfolgung steigernde Aggressivität, die zu neuen Schuldgefühlen führt. Daraus wird eine regelrechte Tötungsmaschinerie. Man verfolgt den anderen, der für einen Gottesmörder gehalten wird, um sich selber von der Schuld zu reinigen. Ohne Verfolgung wird die Schuld nicht vergeben. In der Verfolgung findet man Vergebung, aber keine Erlösung. Deshalb müssen mehr und mehr und immer neue Menschen verfolgt werden. Es gibt niemals Ruhe. Die Erlösung wird illusorisch; und die Verfolgung vermehrt nur noch das Schuldgefühl, obwohl sie dazu bestimmt war, davon zu erlösen. Eine Spirale ohne Ende, ein Sisyphos, der weder sich selbst noch andere in Ruhe läßt. Die gesuchte Erlösung wird zum Weg ins Verderben. Man verfolgt eine Schuld, die keine ist, und flieht vor dem, was die Schuld ausmacht. Alle Menschlichkeit geht verloren, aber stets im Namen der Menschlichkeit. Heute sind wir bereits so weit, die Existenz von Menschheit und Natur aufs Spiel zu setzen, und doch geht es unersättlich immer weiter. Man spürt eine Schuld, die Freiheit verraten zu haben; und bei der Suche nach dieser Freiheit wird jede Möglichkeit zerstört, sie wiederzufinden. Man spürt eine Schuld, den Sohn getötet zu haben; und um sich zu erlösen, tötet man ihn weiterhin.

Das ist der christlich-abendländische Ödipus des Westens, der zur Bedrohung für die ganze Welt geworden ist. Freud sieht diesen Strudel nicht, weil er selber mitten drinsteckt. Das wird zu einer Katastrophe seines gesamten Denkens, zu einer tragischen Katastrophe:

> Man sieht dann leicht ein, wieviel Wahrheit hinter diesem Vorwurf steckt. Warum es den Juden unmöglich gewesen ist, den Fortschritt mitzumachen, den das Bekenntnis zum Gottesmord bei aller Entstellung enthielt, wäre Gegenstand einer besonderen Untersuchung. Sie haben damit gewissermaßen eine tragische Schuld auf sich geladen; man hat sie dafür schwer büßen lassen.[18]

Der Ermordete ist schuld, der Mörder nicht. Freud schreibt dies, nachdem er vor der Todesdrohung der Nazis, die 1938 Wien besetzten, in London Asyl gefunden hatte. Er gibt seinen Verfolgern damit Recht. Das jüdische Volk hat seine Schuld zu sühnen: das ist sein Ergebnis – ein katastrophales Ergebnis für das jüdische Volk und für Freud selber, aber auch für die ganze westliche, christlich-abendländische Zivilisation, die ihr Fundament in dieser unstillbaren Verfolgung der eigenen Schuld bei den anderen hat, deren Gipfel Auschwitz heißt. Sogar die Schuld an Auschwitz wird noch einmal auf andere projiziert. Diese Zivilisation verdrängt ihre eigene Schuld, um sie bei anderen zu ahnden, und sucht sich zu erlösen, indem sie ihre Feinde jagt. Die Gesellschaft des Westens will heute schon nichts mehr mit Auschwitz zu tun haben und erklärt es einfach als eine Folge totalitärer Herrschaft. Die westliche Welt aber ist demokratisch. Deshalb muß die undemokratische Welt, der nach der westlichen Logik die Verantwortung zugeschoben wird, verfolgt werden. Ebenso hat man im Mythos die Juden für den Tod Jesu schuldig gesprochen. Sogar die Sandinisten müssen gejagt werden, denn sie stehen – dieser Logik zufolge – hinter Auschwitz. Sie kreuzigen, sind totalitär, müssen also ausgerottet werden, damit es kein Auschwitz mehr gebe.[19] Doch die Schuld bleibt. Und trotz der Verfolgung fühlt man sich nicht erlöst. Jeder, der sich der Gesellschaft des Westens widersetzt, wird schuldig gesprochen, muß beseitigt und wie ein Krebsgeschwür ausgemerzt werden, damit es kein Auschwitz, keine totalitäre Herrschaft mehr gebe.[20] Doch jede Verfolgungsjagd treibt tiefer in die eigene Schuld hinein, und diese hetzt immer weiter gegen andere.

Weil es kein neues Auschwitz mehr geben soll, aus eben diesem Grund droht ein neues Auschwitz. Selbst danach noch würde der christlich-abendländische Ödipus weiterwüten. Er zerstört die Zivilisation des Westens von innen her, weil er unfähig ist, sich seiner selbst bewußt zu werden. Herrschaft christlich zu legitimieren, das ist der Weg ins Verderben.

## Die Theologie heutiger katholischer Orthodoxie: Der christliche Ödipus

Im Zusammenhang dieser Problematik des westlichen Ödipus tritt heute von neuem eine extrem harte theologische Linie auf den Plan, die sich vor allem gegen die Befreiungstheologie richtet. Ihr zentraler Begriff ist der Gehorsam gegenüber dem Willen Gott-Vaters. Sie spricht vom »vollkommenen Gehorsam« Jesu, dem der Christ nachfolgt.[21] Victor Gambino beschreibt ihn:

> Richtig ist, daß Jesus »der Mensch für die anderen« war, vor allem aber war er Sohn des Vaters, ein Sohn, der sich niemals vom Vater trennte, der zu den Menschen ging, ohne den Vater zu verlassen, der auf den Vater schaute und ihn liebte. Die Haltung Jesu ist eindeutig: von oben nach unten und vom Zentrum zur Peripherie. Das heißt: vom Vater zum Menschen, vom totalen Gehorsam und der bedingungslosen Liebe zum Vater als dem zentralen Akt zum Handeln in der Welt.[22]

Mit der Erwähnung Jesu als »Mensch für die anderen« spielt Gambino auf eine berühmte Formulierung von Bonhoeffer an, verkehrt sie aber in dem zitierten Text in ihr Gegenteil. Bei Bonhoeffer wird aus der Beziehung zum anderen, in der Jesus der Mensch für die anderen ist, auf den Willen des Vaters geschlossen. Gambino unterstellt ihm das Gegenteil: Ein Wille des Vaters wird den sozialen Beziehungen zwischen den Menschen a priori vorangesetzt. Diesen Willen durchzusetzen heißt, den anderen dienen.

Georges Chantraine spricht über das »Geheimnis des Gottes-Sohnes und der Kirche, die Maria ist«[23]. Jan Ambaum spricht von der »Kirche als Leib und Braut Christi«[24]. Es handelt sich um eine ödipale Theologie, die sich explizit bei Hans Urs von Balthasar findet und auch beim heutigen Papst Johannes Paul II. erscheint.

Das Ziel heißt: »gleichförmig werden mit dem gekreuzigten Christus« (Chantraine). Das bedeutet, sich mit Christus zu identifizieren in seinem vollkommenen Gehorsam gegenüber dem Vater, ja, ohne Groll und voller Liebe sogar den Tod annehmen, den der Vater für seinen Sohn und alle seine Kinder bereithält. Nichts Menschliches bleibt für den Menschen.

Schon Bernhard von Clairvaux kommt zu diesem Schluß, wenn er vom höchsten Grad der Gottesliebe spricht:

> Es soll unsere Freude sein, daß sein Wille in uns und durch uns geschehe. ... Alle menschlichen Empfindungen vereinigen sich auf unaussprechliche Weise und verbinden sich mit dem Willen Gottes. *Könnte Gott alles in allem werden, wenn noch etwas vom Menschen im Menschen bliebe?*[25]

Jan-Hendrik Walgrave sagt deshalb:

> Die Beziehung zwischen Gott und uns ist die Beziehung zwischen dem, der nichts ist und aus sich selber nichts hat, und *jenem*, der aus sich selber alles ist und deshalb alles hat, um es uns zu schenken.[26]

Die gesamte Schöpfung ist ihnen nichts wert, nicht einmal der Mensch, mag er auch als Gottes Ebenbild erschaffen sein. Nichts Menschliches bleibt dem Menschen. Und wenn etwas bliebe, gehörte der Mensch nicht zu Gott. Ein menschlicher Mensch sein und ein Mensch aus Gott sein schließt sich gegenseitig aus:

> Um sich mit Gott zu füllen, ist es notwendig, leer und frei zu werden von sich selber und von allem, an dem man hängt. Das ist wesentlich! Der Mensch, das Nichts, soll sein ganzes Vertrauen auf Gott setzen, der in sich selber das ganze Sein ist, weil er alles von ihm empfangen muß, und er soll davon ablassen, irgendeine Sache, die von ihm kommen oder sein Eigentum sein könnte, beitragen oder für sich reservieren zu wollen. Nur vollkommen leer wird er sich mit Gott füllen können.
>
> Das Bemühen darum, leer zu werden, ist keine Tätigkeit, die der Mensch zuerst mit seinen eigenen Kräften vollbringen muß, bevor Gott ihn mit seiner Gnade füllen kann. In der mystischen, paradoxen Sprache wird man vielmehr sagen müssen, es ist Gott, der uns von uns selber befreit und zugleich von uns Besitz ergreift. Der Auftrag unserer Freiheit ist nichts anderes als wie Maria *fiat* zu sprechen.[27]

Zwischen dem Menschen und Gott wird ein absoluter Widerspruch konstruiert; und Gott wird eine Art militärische Besetzung auf der verbrannten Erde der menschlichen Seele unterstellt. Ein solcher Gott ist der Tod, der sich den Anschein des Lebens gibt. Die Entmenschlichung des Menschen wird zum Wesensmerkmal der Beziehung des Menschen zu Gott. In der Tat handelt es sich hier um eine Entmenschlichung, die aus dem umgedrehten Glauben Abrahams hervorgeht, nämlich aus der Bereitschaft, den Sohn zu töten.

Die Kreuzigung Jesu wird zu einem Akt, in dem der Vater seinen Sohn aus Liebe tötet. Johannes Paul II. sagt uns in seiner Enzyklika *Dominum et vivificantem:*

> Im Alten Testament spricht man mehrmals vom »Feuer des Himmels«, das die von den Menschen dargebrachten Opfer verzehrte. In analoger Weise kann man sagen, daß der Heilige Geist *»Feuer vom Himmel« ist, das in der Tiefe des Kreuzesgeheimnisses wirkt.* Vom Vater ausgehend, lenkt er das Opfer des Sohnes zum Vater hin, indem er es in die *göttliche Wirklichkeit der trinitarischen Gemeinschaft* einbringt. ... Der Heilige Geist als Liebe und Gnadengeschenk *versenkt sich gewissermaßen in die Herzmitte jenes Opfers,* das am Kreuz dargeboten wird. Mit Bezug auf die biblische Tradition können wir sagen: *Er verzehrt dieses Opfer mit dem Feuer der Liebe,* die den Sohn mit dem Vater in der trinitarischen Gemeinschaft vereint. Und weil das Kreuzesopfer ein eigener Akt Christi ist, *»empfängt«* auch er *den Heiligen Geist* (41).

Solche Liebe bedeutet, das Leben dem Tode weihen. Wenn das Liebe ist, kann jede barbarische Untat als Akt der Liebe gerechtfertigt werden: der Holocaust als Liebestat. Wenn aber der Himmel bereits zum Holocaust wird, wie kann dann noch die Erde vor dem Holocaust bewahrt werden? Ist der Himmel erst verwüstet, kann die Erde bedenkenlos zerstört werden.

Während seiner Argentinienreise richtete Papst Johannes Paul II. in seiner am 11. April 1987 gehaltenen Rede folgende Worte an die Jugendlichen:

> Ihr habt mich gefragt, welches Problem der Menschheit mich am meisten beunruhigt. Eben dies: an die Menschen zu denken, die Christus noch nicht kennen. ... *Eine Menschheit vor Augen haben, die sich vom Herrn entfernt,* die wachsen will ohne Gott oder sogar, indem sie seine Existenz leugnet. *Eine Menschheit ohne Vater und folglich ohne Liebe.*

Die Menschheit, »die sich vom Herrn entfernt«, ist die Menschheit, die den Vater umbringt. Daraus ergibt sich »die Menschheit ohne Vater«. Und eben weil es sich dabei um einen Vatermord handelt, wird daraus die Menschheit »ohne Liebe«. Doch zum Vatermord hat der Papst keine andere Alternative als die Bereitschaft des Sohnes, sich vom Vater umbringen zu lassen. Freiheit in Liebe – das ist der vollkommene Gehorsam gegenüber dem Vater, und zwar bis zum Tode. Gehorsam ist verlangt gegenüber dem Gesetz, das der Vater diktiert. Dieses Gesetz regelt die Beziehungen zwischen den Menschen von außen her. Über das Ehescheidungsgesetz sagt er:

Grund für diese negativen Phänomene ist häufig eine verborgene Vorstellung und Erfahrung von Freiheit, die nicht mehr verstanden wird als die Fähigkeit, die Wahrheit des göttlichen Plans in Ehe und Familie zu tun, sondern als eine Fähigkeit zur Selbstbestimmung.[28]

Hier wird »die Wahrheit des göttlichen Plans« der Fähigkeit zur Selbstbestimmung des Menschen entgegengesetzt. Diese Wahrheit von Gottes Plan ist eine der ehelichen Beziehung äußerlich bleibende Kraft, ein Gesetz, das vollkommenen Gehorsam verlangt. Es wird dadurch akzeptiert, daß man bereit ist, sich vom Vater töten zu lassen, der durch das Gesetz spricht. Der Papst ist vollkommen unfähig, das Problem der menschlichen Autonomie, ja sogar das der christlichen Freiheit zu begreifen. Sein Verständnis von Freiheit besteht darin, ein äußeres Gesetz in blindem Gehorsam zu befolgen. In der Sprache des Paulus heißt das, sich der Sünde zu unterwerfen, die durch die Befolgung des Gesetzes wirkt. Aber für den Papst sind Erfüllung des Gesetzes und blinder Gehorsam gegen den Vater, auch wenn er seinen Sohn tötet, die entscheidenden Fundamente der Gesellschaft:

Nicht anerkennen, daß eheliche Liebe bis zum Tode dauern kann und soll, hat zur Voraussetzung, die Fähigkeit zu voller und endgültiger Zuwendung zu leugnen. Das bedeutet zugleich, etwas zutiefst Menschliches zu leugnen, nämlich Freiheit und Spiritualität. Die Mißachtung dieser menschlichen Realitäten trägt dazu bei, die Fundamente der Gesellschaft zu untergraben. Denn wie könnte man dann vom Menschen noch die Treue zum Vaterland, zu den Arbeitspflichten, zur Erfüllung von Gesetzen und Verträgen verlangen? Es ist nicht erstaunlich, daß die Ausbreitung der Ehescheidung in einer Gesellschaft einhergeht mit der Abwertung der öffentlichen Moral auf allen Gebieten.[29]

Des Vaters Wille ist es: in der Ehe bis zum Tode, in der Vaterlandstreue bis zum Tode, in der Erfüllung der Arbeitspflichten bis zum Tode, in der Erfüllung von Gesetzen und Verträgen, einschließlich der Schuldentilgung, bis zum Tode. Doch dieses »bis zum Tode« ist nicht nur im zeitlichen Sinne zu verstehen, sondern auch in einem qualitativen Sinn: den Tod zu akzeptieren als Folge der Gesetzeserfüllung. Das ist der Wille des Vaters für den Sohn. Und die Liebe ist die Vereinigung des Sohnes mit dem Vater im Tode. Die Zustimmung »zum Tode« verweigern bedeutet Vatermord, Liebesverlust, unerlaubte menschliche Autonomie. Das zutiefst Menschliche ist für den Papst der Tod. Freiheit heißt, sich völlig dem Gesetz zu unterwerfen, auch wenn es tötet.

Das ist konservative Theologie, wie es sie seit dem 11. Jahrhundert gibt. Heute wird sie von neuem als Rechtgläubigkeit durchgesetzt. Daß sie eine große Nähe zur liberalen Ideologie aufweist, ist unübersehbar. Der Papst bringt sie zur Sprache, wenn er von der Einhaltung der Gesetze und Verträge redet. Sie gilt auch den Liberalen als unerläßliche Bedingung, gegen die nicht ein einziges Menschenrecht ins Spiel gebracht werden kann.

Was diese Ideologien in Worte fassen, ist nicht etwas »zutiefst Menschliches«, sondern der Geist von Institutionen, die in der Tat den Tod verwalten. Zutiefst menschlich ist nicht der Tod, sondern das Leben. Das Leben hat die Verwaltung des Todes zu relativieren, damit der Mensch frei sein kann. Aber weder die christliche Ideologie des Papstes noch die liberalen Ideologien können eine solche Relativierung der Institutionen und damit eine Relativierung des Gesetzes zugunsten des Lebens akzeptieren. Sie können der menschlichen Freiheit keinen Raum geben und folglich auch nicht der Freiheit des Christenmenschen.

Das ist der Aufstand des Christentums gegen seine eigenen Wurzeln.

In diesem Sinne hat der christliche Ödipus eine ganz einfache Struktur. Gott-Vater fordert den Opfertod von Gott-Sohn, der Mensch geworden ist. Der Sohn willigt in vollkommenem Gehorsam ein und unterwirft sich dem Vater, mit dem er sich in seinem Tod identifiziert. Er entledigt sich seines Menschseins, damit es vom Vater ersetzt werde. Durch den Tod hindurch läßt der Vater ihn das Leben wiedergewinnen. In der Einheit und Übereinstimmung mit ihm feiert er Hochzeit mit seiner Mutter Maria (und der Kirche), die als *mater dolorosa* passiv an diesem Opfer unter Männern beteiligt ist. Dieses Schema setzt sich seit Anselm von Canterbury durch.

In der liberalen Ideologie erscheint das gleiche Schema in säkularisierter Gestalt. Jetzt ist der Vater das Privateigentum, das zugleich das Wesen der Demokratie ausmacht. Dieser Vater tötet seinen Sohn, den Menschen, der in vollkommenem Gehorsam seinen Tod akzeptiert, indem er sich mit Vater-Privateigentum identifiziert. Er entledigt sich seiner Grundbedürfnisse. Mit seiner Einwilligung in den Tod erhält der Sohn das Leben und all seine Freuden durch die magischen Kräfte des Marktes zurück, der ihm die Materie (seine Mutter-*mater*-Materie), in Übereinstimmung mit allen Interessen, die der Vater hat, ganz zur Verfügung stellt. Dieses Schema gilt seit Hobbes neben dem ersten.[30]

Beide Modelle erzeugen als Lebensmodelle ein unersättliches Bedürfnis nach Aggressivität. Der erwartete vollkommene Gehorsam ist unmöglich. So muß der Ödipus des Westens die aus dem Ungehorsam stammende eigene Schuld gegen jene wenden, die den verlangten Gehorsam nicht akzeptieren. Mit maßloser Aggressivität stürzt er sich auf die Rebellen, die den vollkommenen Gehorsam verweigern. In ihrer Rebellion sieht er den Grund für alle Unzufriedenheit, die er selber erleidet als Folge seines unermüdlichen Strebens nach vollkommenem Gehorsam. Es kommt zu einer Inquisitionsneurose, die kein Ende mehr kennt. Der Ödipus des Westens darf niemals ruhen: »Werd' ich zum Augenblicke sagen: Verweile doch! du bist so schön! Dann magst du mich in Fesseln schlagen, dann will ich gern zugrunde gehn!«[31] Mit diesem Schwur liefert sich Faust Mephisto aus. Die positiv bejahte Unmöglichkeit, jemals Befriedigung zu finden, ist die Wurzel für diese ewige Unrast.

## Der Fundamentalmythos der Freiheit und seine Umwandlung im Denken Nietzsches und des Nazismus

Der Fundamentalmythos der westlichen Gesellschaft ist der Mythos von der Freiheit gegenüber dem Gesetz. Im Glauben Abrahams findet er seinen frühesten Ausdruck. Die westliche Gesellschaft jedoch verwendet diesen Fundamentalmythos nur in der Negation. Sie bejaht ihn nicht, sondern verwandelt ihn in den Teufel. Deshalb wird der Teufel Luzifer genannt. Die Gesellschaft des Abendlandes legitimiert sich durch die gewaltsame Verleugnung des Fundamentes ihrer eigenen Freiheit, um eben in dieser Verleugnung das zu finden, was sie dann Freiheit nennt. Sie verfolgt die Freiheit immerzu – das ist es, was ihr das Gefühl von Freiheit gibt.

Die fundamentale Freiheit ist die Freiheit über das Gesetz hinaus, die Beurteilung des Gesetzes von einem Standort jenseits des Gesetzes aus. Die abendländische Gesellschaft aber achtet mehr als alle vorangegangenen Gesellschaften auf blinde Erfüllung ihres Gesetzes. Freiheit erfährt sie einzig und allein in der absoluten Unterwerfung unter das Gesetz. Die fundamentale Freiheit empfindet sie nur als Bedrohung: Bedrohung durch Utopie, durch Anarchie und Chaos. Die fundamentale Freiheit wieder einzuklagen, gilt ihr als teuflisch. Dieser Anspruch kann aber nicht ausgemerzt werden, weil er unaufhörlich reproduziert wird. Und doch bleibt die abendländische Gesellschaft unfähig, ihn anzuerkennen, weshalb sie ihn unaufhörlich mit allen Mitteln verfolgen muß. »Es lebe der Tod der Utopie«, ruft Ludolfo Paramio (Assessor der spanischen Sozialisten). Aber die Utopie kann nicht sterben, weil diese Gesellschaft aus ihr hervorging und sich auch noch durch ihre Leugnung legitimiert.

Die abendländische Gesellschaft bekämpft ihre Wurzeln – die Freiheit, die an ihrem Anfang stand – bis auf den Tod und feiert den Tod der Freiheit als ihre Befreiung. Abraham tötete nicht – dieser Stachel der Freiheit sitzt in uns. Mögen wir auch unsere eigenen und Abrahams Söhne auf alle erdenklichen Weisen töten – diese Freiheit kann niemand gänzlich beseitigen; sie ist die Transzendenz mitten in unserem alltäglichen Leben. Es darf kein Subjekt geben, das gegenüber dem Gesetz souverän ist. Seine Verfolgung aber erweckt gerade ein solch freies Subjekt immer wieder zum Leben. Da in ihm die Transzendenz selber gegenwärtig ist, führt gerade die Leugnung der Transzendenz zu ihrer beständigen Wiedergeburt. Aus diesem Grunde bleibt die Verfolgung erfolglos.

Die Bestie verfolgt Luzifer, der nichts anderes ist als die in ein Schreckensbild verwandelte fundamentale Freiheit. Das Anrecht auf diese Freiheit geltend zu machen, gilt als luziferischer Hochmut, als destruktive Utopie und trügerische Lebenshoffnung, die zu Chaos und Anarchie führt. Indem man es zum Luzifer erklärt, kann man es verfolgen und macht aus der Gesellschaft, die sich durch die Verfolgung dieser Freiheit legitimiert, eine Bestie. Im Kampf zwischen Luzifer und der Bestie verliert die Gesellschaft ihre Freiheit, während sie in der Illusion lebt, die einzige wirklich freie Gesellschaft zu sein, Trägerin des Lichts, der wahre Luzifer.

Die westliche Gesellschaft verliert die Möglichkeit, ins Gleichgewicht zu kommen. Sie müßte zwischen den beiden Polen zu vermitteln suchen: zwischen Herrschaft und Befreiung, Gesetz und Freiheit über jedes Gesetz hinaus. Aber es gelingt ihr nicht einmal, sich dieser Aufgabe bewußt zu werden. Statt dessen versucht sie, die Herrschaft zu verabsolutieren, um die Befreiung im Keime zu ersticken und jeden Gedanken daran auszutreiben.

Luzifer und die Bestie liegen im Streit, und schließlich wird die Bestie als der wahre Luzifer präsentiert.

Wird die Möglichkeit zum Gleichgewicht der beiden Pole völlig ausgeschlossen, kommt es zu einer Reaktion, die das gesamte Kategoriennetz von Herrschaft und Befreiung als ungültig ablehnt, um so den abendländischen Ödipus zu überwinden. Das geschieht in der zweiten

Hälfte des 19. Jahrhunderts insbesondere durch die Philosophie Nietzsches. Diese wendet sich nicht nur gegen den Fundamentalmythos der Freiheit, sondern identifiziert ihn mit seinen Fälschungen. Folglich wendet sie sich gegen beide. Für die Lösung des Problems gibt es dann keinen anderen Weg mehr, als dieses Problem selbst abzuschaffen. Wo es keinen ursprünglichen Freiheitsmythos mehr gibt, da wird auch seine Fälschung überflüssig. Aber der Freiheitsmythos war auch der Ursprung für den humanistischen Universalismus. Folglich wendet sich die Reaktion zugleich gegen den Universalismus und gegen die Forderung nach Gleichheit der Menschen. Je mehr der ethische und humanistische Universalismus in die Forderungen sozialistischer Bewegungen eingeht, um so schärfer ist die Reaktion.

Man kann die Reaktion kurz zusammenfassen in dem Satz: das Humane retten durch Vernichtung des Humanismus. Dieser Schluß scheint logisch. Wenn die ursprüngliche, fundamentale Freiheit utopisch, luziferisch, teuflisch und gewalttätig ist, dann muß ihre institutionalisierte Fälschung, sei es nun die christliche Gesellschaft, der Liberalismus oder der Sozialismus, ebenso sein. Die ganze Freiheit in all ihren Formen erscheint einfach als Gewalt und menschliche Verirrung, als zerstörerischer und chaotischer Utopismus, der historische Fortschritt als fatale Illusion. Alles erscheint als faustisches Streben nach Irrealem, das es abzuschaffen gilt, koste es, was es wolle. Wirklich Mensch-Sein heißt: jede Hoffnung auf humanistische Universalismen als Illusion fahren zu lassen und mit dem Willen zur Macht um die Macht zu kämpfen, ohne darüber hinausgehende Ansprüche zu verfolgen.

Gegen die Idee vom Fortschritt der Geschichte will man zurück zum griechischen Modell vom ewigen Kreislauf der Geschichte. Bereits Freud nähert sich dieser Vision bei seiner Analyse des Ödipus-Komplexes an. Der Vater tötet den Sohn, der Sohn den Vater – und so immer weiter, bis in alle Ewigkeit. Nietzsche macht daraus eine neue Metaphysik der ewigen Wiederkehr: Alles war schon einmal da, und alles wird wieder dasein. Ein idyllisch einfaches Leben, in dem der Starke oben ist und der Schwache immer der Verlierer, jedoch keiner sich zu beklagen hat. Man beklagt sich nicht, weil es einfach so ist. Dieses Modell scheint jetzt das einzig realistische zu sein: Die wirklichen Feinde kämpfen gegeneinander und machen sich nicht mehr gegenseitig zu ideologischen Feinden. Als sei es gelungen, zu den Griechen und Römern zurückzukehren![32]

Doch vor der Ankunft in dieser idyllisch einfachen Welt müssen der humanistische Universalismus und seine Bannerträger ausgerottet werden. Im Namen des Aufbruchs zur Lösung des Problems entsteht die aggressivste Gestalt, die dem Problem selber zum Opfer fällt: die Gestalt des Nationalsozialismus. Das ist die schlimmste und tödlichste Illusion: mit Gewalt eine Welt ohne Utopie und Illusion schaffen zu wollen. Die versprochene illusionsfreie Welt ist die Welt ohne humanistischen Universalismus. Sie sucht das Humane zu retten durch die Vernichtung des Humanismus. Und weil dieser Humanismus so viel zu tun hat mit seinen jüdischen Wurzeln, wird die Aggressivität, die sich gegen ihn richtet, schnell zur Aggressivität gegen die Juden. Die vom Humanismus freie Welt erscheint erst möglich, wenn die Juden beseitigt sind. Von ihnen stammt er, mit ihnen geht er. Sie sind schuld an der Misere des abendländischen Ödipus.

Das ist der Aufstand gegen Gott und den Menschen.

Dieser Aufstand geht weiter, auch wenn der Nationalsozialismus am Ende ist. Er hat heute die Grenze des empirischen Beweises dafür erreicht, daß der humanistische Universalismus ein Unding ist. Wenn die Erde nicht mehr alle Menschen ernähren kann, verliert die Forderung eines Rechtes auf Leben für jeden Menschen und damit der humanistische Universalismus in jeder Form seinen realistischen Sinn. Er wird irreal und illusorisch. Je mehr die Natur zerstört wird, je mehr sich die Menschen vermehren, um so eher nähern wir uns dem Augenblick, in dem die Menschen keinen Platz mehr auf dem Planeten haben. An jenem Tage wird der Gott der Juden und Christen widerlegt. Damit die einen leben, müssen die anderen sterben. Jede Forderung nach Gleichheit aller Menschen ist dann empirisch widerlegbar. Damit der eine leben kann, muß er den anderen töten. Daraus folgt: Gott existiert nicht, denn es ist unmöglich geworden, seinem Gebot zu folgen. Der humanistische Universalismus scheint als Selbsttäuschung, als bloßer Utopismus entlarvt. Die Menschheit nähert sich diesem Punkt immer mehr. Nietzsche kehrt zurück, jetzt aber als der einzige realistische Philosoph. Wenn es keine Vermittlung gibt zwischen Herrschaft und Befreiung, ist dies das Ende. Die Gesellschaft des Westens in extremis: sie hat den Kampf mit Gott gewonnen.

## Der Gott der Armen

Die voranstehende Analyse des abendländischen Ödipus aktualisiert die paulinische Gesetzeskritik im Hinblick auf das Grundgesetz unserer Tage, das Wertgesetz, das als einziges Gesetz den heutigen Gesellschaften gemeinsam ist. Es handelt sich dabei um ein Gesetz, das die schuldbeladene Aggressivität nach außen, gegen die anderen und gegen die Natur richtet, die Paulus als Wirkung des Gesetzes auf das gesetzestreue Subjekt, das sich selber zerstört, bereits analysiert hatte. Paulus berührt nur am Rande das Problem der Vernichtung des anderen durch das Gesetz.[33]

Das ist verständlich, weil die Herrschenden seiner Zeit die Gewalt hauptsächlich direkt und unmittelbar anwendeten ohne Vermittlung durch Gesetz und Recht. Die Beziehung zwischen Herr und Sklave ist in sich gewalttätig und nicht erst durch Vermittlung eines Gesetzes. Diese Beziehung regelt kein Gesetz; die Zerstörung des anderen wird nicht vom Recht verursacht. Das Wertgesetz dagegen schafft eine durch das Gesetz vermittelte Unterdrückung. Die Beziehung zwischen Kapital und Lohnarbeit ist eine Rechtsbeziehung, die gesetzlich geregelt wird. Folglich muß die Gesetzesanalyse heute jene andere Dimension der Destruktivität des Gesetzes berücksichtigen, nämlich die Vernichtung des anderen durch die Erfüllung des Gesetzes. Jetzt wird Gewalt gegen den anderen verübt als Folge der Gesetzeserfüllung, während sie in der Gesellschaft des Paulus ohne gesetzliche Regelung und in direkter Beziehung zum anderen ausgeübt wurde.

Dieser Charakter des Gesetzes, das den anderen zerstört, ist jedoch in der jüdischen Gesellschaft jener Zeit schon sichtbar. Jesus konfrontiert sich in der Diskussion über den Sabbat ständig damit. Der Sabbat ist das Gesetz. Jesus besteht darauf, daß die Gesetzeserfüllung darauf ziele, den anderen zu zerstören, und folgert daraus, daß der Mensch nicht für den Sabbat, sondern der Sabbat für den Menschen da sei.

Zusammengefaßt: Die zweifache Stoßrichtung der Destruktivität des Gesetzes durch seine Befolgung steht vor Augen. Das Gespür dafür war in der ganzen jüdischen Tradition vorhanden, insbesondere im Dauerkonflikt zwischen Tempel und Propheten. Die Gesellschaft des Abendlandes jedoch hat diese Destruktivität bis in unerhörte Dimensionen vorangetrieben.

Die Analyse der beschleunigten Destruktion des anderen und der Natur durch das Wertgesetz bzw. überhaupt durch das Gesetz finden wir in der christlichen Botschaft nicht. Zwar gibt es bei Paulus Bemerkungen dazu, aber sie sind eingegrenzt auf die Selbstzerstörung des Subjekts, welches das Gesetz in seiner Askese auf moralischer oder wirtschaftlicher Ebene anwendet. Da wird erwähnt, wie der Prozeß eskaliert, indem die Schuld zur Aggressivität führt in der zerstörerischen Befolgung des Gesetzes bis zum Tode: Das Gesetz tötet. Vom ganzen Ausmaß der Zerstörung ist noch nicht die Rede, weil diese erst Folge des umgekehrten Christentums ist.

Die Zerstörungskraft, die in der Befolgung des Gesetzes liegt, wird beispielhaft erkennbar an der Form, mit der gegenwärtig die Auslandsschulden der Dritten Welt eingetrieben werden.[34] Dies Eintreiben ist einfach die Folge eines Gesetzes, das unerbittlich angewendet und erfüllt wird. Aber eben dadurch sät es in drei Kontinenten den Tod. Der Eintreiber, unter anderem der IWF, hat dabei keine Gewissensprobleme, weil er ja ein Gesetz anwendet, das angeblich dem Leben dient. Ohne das Gesetz könnten wir gar nicht leben. Das Eintreiben der Schulden verhindert jede Möglichkeit, sich der Zerstörung bewußt zu werden, die durch die Erfüllung des Gesetzes verursacht wird. Das Gesetz selber vereitelt die Erkenntnis der Sünde. Und eben der Verlust des Sündenbewußtseins macht die aus der Anwendung des Gesetzes resultierende Zerstörung so vollkommen unerbittlich. In der ganzen Welt sät man den Tod – man hat aber ein ruhiges Gewissen, ja man glaubt sogar, Gutes zu tun. Ist etwa die gesetzliche Pflicht, Schulden zu bezahlen, etwas Schlechtes? Sollen wir etwa das Gesetz abschaffen, sobald es zum Tode verurteilt? Ohne Gesetz können wir doch gar nicht leben! Man muß doch Opfer bringen, damit das Gesetz weiterbestehen kann! Was würde in einer Gesellschaft geschehen, in der die Schulden nicht mehr bezahlt werden? Müssen wir nicht sogar einige opfern, damit uns dieses Gesetz erhalten bleibt? Zwar verlangt das Gesetz Opfer, aber die Opfer dienen dem Heil selbst jener, die geopfert werden. – Hier haben wir alle Argumente, gegen die sich die paulinische Gesetzeskritik richtet. Selbst das Argument für den Tod Jesu wird erkennbar. Eben dieses Gesetz hat ihn getötet. Ist es etwa nicht gerecht?

Nein, es ist nicht gerecht. So war es wenigstens am Anfang des Christentums. Das Gesetz tötet, aber man darf nicht selbst töten. Das Gesetz ist der Vater, der seinen Sohn umbringt. Durch die Ausweitung des Gesetzes auf die Zerstörung des anderen wird aus dem Sohn der Arme. Das Gesetz ist die Vater-Herrschaft, die den Armen tötet. Doch Abraham hat nicht getötet, und Jesus wurde anstelle des Armen getötet. Was soll also heute der Arme tun, der vom Gesetz getötet wird? Abraham kann sich in seinem Glauben mit Jesus identifizieren, der am Kreuz das Gesetz vernichtete, sich durch die Auferstehung darüber erhob und es den Bedürfnissen des Armen unterwarf. Das wäre das Resultat der paulinischen Gesetzeskritik.

Ist das aber christlich? Nein, das ist es nicht, sagt uns der Ödipus aus dem christlichen Abendland. Christlich ist es, seine Schulden zu bezahlen, das Gesetz zu erfüllen. Ein gerechter Mensch zahlt, was er schuldet. Christus hat die Schuld bezahlt, sogar mit seinem eigenen Blut. Christus hat das Gesetz erfüllt und im Gehorsam gegen den Vater den Tod angenommen, den das Gesetz befiehlt. Deshalb ist Jesus gerecht. Und der Arme? Er soll mit seinem Blut bezahlen – wie Jesus. Warum beklagt er sich, wo sich Jesus doch auch nicht beklagt hat? Er widersteht dem Gesetz? Das ist Übermut, Stolz, Machthunger. Er soll demütig sein, wie Jesus es war. Ist es nicht besser, daß einer für das ganze Volk stirbt? Wenn er trotzdem widersteht, ist er ein Vatermörder und verachtet das Blut Jesu.

Der Arme ist eingesperrt, von Gott verlassen. Für den Armen – und jeder, der eine unbezahlbare Schuld zu bezahlen hat, ist ein Armer – gibt es vor seinem Beherrscher und Gläubiger kein Entrinnen mehr. Alle frühere Tradition ließ dem Armen die Zuflucht zu Gott oder zu den Göttern. Vor Gott war sein Schicksal ein Unrecht. Vor Gott war auch das Eintreiben einer unbezahlbaren Schuld ein Unrecht. Weil Gott ihn beschützen wollte, stand Gott dem Armen zur Seite gegen die Übermacht der Mächtigen. Auch wenn dieser Gedanke häufig illusorisch oder unwirksam war, er war für den Armen immer noch ein Trost. Mit der Theologie des Anselm von Canterbury jedoch wurde Gott selber zum Repräsentanten des Gesetzes und folglich zum Repräsentanten der Reichen und Herrschenden. Die Herrschenden und Gott werden eins. Wer eine unzahlbare Schuld mit seinem eigenen Blut zu bezahlen hat, kann keine Zuflucht mehr bei einem Gott suchen, der ebenfalls unbezahlbare Schulden bis aufs Blut eintreibt. Gott wurde so wie der Herrscher, nichts weiter als sein transzendental überhöhtes Abbild. Was der Herrscher nicht akzeptiert, akzeptiert auch Gott nicht. Vor dem Wucherer kann man einen Gott, der ein Gott der Wucherer, ja selber ein Wucherer ist, nicht um Güte anflehen. Dem Armen bleibt der Himmel verschlossen. Er ist vollkommen alleine, hat keinen Gott an seiner Seite, ja mehr noch: Gott ist sein Gegner geworden. Wie der Himmel für den Armen geschlossen wird, so bleibt ihm auch die Erde verschlossen. Der Arme verliert alle Rechte – wie im Himmel so auf Erden. Damit entsteht Raum für die rücksichtsloseste Gesellschaft, die es für die Armen jemals gegeben hat: die bürgerliche Gesellschaft. Der Arme wird von ihr verdammt; und nicht einmal Gott hat etwas für ihn übrig. Daß er arm ist, daß er nicht bezahlen kann, was er schuldet, das ist seine eigene Schuld, die er nur mit Blut tilgen kann: mit dem Blut Jesu die Schuld Gott gegenüber; mit seinem eigenen Blut die Schulden gegenüber den anderen. Die Kraft dazu findet er in der Identifikation mit dem Leiden Jesu. Ihm bleibt nur die Schmerzensmystik: Wenn er seine unbezahlbaren Schulden mit seinem Blut bezahlt, wird er im jenseitigen Leben Erlösung finden. Erlöst sind in diesem Leben bereits jene, die die Schulden eintreiben. Wer das Gesetz erfüllt, wer seine Schulden zahlt und bezahlen kann, der ist bereits in diesem Leben ein Auserwählter. Wie Zahlungsunfähigkeit persönliche Schuld ist, so ist Zahlungsfähigkeit Gottes Gnade. Wer bezahlen kann, ist ein Auserwählter.

Hat man einmal die Erfüllung eines Gesetzes mit dem Willen Gottes identifiziert, wird auch Gott selbst überflüssig. Niemand bringt ihn um, er erübrigt sich ganz einfach. Niemand hat ihn getötet, er starb. Die Abdankung Gottes liegt in der Logik des gefälschten Christentums, das an die Macht gekommen ist. Die Gesellschaft wird säkularisiert und vergißt Gott. Sie gestattet ihm, als religiöser Schmuck der eigenen Machtentfaltung zu überleben und in Krisenzeiten als religiöse Rechtfertigung ihrer Gewalttätigkeit gegen die Beherrschten herzuhalten. Dieser Gott war dazu nütze, die säkularisierte Macht zu installieren. Doch ist sie einmal installiert, kann sie ohne weiteres auf ihn verzichten.

Der wirkliche Begründer des Atheismus ist der Theologe Anselm von Canterbury. Er macht den Anfang damit, die Gerechtigkeit zu definieren als die Pflicht zu zahlen, was man schuldet. Er führte diese Definition in die Gotteslehre ein. Aber wenn Gott nicht jenseits des Gesetzes steht, dann gibt es über das Gesetz hinaus nichts mehr; dann genügt sich das Gesetz selbst und kann auch auf Gott verzichten. Und weil es sich um das Gesetz der bürgerlichen Gesellschaft handelt, das zu seiner Proklamation keinen Sinai hat und braucht, sollte man an den Sinai auch nicht mehr erinnern. Wenn der Sinai verschwindet, stirbt auch Gott. Herrschaft besteht weiter darin, daß der Vater den Sohn tötet, aber der Vater ist nicht mehr Gott, sondern die säkularisierte Macht, die Demokratie, die das Gesetz bejaht.

Selbst die Armen vergessen Gott, der auf der gegnerischen Seite kämpft. Aber wenn der Herr-Gott verschwindet, der seinen Sohn tötet, taucht am Ende der Gott der Freiheit gegenüber dem Gesetz, der Gott des Glaubens wieder auf. Mitten im Kampf der Armen entdeckt man ihn wieder. Je mehr der Herr-Gott säkularisiert wird und verschwindet, um so mehr erscheint wieder der andere, der Gott, der seinen Sohn nicht tötet. Der Gott des Glaubens kommt zurück, weil sein Gegner, der Herr-Gott, ein nihilistischer Gott ist, der sich selbst verschlingt.

Der Gott der Freiheit vor dem Gesetz, der Gott des Lebens kehrt zurück. Er ist der Gott der Armen, der den Messianismus der Armen verteidigt. Er ist der Gott der Option für die Armen. Gott selber entscheidet sich für die Armen, nicht für die Macht. Der Gehorsam des Armen besteht darin, sich zu befreien und gegen das Gesetz zu opponieren. Der Gehorsam gegen den Gott des Lebens verlangt, sich zu befreien und sich gegen das Gesetz durchzusetzen, statt sich ihm zu unterwerfen. Der Gehorsam der Macht gegenüber dem Gott des Lebens besteht darin, die Option für die Armen zu respektieren, statt sie durch die Erfüllung des Gesetzes zu unterdrücken.

Die vorrangige Option ist auch demokratisch, aber dabei handelt es sich nicht um eine Demokratie, die sich dem Gesetz unterwirft, sondern um eine Demokratie, die das Gesetz dem Leben des Menschen unterwirft.

Versöhnung mit Gott ist nicht zu haben ohne Versöhnung mit den Menschen. Versöhnung mit den Menschen gibt es nicht ohne die Respektierung der Option für die Armen. Das Christentum des westlichen Ödipus dagegen sucht die Versöhnung mit Gott von Gesetzesübertretungen aus, weil es das Gesetz selber verabsolutiert. So entzieht es sich durch seinen Individualismus der Option für die Armen. Damit aber entzieht es sich auch dem Gott des Lebens, um sich einem Gott des Todes zu unterwerfen.

Auf diese Weise wird der Kreislauf von Schuld und Aggression in Gang gesetzt. Das Schuldgefühl ist da, man spürt es überall, aber man ist sich der Sünde, die auf Gesetzesübertretungen reduziert wurde, nicht bewußt. Da die Sünde durch das Gesetz wirkt und deshalb unsichtbar bleibt, treibt das Schuldgefühl orientierungslos umher, ohne mit den Wurzeln verbunden zu werden, aus denen es hervorgegangen ist. Das Gesetz erzeugt die Aggression gegen die anderen, die dem Gesetz widerstehen, und verstärkt erneut das Schuldgefühl, das sich auf jene stürzt, die nicht leben können, ohne ihre eigenen Bedürfnisse gegen das Gesetz durchzusetzen: die Armen.

Das stürzt die Gesamtgesellschaft in eine Verzweiflung, die sie in die Selbstvernichtung treiben kann. Dabei ist die Vernichtung jener, die nicht leben können, ohne ihre eigenen Bedürfnisse dem Gesetz überzuordnen, die wirkliche Ursache für die Verzweiflung. Schuld und Verzweiflung wird man nicht begreifen, ohne bis zu ihrem Ursprung zurückzugehen. Psychotherapeutische Sitzungen mögen Erleichterung verschaffen, die Lösung bringen sie nicht. Die ganze Gesellschaft muß sich der Sünde bewußt werden, die darin besteht, daß sie den Armen vernichtet. Das ist der Ursprung des Schuldgefühls. Und nur das Wissen darum wird es binden und vermindern, um einen Ausweg aus der fanatischen Aggressivität zu finden, zu welcher das entwurzelte Schuldgefühl geführt hat. Die Option für die Armen hat nicht nur mit den Armen zu tun, ist nicht nur das Problem eines Teils der Gesellschaft. Die Gesellschaft selber wird sich vom Schuldgefühl nicht frei machen können, wenn sie sich nicht als Ganze die Option für die Armen zu eigen macht und sie begleitet. Wo das Schicksal der Armen auf dem Spiel steht, da steht die ganze Gesellschaft auf dem Spiel. Es handelt sich dabei um jenes Problem, das die Theologie traditionell als Rechtfertigung aus dem Glauben behandelt hat.

Aber kaum ist der Gott des Lebens, der Freiheit und des Glaubens wieder erschienen, spielt sich der Gott der Herrschaft von neuem auf. Er saugt seine Lebenskraft aus dem Gott des Lebens, um ihn zu beseitigen. Heute erscheint er als Gott des Fundamentalismus, der religiösen Rechtfertigung für die Zerstörung von Mensch und Natur. Doch leben kann er nur von dem, was er dem Gott des Lebens raubt. Schafft er es, ihn erneut aus dem Weg zu räumen, wird er selber auch wieder verschwinden. Nur indem er andere aussaugt, kann er selber leben.

In diesem Kampf der Götter hängt es von den Armen ab, daß der Gott des Lebens sichtbar werde. Er ist ihre Hoffnung.

# Kapitel 2:
# Der Opferkreislauf
# in der Legitimation
# der okzidentalen Herrschaft:
# Die Iphigenie des Westens

Der Ödipus-Mythos spielt in der Tradition des westlichen Ödipus nur eine geringe Rolle. Erst Freud gibt ihm eine große Bedeutung; niemand vor ihm hat das getan. Das Problem allerdings, um das es sich handelt, ist durchaus gegenwärtig. Man wird es aber nur entdecken, wenn man davon ausgeht, daß der Ödipus-Mythos strukturell kreisläufig ist. Ödipus ermordet seinen Vater, der selbst Ödipus ermordet hat.

Geht man von dieser These aus, so entdeckt man, daß der westliche Ödipus in der westlichen Tradition seine Probleme an Hand des Mythos von Iphigenie diskutiert. Der Mythos der Iphigenie ist der Mythos des Kindermordes, der von der Autorität begangen wird. Iphigenie wird von ihrem Vater, dem griechischen König, geopfert. Der Mythos der Iphigenie ist – wie parallele Mythen – in der gesamten Geschichte der Aufklärung gegenwärtig; er entspricht der bürgerlichen Gesellschaft des 18. und 19. Jahrhunderts.

Ganz anders der Mythos des Ödipus, der den Vatermord in den Vordergrund stellt. Er entspricht erst einer Zeit, in der die bürgerliche Gesellschaft sich revolutionären Bewegungen gegenübersieht und in ihnen natürlich Vatermörder erkennt. Zwischen dem 18. und dem Ende des 19. Jahrhunderts jedoch findet eine Entwicklung analog zu der, die in Griechenland von Euripides zu Sophokles führt, statt. Der Aufklärer Euripides schreibt die Iphigenie, und der Antiaufklärer Sophokles schreibt den Ödipus. Euripides schreibt über den Kindermord und Sophokles über den Vatermord. So lassen sich Racine, Schiller und Goethe von der Iphigenie inspirieren – und Freud vom Ödipus. Erst im Zusammenhang mit der Revolution gegen die bürgerliche Gesellschaft wird der Ödipus, der vorher fast vergessen war, tatsächlich aktuell.

Solange die bürgerliche Gesellschaft keiner revolutionären Bewegung gegenübersteht, sondern selbst revolutionäre Kraft ist, hat der

Ödipus keine große Bedeutung. Wenn Euripides daher in seinem Drama »Die Bakchen« den zerstörerischen Aufstand angreift, geschieht das nicht im Namen von Ödipus, sondern im Namen von Dionysos. Hier geht es um das, was wir in der bürgerlichen Gesellschaft als Furcht vor dem Chaos kennen. Es handelt sich um die Mutter, die im bakchischen Rausch ihren eigenen Sohn umbringt, der der König ist. Sie bringt, wenn man so will, im eigenen Sohn ihren Vater um, was die Zerstörung der Autorität im Rausch einer freien Orgiastik bedeutet. Da sie im Rausch handelt, weiß sie nicht, daß sie ihren Sohn und in ihrem Sohn ihren König-Vater umbringt. Diese Geschichte könnte die Studentenrebellion der sechziger Jahre interpretieren, entspricht aber nicht den sozialistischen Bewegungen Ende des 19. Jahrhunderts.

Die enge Verwandtschaft zwischen der bürgerlichen Gesellschaft und dem Mythos der Iphigenie rührt keineswegs daher, daß man der Autorität, gegen die sich die bürgerlichen Revolutionen richten, Kindermord vorwirft. Das gibt es natürlich, und es spielt seine Rolle, wie z.B. Schillers »Wilhelm Tell« zeigt. Dort verlangt der Landesvater Geßler, daß Tell auf seinen Sohn schieße. Er erwartet natürlich, daß Tell seinen Sohn durch den Schuß töten werde; und dadurch erscheint Geßler, nicht Tell, als Sohnesmörder. Tell rettet durch seinen glücklichen Schuß das Leben seines Sohnes, braucht also den für den Landesvater vorgesehenen Pfeil nicht, den er bereitgelegt hatte für den Fall, daß er anstelle des Apfels seinen Sohn träfe. Erst später tötet Tell seinen Landesvater Geßler, weil dieser nicht aufhört, ihn zu verfolgen. Aber er betrachtet sich nicht als Vatermörder, denn er kämpft für eine neue Vater-Autorität – nämlich die bürgerliche Gesellschaft –, für die Figuren wie Geßler ihre Bedeutung verloren haben.

Schiller, der diesen Zusammenhang klar sieht, führt am Schluß seines Dramas die Figur des Parricida ein, der wegen einer Erbschaftsfrage seinen Onkel umbrachte. Parricida erwartet von Tell Solidarität und weist diesen darauf hin, daß auch er mit seinem Mord an Geßler sich des Vatermordes schuldig machte. Tell aber rechtfertigt sich und verweist Parricida des Hauses, indem er ihn des schlimmsten Verbrechens, des Vatermordes, für schuldig erklärt. Die willkürliche Autorität, gegen die sich die bürgerliche Revolution richtet, wird aber durch die Figur des Geßler in einen Sohnes- oder Kindesmörder verwandelt.

Dies gibt jedoch die Bedeutung des Mythos der Iphigenie für das Selbstverständnis der bürgerlichen Gesellschaft durchaus nicht wieder. Dieser Mythos wird völlig anders verwendet. Tatsächlich wird unter dem Namen der Iphigenie die mittelalterliche orthodoxe Christusvorstellung säkularisiert. Dabei werden ihre wesentlichen Züge erhalten, obwohl sie ihres religiösen Charakters entkleidet werden. Es könnte durchaus auch so sein, daß selbst diese mittelalterliche Christusvorstellung in Wirklichkeit schon der Iphigenie nachgebildet oder zumindest von ihr geprägt ist und jetzt ihrer ursprünglichen Gestalt wieder angenähert wird.

### Die griechische Iphigenie

Die Grundsituation des Opfers der Iphigenie ist folgende: Iphigenie ist Tochter des griechischen Königs Agamemnon und seiner Frau Klytaimestra. Agamemnon ist Oberbefehlshaber des griechischen Heeres, das sich in Aulis versammelt, um zur Eroberung Trojas auszuziehen. Da aber setzt eine Windstille ein, weswegen der Heereszug nicht aufbrechen kann. Daraufhin befragt man die Götter nach dem Grund; und die Göttin Artemis (oder Diane) verkündet, daß nur die Opferung Iphigenies ihren Zorn besänftigen könne. Das Heer verlangt von Agamemnon, dieses Opfer zu bringen. Er holt daraufhin Iphigenie nach Aulis, indem er Klytaimestra betrügt, so daß sie ihre Tochter selbst überbringt. Nach Aulis gekommen, opfert er Iphigenie, die Erstgeborene seiner Kinder, der Göttin Artemis. Daraufhin setzt der Wind wieder ein, das Heer bricht auf, erobert Troja und zerstört es.

Die Frage nach dem Sinn dieses Opfers wird für lange Zeit ein bedeutendes Thema in der griechischen Geschichte. Iphigenie wird zu einer der zentralen Figuren der griechischen Tragödie und prägt tief die gesamte griechisch-römische Tradition. In fast ebenso zentraler Weise kehrt sie in der Zeit der Aufklärung zurück und ist bis heute nicht wieder aus der Kultur des Okzidents verschwunden. Zumindest auf dem Gebiet der Kulturerscheinungen ist die Figur der Iphigenie viel wichtiger als die des Ödipus.

Der Mythos der Iphigenie interpretiert den Ort, den das Menschenopfer in der okzidentalen Kultur und ihrer griechisch-römischen Tradition einnimmt.

Im »Agamemnon« der Orestie von Aischylos, der ältesten Iphigenie-Tragödie, wird dieses Opfer noch als ein gewaltsamer Mord an Iphigenie geschildert, der im Namen der Göttin vollbracht wird. Iphigenie schreit wie ein auf die Schlachtbank geführtes Tier:

Wie zu dem Vater sie ruft und fleht, / jungfräuliches Alter auch, gilt nichts den kriegsgierigen Lenkern. Der Vater gebeut / den Dienern nach dem Gebete, sie / in Tücher gehüllt, vornübergeneigt, / hoch auf dem Altar, der Ziege gleich / zu heben, den schöngebogenen Mund / zu schließen und zu ersticken den Laut / des Fluches wider die Sippe / ... trifft mit erbarmungsheischendem Pfeil / des Blicks sie jeden der Schlächter.[1]

Aischylos spiegelt die ganze Wildheit dieser Szene wider. Die Opferer sind Schlächter; und Iphigenie ist ein wilder Mensch, der sich dem Tode verweigert. Es ergibt sich eine brutale Szene, die aber auch bei Aischylos als tragisches Geschick eines Vaters interpretiert wird, der seine Tochter opfern muß und keinen anderen Ausweg hat. Er ist auch bei Aischylos kein Verbrecher, sondern ein tragischer Held, der nicht anders kann, als zum Schlächter zu werden. Iphigenie, die doch in Wirklichkeit die einzig Vernünftige in dieser Szene des Opferrausches ist, erscheint als die wilde, am wenigsten zivilisierte Teilnehmerin. Da sie sich so unzivilisiert benimmt, muß Agamemnon zum Schlächter werden.

In der ganzen weiteren Entwicklung der Iphigenie bleibt Agamemnon diese tragische Figur, die Iphigenie opfern *mußte*. Ich habe keinen Autor finden können, der dafür nicht das tiefste Verständnis hätte. Die Entwicklung des Mythos ist daher eine Entwicklung, die auf der Seite der Iphigenie stattfindet. Die vernünftige, wilde, zornige Iphigenie, die ihre Schlächter verflucht, wird zunehmend zivilisiert. Sie verhält sich zunehmend positiv zu ihrem Opfertod und ist bei Goethe schließlich zur Welterlöserin geworden, zu einer wahren Christus-Iphigenie.

Dabei ist offensichtlich, daß die Situation des Agamemnon in Aulis ganz ähnlich der Situation des Abraham ist, der seinem Sohn Isaak gegenübersteht, um ihn zu opfern. Außerdem stammen beide Mythen sicher aus der gleichen frühgeschichtlichen Zeit. In der Entwicklung des Iphigenie-Mythos erscheint der Glaube des Abraham, der darin besteht, seinen Sohn nicht zu töten, überhaupt nicht – weder in der griechischen noch in der christlichen noch in der aufklärerischen und liberalen Literatur. Abraham scheint nicht einmal existiert zu haben. Es ist völlig selbstverständlich, daß der Vater, der seine Tochter opfert, einem tragischen Schicksal unterlegen ist und es erfüllen mußte.

Dies aber geschieht in der Situation von Aulis. Die Griechen wollen Troja erobern. Agamemnon ist ihr Feldherr. Sollen sie, nur um Iphigenie nicht zu opfern, auf die Eroberung und Zerstörung Trojas verzichten? Steht nicht das Gemeinwohl über dem Eigenwohl? Wenn sich die

Männer auf dem Schlachtfeld opfern, warum soll eine Frau nicht auf dem Altar geopfert werden, um den Krieg zu gewinnen? Dies sind die Argumente, die bei Euripides das Heer anführt, um Agamemnon davon zu überzeugen, daß er seine Tochter opfern muß.

Weder hier noch später taucht das Argument auf, daß Agamemnon frei geworden wäre, wenn er Iphigenie nicht geopfert hätte. Wurden die Griechen nicht dadurch frei, daß sie Troja eroberten und zerstörten? Wurde nicht die Freiheit dadurch möglich gemacht, daß der Feldherr Agamemnon seine Tochter Iphigenie opferte?

Es ist wahr: Abraham, dem sein Glaube verbietet, seinen Sohn Isaak zu opfern, kann niemals Troja erobern und zerstören. Wäre Agamemnon ein Abraham geworden und hätten die Griechen diesen Glauben angenommen, so hätten sie eben Troja nicht erobert. War es das wert? Die gesamte griechische und okzidentale Tradition ist der festen Überzeugung, daß es für Agamemnon und die Griechen keine Alternative gab. Sie sind natürlich davon überzeugt, weil sie glauben, daß es für sie selbst in ihrer jeweiligen heutigen Situation keine Alternative zu diesem Menschenopfer gibt.

Die jüdische Geschichte zeigt dies ja auch: Da die Juden an Abraham glauben, können sie kaum das gelobte Land halten, geschweige denn Eroberungskriege führen.

Wäre Agamemnon ein Abraham geworden, so wäre er danach eine Bedrohung für Griechenland und für den gesamten Okzident gewesen. Wie Abraham hätte er flüchten müssen, um sich ein Beerscheba zu suchen. Trotz aller angeblich jüdisch-christlichen Tradition habe ich keinen Autor gefunden, der Agamemnon dies vorschlagen würde. Aus allen Jahrhunderten schallen ihm Durchhalteparolen entgegen. Agamemnon darf nicht weich werden.

Ganz anders bei Iphigenie. Mit der Iphigenie, wie Aischylos sie darstellt, ist niemand zufrieden. Sie wird daher durch die Jahrhunderte hindurch verändert und zunehmend zivilisiert und okzidentalisiert. Diese wilde, zornige, schreiende Frau, die ihre Schlächter verflucht, wird in die alles erlösende Priesterin verwandelt, die ihren Opfertod freiwillig auf sich nimmt und sich so in die Christus-Iphigenie Goethes verwandelt.

Dies beginnt mit dem großen griechischen Aufklärer Euripides in seiner Tragödie »Iphigenie in Aulis«. Als Iphigenies Mutter Klytaimestra Agamemnon entgegentritt, weil sie das Opfer der Iphigenie nicht annehmen kann, tritt ihr Iphigenie selbst entgegen:

Mutter: ohne Grund ja grollst du, wie ich sehe, deinem Mann / ... aber du mußt auch verhüten, daß das Griechenheer ihn haßt / ... Sterben muß ich unabwendbar, und vollenden will ich es / auch mit Ruhm, unedle Regung tilgend aus der edlen Brust. / ... Mir hat Hellas' ganzes großes Volk die Blicke zugewandt, / und auf mir ruht seiner Schiffe Fahrt und Trojas Untergang. / ... All dies Heil werde ich erringen, wenn ich sterbe, und mein Ruhm / wird unsterblich weiterleben, daß ich Hellas' Volk befreit. / Denn warum sollt' auch das Leben mir vor allem teuer sein? / Allen hast du mich geboren, allem Volk, nicht dir allein. / ... Sollte da mein einzig Leben alledem im Wege sein? / ... *Dieses einen Mannes Leben wiegt ja tausend Frauen auf.* / Und wofern als blutend Opfer Artemis mein Leben will, / *soll ich ihr entgegentreten, Göttern ich, die Sterbliche?* / Nein! Unmöglich! Hellas geb ich meinen Leib zum Opfer hin. / *Tötet mich, verwüstet Troja.* ... / Den Hellenen sei der Fremdling untertan, doch, Mutter, nie / Fröne Hellas' Volk den Fremden; *Knechte sind sie, Freie wir!* [2]

Bei Aischylos ist Iphigenie die wilde, zornige, schreiende Frau, die ihre Schlächter verflucht. Bei Euripides ist sie das nicht mehr. Jetzt opfert sie sich selbst, in Übereinstimmung mit ihrem Vater, der sie aus seinem tragischen Schicksal heraus opfern muß. Jetzt versteht Iphigenie ihn, sie weiß sich eins mit ihm. Das Opfer ist zu einem Akt der Aufopferung und der Liebe geworden. Iphigenie liebt ihr Volk, und daher nimmt sie es auf sich, geopfert zu werden.

Bei Euripides ist es Klytaimestra, die zur wilden, zornigen, schreienden Frau geworden ist, die die Schlächter verflucht. Klytaimestra ist hier die Iphigenie des Aischylos; und Iphigenie, zivilisiert und gezähmt, tritt jetzt gegen Klytaimestra, ihre Mutter, auf. Sie will geopfert werden; und die Mutter will das verhindern. Folglich wird die Mutter ihr Feind, nicht etwa der Vater. Jetzt ist die Mutter die einzig vernünftige in diesem Opferrausch; aber von Euripides aus gesehen ist sie die Verrückte, die den Sinn des Opfers nicht sehen kann und die nicht auf der Höhe der Zeit ist. Sie wird als Egoistin gezeichnet, die nur ihren eigenen Interessen folgt. Als sie nach der Rückkehr Agamemnons diesen tötet, um den Tod ihrer Tochter zu rächen, wird sie meistens so dargestellt, als wäre dies nur ihr Vorwand, um mit ihrem Liebhaber Aigisthos zusammenleben zu können. Sie selbst allerdings behauptet, daß sie sich diesen Liebhaber genommen habe, um sich an Agamemnon zu rächen.

Aber tatsächlich ist diese liebende, sich opfernde Iphigenie zu einer neuen Wildheit gekommen, die eben die Wildheit der okzidentalen Zivilisation ist. Nicht mehr die zornige Wildheit jenes Mädchens, das sich dagegen wehrt, geopfert zu werden. An die Stelle dieses Mädchens, das schlechthin Recht hat, ist eine aggressive Person getreten, die bereit ist, sich die ganze Welt zu unterwerfen und diese zu zerstören. Die Opferbereitschaft in Liebe zu ihrem Volk hat sich in Aggression gegen alle verwandelt, die nicht zu diesem Volk gehören, gegen alle also, die nichts damit zu tun haben, daß sie geopfert wird. Indem Iphigenie sich zivilisiert und bereit ist, geopfert zu werden, wird sie aggressiv gegen alle Welt und zum Motor jener Aggression, die ihr Vater als Feldherr leitet: »Dieses einen Mannes Leben wiegt ja tausend Frauen auf. Soll ich ihr entgegentreten, Göttern ich, die Sterbliche? ... Tötet mich, verwüstet Troja. ... Knechte sind sie, Freie wir!« Sie entwickelt jetzt, da sie zivilisiert ist, das aggressive Programm des Okzidents. Dabei hat sie eine klare Vorstellung davon, was Hochmut gegenüber den Göttern ist. Würde sie ihr Opfer ablehnen, wäre dies ein Akt des Hochmuts und des Stolzes, es wäre der Versuch, sein zu wollen wie Gott. So fragt man dann durch die Jahrhunderte: Wer ist wie Gott? Wer hat das Recht, ein Opfer zu verweigern, das Gott will? Iphigenie ruft, ohne den Namen zu kennen, den Erzengel Michael an: Wer ist wie Gott! »Soll ich ihr (Artemis) entgegentreten, Göttern ich, die Sterbliche?«

Diese Iphigenie kann den Glauben Abrahams, der darin besteht, seinen Sohn nicht zu töten, überhaupt nicht verstehen. Von ihrem Standpunkt aus begeht Abraham einen Akt des Hochmuts und des Stolzes; und mit dem Erzengel Michael zusammen wird sie Abraham entgegenrufen: Wer ist wie Gott! Wenn heute Ernst Topitsch ein Buch mit dem Titel »Gottwerdung durch Revolution« schreibt, so tönt uns daraus immer noch die Stimme der Iphigenie des Euripides entgegen, die die zornige und schreiende Klytaimestra in die Hölle schickt: »Tötet mich, verwüstet Troja. ... Knechte sind sie, Freie wir!« Und wiegt ein Mann nicht tausend Frauen auf? Freiheit, das ist, andere zu Knechten zu machen, eine Sache von Herren. Freiheit bedeutet nicht, daß niemand Sklave ist. Freiheit bedeutet, Sklaven machen zu können und dabei zu siegen.

Es ergibt sich ein Opferkreislauf, der die ganze Gesellschaft umfaßt. Agamemnon opfert seine Tochter Iphigenie, deren Opfer von Artemis und dem Heer gefordert wird, um Troja zu erobern. Agamemnon ist dadurch zum tragischen Helden geworden, der seine Tochter hingegeben hat, um sein Schicksal, Troja zu erobern, verwirklichen zu können. Er kann nicht mehr zurück. Nachdem er seine Tochter geopfert hat, muß er jetzt Troja erobern oder sterben. Käme er als Geschlagener und als Verlierer zurück, wäre er ein einfacher Kindermörder. Das Opfer der Iphigenie wäre umsonst gewesen, sie wäre getötet worden ohne jeden Sinn. Der Seher, der verkündete, daß die Göttin Artemis dieses

Opfer Iphigenies als Preis verlangte, würde zum Betrüger werden und Artemis eine Göttin ohne jede Macht. Der Götterhimmel Griechenlands wäre zusammengebrochen.

Agamemnon mußte jetzt über Troja siegen, damit das Opfer der Iphigenie fruchtbar würde. Siegte er nicht, wäre das Opfer umsonst gewesen, und alles Leben Griechenlands verlöre seinen Sinn. Agamemnon kämpft nicht nur um Troja, er kämpft um den Sinn seiner Tat. Er hat zwar Iphigenie getötet, hält sich aber nicht für einen Mörder. Er hat sie geopfert. Nun muß er Troja ermorden, damit er nicht zum Mörder seiner Tochter wird. Gelänge es ihm nicht, würde das Opfer ungültig, und er müßte als Mörder sterben.

Indem Agamemnon seine Tochter opferte, verbrannte er alle Brükken hinter sich. Er hat den Feldzug in ein Sinnproblem umgewandelt, in ein Existenzproblem seiner eigenen Kultur, seiner selbst und aller Griechen. Durch dieses Opfer seiner Tochter entsteht eine Situation, in der alles auf der Welt sinnlos würde, wenn man Troja nicht eroberte und zerstörte. Das Opfer der Iphigenie ist das Zentrum des Feldzuges. Der Sieg erst beweist, daß die Tötung der Iphigenie ein Opfer und kein Mord war, daß der Seher ein wahrer Seher ist und daß es den griechischen Olymp gibt. Durch das Opfer wurde alles auf eine einzige Karte gesetzt. Hätte Agamemnon nicht gesiegt, wäre Iphigenie umsonst gestorben. Iphigenie mußte ihrer Opferung zustimmen, um diese Frage zum Extrem zu führen. Sie selbst stellt daher die Sinnfrage, wenn sie sagt: »Tötet mich, verwüstet Troja! ... Knechte sind sie, Freie wir!« Sie steht für ihr Opfer als Selbstopfer ein, macht aber die Eroberung Trojas zur Bedingung der Rechtfertigung. Später, als Priesterin bei den Taurern, wird sie immer als erstes die Frage stellen: »Ist Troja gefallen?« Denn wäre Troja nicht gefallen, wäre ihr Opfer umsonst gewesen.

Ist einmal das Opfer gebracht, so ist die Zerstörung Trojas der einzig mögliche Beweis, daß es ein Opfer war und daß es zu Recht gefordert wurde. In der Zerstörung Trojas wird das Opfer fruchtbar. Daher diese einmütige Anklage gegen Klytaimestra. Sike streitet den Sinn des Opfers der Iphigenie ab und daher den Sinn Griechenlands überhaupt. Sie hätte recht gehabt, Agamemnon zu töten, hätte er den Krieg gegen Troja verloren.

Euripides beendet sein Drama »Iphigenie in Aulis« mit einem Verwechslungsspiel. Agamemnon opfert Iphigenie, aber Artemis unterlegt ihm eine Hindin und entführt Iphigenie. Agamemnon aber ist überzeugt, seine Tochter getötet zu haben. Die Bereitschaft der Iphigenie, sich zu opfern, genügte. So kann die Geschichte der Iphigenie fortgesetzt werden.

Artemis führt Iphigenie auf eine wüste Insel zu den Taurern (der heutigen Halbinsel Krim). Dort wird sie die Priesterin der Artemis am Hofe des Königs der Taurer, Thoas. In dieser Funktion vollzieht sie einen alten Ritus der Taurer, der darin besteht, alle Fremdlinge und insbesondere alle Griechen, die an die Küsten des Landes verschlagen werden, der Artemis zu opfern. Jetzt wird sie, die der Artemis geopfert wurde, zur Opferpriesterin, die andere der Artemis opfert.

Sie ist allerdings jetzt eine Frau, die ihren Vater und alle Griechen anklagt: »als rasenden Sinnes einst der Vater zückt' den Mordstahl wider meinen Hals! ... Ach, ein Vater, der kein Vater war, bestimmte mein Geschick!«[3] Über die Griechen sagt sie: »Ich hasse ja ganz Hellas, das mich mordete.«[4] Sie scheint sich nicht einmal mehr daran zu erinnern, daß sie ja in Aulis ihrer eigenen Opferung durch ihren Vater Agamemnon freudig zugestimmt hatte. Die Tatsache, daß sie die Griechen jetzt opfert, aber erklärt sie durch das Gesetz der Taurer: »daß nicht ich am Morde schuldig sei, sondern daß Gesetz und Brauch sein Opfer fordre, weil's die Göttin so verlangt.«[5] »Mich zwingt ein fremder Wille, dem ich folgen muß.«[6]

Sie ist zur Furie geworden, die sich hinter dem Gesetz versteckt. Sie opfert jetzt die Griechen, die sie geopfert haben. Schließlich wird ihr Bruder Orest zusammen mit seinem Freund Pylades an die Küste von Tauris verschlagen. Orest hat seine Mutter Klytaimestra ermordet, um seinen Vater zu rächen, der seinerseits von Klytaimestra ermordet worden ist. Von den Eumeniden verfolgt, sucht er Erlösung. Artemis hat ihm Erlösung versprochen, wenn er ihr Bild, dem in Tauris die Griechen geopfert werden, nach Athen bringt.

Nachdem sich die Geschwister erkannt haben, bittet Orest Iphigenie um Hilfe. Sie erklärt wieder ihre Bereitschaft, sich selbst zu opfern: »Doch dich zu retten, weigre ich mich nicht, auch wenn ich selbst den Tod erleiden muß. Denn stirbt ein Mann, sehnt sich nach ihm das Haus; die Frau gilt wenig nur.«[7]

Sie flüchtet mit Orest und dem Bild der Artemis auf das Schiff des Orest. Ein Sturm aber verhindert ihre Abfahrt. König Thoas erwartet sie am Strand, um sie gefangen zu nehmen und als Opfer darzubringen. Wieder steht Iphigenie vor dem König, der sie opfern will. Und wieder greift Artemis ein, um sie vor dem Opfertod zu retten. Artemis zwingt Thoas, Iphigenie fahren zu lassen. Thoas unterwirft sich ihrem Willen:

»Wie ziemte Kampf mit Göttern, die so mächtig sind.«[8] Auch er verzichtet nicht darauf, Opfer zu bringen; auch er entdeckt die Freiheit nicht, die darin besteht, keinen Menschen zu opfern. Er steht dem Gesetz der Artemis gegenüber, die ihm das Opfer verbietet, und unterwirft sich.

Artemis spricht sich jetzt gegen alle Menschenopfer aus: »Begeht man als Ersatz für deinen Opfertod das Fest, so ritz' der Stahl der Priesterin blutig den Nacken eines Mannes, damit der Göttin heil'ges Recht gewahret bleib'.«[9]

Das Menschenopfer ist weiterhin legitim, aber es ist jetzt verboten. Die Perspektive einer Freiheit, die das Menschenopfer ausschließt, taucht nicht auf. Iphigenie aber hat Orest, zusammen mit Artemis, vor den Eumeniden gerettet. Damit hat sie ihrem Vater verziehen, daß er sie geopfert hat, und ihre Mutter verurteilt, die ihren Opfertod gerächt hat. Sie ist völlig in den Kreislauf des Menschenopfers eingestiegen, und dieses kann jetzt seine religiöse Verkleidung aufgeben. In seiner religiösen Form wird es symbolisiert, in seiner realen Form säkularisiert. Aber alles bleibt im Grunde wie zuvor. Das Gesetz der Artemis verbietet jetzt zwar das religiöse Menschenopfer, aber es verbietet nur dieses. Das Menschenopfer geht weiter, denn die Freiheit, die darin besteht, keinen Menschen zu opfern, ist nicht erschienen. Schon der Tod des Sokrates ist ein säkularisiertes Menschenopfer, das nun keine religiöse Form mehr braucht. Die Polis verurteilt ihn im Namen des Gesetzes, und er selbst stimmt zu, geopfert zu werden. Folglich trinkt er freiwillig den Giftbecher.


## Der Christus der mittelalterlichen Orthodoxie

In diesem griechischen Mythos der Iphigenie sind offenbar wesentliche Elemente des mittelalterlichen Christusbildes vorgegeben. Je mehr daher dieses Christusbild entwickelt wurde, um so mehr mußte die griechische Tradition als anima naturaliter cristiana erscheinen. Setzt man Gott-Vater an die Stelle von Agamemnon und Christus an die Stelle der Iphigenie, ergibt sich eine Beziehung, die der mittelalterlichen Vorstellung sehr nahekommt. Hier ist es allerdings der Vater selbst, der dieses Opfer will; und das Opfer ist sein eigener Sohn. Es geschieht für die Erlösung der Menschheit vom gerechten Zorn des Vaters – vom Zorn darüber, daß die Menschen das Gesetz gebrochen haben –, der eine solch große Genugtuung braucht, daß nur der Tod seines eigenen Sohnes ihm genügen kann. Dieser bietet sich selbst als Opferlamm an. Es ist die Gerechtigkeit des Vaters, die ihm verbietet, den Menschen ohne eine solche Genugtuung zu verzeihen.

Ein Verwechslungsspiel braucht hier nicht stattzufinden. Der Sohn wird geopfert und erlebt seine Auferstehung. Gott-Vater braucht keine Hirschkuh unterzuschieben, damit die Handlung weitergehen kann. Die ganze Opferbeziehung ist transzendental geworden. Aus der Iphigenie bei den Taurern ist der auferstandene Christus geworden, auch er ein Priester, der allerdings jetzt sein eigenes Opfer verwaltet. Christus ist jetzt der Priester, der nicht irgendein Tier oder einen Menschen als Opfer dargebracht hat, sondern sich selbst. Da er Gott ist, hat dieses Opfer einen unendlichen Wert. Danach kann es kein neues Opfer mehr geben; keines könnte mit dem seinen verglichen werden. Gott-Vater hat es angenommen; und in ihm können alle Menschen versöhnt werden. Aus dem Opfer Christi folgt daher mit innerer Notwendigkeit, daß es das letzte Opfer ist. Kein anderes könnte je Gott gefallen, denn Gott hat Genugtuung bekommen.

Nicht das Opfer selbst wird abgeschafft; im Gegenteil, es wird unterstrichen. Es hat die gleiche Qualität wie alle vorherigen Opfer. Im Unterschied dazu ist es aber von unendlichem Wert. Es erdrückt alle anderen Opfer, es ist so groß, daß daneben kein anderes mehr Platz hat. Und dieses Opfer hat Gott gefallen. Diese das Mittelalter beherrschende Opfertheologie finden wir bereits in dem vielleicht spätesten Brief des Neuen Testaments, nämlich im Hebräerbrief, der zu Unrecht Paulus zugeschrieben wurde. Hier wird ein Opfer vorgestellt, das unendlichen Wert hat, alle sonst denkbaren Opfer beiseite schiebt und die Menschheit erlöst. Von diesem Zeitpunkt an kann es also kein weiteres Opfer mehr geben.

Tatsächlich entsteht aber nicht die Vorstellung einer Welt ohne Opfer, sondern einer Welt, die von einem einzigen unendlich wertvollen Opfer völlig ausgefüllt ist. Es entsteht eine Welt, in der kein Ort mehr bleibt, an dem man nicht diesem Opfer unterworfen ist. Scheinbar aber gibt es in dieser Welt keine Opfer mehr; scheinbar gehören die Opfer der Vergangenheit an.

Diese Welt ohne Opfer entsteht aus der Fruchtbarkeit eines einzigen Opfers. Das ist der Horizont des Mittelalters. Die Grundlage dieser Vorstellung bleibt der Glaube, daß das Menschenopfer, gerade weil der geopferte Mensch Gott ist, von wesentlicher Fruchtbarkeit war. Daraus aber wird gefolgert: Niemals darf wieder ein Opfer stattfinden, Christus darf nicht aufs neue gekreuzigt werden. Und so entsteht die Vorstellung des Feindes Gottes, der dieses unendliche Opfer Christi verachtet, sein Blut in den Schmutz zieht, der, indem er sich diesem Opfer Christi nicht unterwirft und es nicht für sich fruchtbar macht, Christus aufs neue kreuzigt.

Die Vorstellung einer Menschheit ohne Opfer verkehrt sich jetzt in die Aggression gegen diejenigen, die weiterhin Opfer bringen oder auf sonstige Weise das Blut Christi verachten. Es gilt jetzt, diese Feinde Christi zu unterwerfen und dadurch eine Menschheit zu schaffen, die Christus nicht mehr aufs neue kreuzigt, indem sie sein unendliches Opfer durch neue, endliche Opfer ersetzt. Christus wird in den Herrn der Geschichte verwandelt, dem alles gehört, weil er alles erlöst hat.

Und so steht denn jeder (vorchristliche) Priester Tag für Tag da, um den Dienst zu verrichten und oftmals dieselben Opfer darzubringen, die doch niemals die Sünden wegnehmen können. Dieser (Christus als Hoherpriester) aber hat ein einziges Opfer für die Sünden dargebracht und sich dann für immer zur Rechten Gottes gesetzt. Hinfort wartet er, bis seine Feinde ihm als Schemel zu seinen Füßen gelegt sind. Durch eine einzige Opfertat hat er auf immer die vollendet, die sich heiligen lassen. Das bezeugt uns aber auch der Heilige Geist. Nachdem er nämlich gesagt hat: Das ist der Bund, den ich mit ihnen schließen werde nach jenen Tagen, spricht der Herr: Meine Gesetze will ich ihnen ins Herz legen und in ihren Sinn schreiben, und ihrer Sünden und ihrer Frevel will ich nicht mehr gedenken. Wo aber Vergebung für diese gewährt ist, da bedarf es keines Opfers mehr für die Sünden (Hebr 10,11–18).

Was aber tun diejenigen, die zum vorchristlichen Opfer zurückkehren?

Es ist nämlich unmöglich, solche, die einmal erleuchtet worden sind und die himmlische Gabe gekostet haben ... und dann dennoch abgefallen sind, wiederum zu neuer Umkehr zu bringen, da sie den Sohn Gottes für ihre Person abermals kreuzigen und zum öffentlichen Gespött machen (Hebr 6,4–6).

Die Vorstellung, daß diejenigen, die von Christus abfallen oder nicht an ihn glauben, ihn aufs neue kreuzigen, bekommt dadurch einen äußerst aggressiven Hintergrund. Christus soll nie wieder gekreuzigt werden, aber diese Menschen kreuzigen ihn aufs neue. Sie werden daher zu Feinden Gottes, von denen man sich vorstellt, daß sie Christus schlagen, geißeln, beleidigen. Sie müssen daran gehindert werden, Christus aufs neue zu kreuzigen, und bestraft werden, wenn sie es tun.

Wenn wir nämlich mutwillig sündigen, nachdem wir die klare Erkenntnis der Wahrheit erlangt haben, dann bleibt kein Opfer für die Sünden mehr übrig, wohl aber eine Erwartung des furchtbaren Gerichts und des Zornes eines Feuers, das die Widersacher verzehren wird. Wenn einer das Gesetz des Mose verworfen hat, so muß er aufgrund von zwei oder drei Zeugen ohne Erbarmen sterben. Einer wieviel schwereren Strafe, meint ihr wohl, wird der für schuldig erachtet werden, der den Sohn Gottes mit Füßen getreten und das Blut des Bundes, durch das er geheiligt worden ist, gemein geachtet und den Geist der Gnade verhöhnt hat? Wir kennen doch den, der gesagt hat: Mein ist die Rache, ich will vergelten, und wiederum: Der Herr wird sein Volk richten. Schrecklich ist es, in die Hände des lebendigen Gottes zu fallen (Hebr 10,26–31).

In Wirklichkeit ist es doch wohl schrecklich, daß es so schrecklich sein soll, in die Hände des lebendigen Gottes zu fallen. Was sich hier ankündigt, ist die Kreuzigung der Kreuziger, das zentrale Herrschaftsinstrument des christlichen Imperiums. Es tritt auf im Hebräerbrief, der am extremsten den Glauben Abrahams als Bereitschaft, seinen Sohn Isaak zu töten, interpretiert. Es ist derselbe Brief, in dem unter den Beispielen des lebendigen Glaubens Jiphtach herausgestellt wird (Hebr 11,32–34), der seine Tochter opferte aus Dankbarkeit für seinen Sieg im Krieg. Jiphtachs Geschichte ist geradezu eine Replik auf das Opfer der Iphigenie.

Natürlich wird der Hebräerbrief geschrieben, als das Christentum noch keine imperiale Religion ist, sondern vom Imperium verfolgt wird. Daher richtet er sich gegen die Abtrünnigen. Sobald aber das Imperium sich christianisiert, nimmt es gerade diese Ideen auf, um sie jetzt vom Standpunkt des Imperiums her zu interpretieren. Es spricht sogar einiges dafür, daß das Imperium sich christianisiert, weil es vom Christentum diese Art Ideen nehmen und in eine imperiale Ideologie umwandeln konnte. Daraus ergibt sich eine völlig neue Legitimation der imperialen Macht.

Das Imperium bekämpft jetzt alle als Kreuziger Christi, die ihm gegenüber Widerstand üben oder nur gleichgültig sind oder es überhaupt nicht kennen. Alles, was nicht der Macht des Imperiums unterworfen ist, wird in Kreuziger Christi verwandelt und muß daher gekreuzigt werden. Die Kreuzigung der Kreuziger gibt der Aggressivität des Imperiums eine ungeahnte Legitimation, über die das römische Imperium nicht verfügte und die das Christentum zu einem so reizvollen Instrument für die imperiale Macht werden ließ.

Das Imperium kämpft jetzt um eine Welt, in der es keine Opfer mehr gibt. Diejenigen, gegen die es kämpft, wollen weiterhin Opfer bringen und dadurch das Blut Christi gemein achten. Nachdem es für schrecklich erklärt worden war, in die Hände des lebendigen Gottes zu fallen, wurde es um so schrecklicher, in die Hände seines Stellvertreters, des christlichen Imperiums, zu fallen.

So kommen im Mittelalter die Menschenopfer wieder, gerade deshalb, weil es keine Menschenopfer mehr geben soll. Denn der Kreuziger bringt angeblich ein Menschenopfer dar und muß deshalb sterben. Die Scheiterhaufen, auf denen die verbrannt werden, die weiterhin Christus kreuzigen und opfern wollen, flammen vor den Kathedralen auf. Schlagen die Flammen empor, singen die Gläubigen des Te Deum. Sie merken gar nicht, daß sie Menschen opfern, und zwar ohne jede Säkularisierung, in religiöser Form.

Die Heere des christlichen Imperiums, die durch die Kreuzigung der Kreuziger das Imperium ständig vergrößerten, entdeckten, als sie nach Amerika kamen, daß dort tatsächlich Menschenopfer dargebracht wurden. Und damit war begründet, daß diejenigen, die solches taten, sterben mußten. Niemand kam auf die Idee, daß hier mit dem Menschenopfer das Menschenopfer ausgetrieben werden sollte. Im Bewußtsein der christlichen Heere handelte es sich um einen endgültigen Kampf gegen das Menschenopfer, dagegen, daß Christus aufs neue gekreuzigt würde. Es war ein Kampf, der darauf gerichtet war, die Früchte des unendlich wertvollen Opfers, das Christus gebracht hatte, nicht zu verlieren. Damit das Opfer Christi seinen unendlichen Wert behalte, der darin bestand, daß es nie wieder Opfer geben solle, ging man zum Menschenopfer über.

Der Opferkreislauf ist wiederum geschlossen, wenn auch in einer transzendentalen Perspektive. Einer ist für das Heil der ganzen Welt gestorben. Bringt sein Tod nicht der gesamten Welt das Heil, ist er umsonst gestorben. Diejenigen, die das Blut dieses unendlichen Opfers verachten, machen damit alles zu einer großen Lüge. Das Opfer bewirkt, daß es kein Zurück mehr gibt; alle Brücken sind abgebrochen. Man muß nicht nur Troja, man muß die ganze Welt erobern, damit das Opfer nicht umsonst gestorben ist. Wäre es aber umsonst gestorben, dann gäbe es Gott nicht, dann wäre Gott ein Irrtum, dann wüßten wir nicht, wofür wir leben. Die, die nicht an Gott glauben, wollen, daß dieses unendliche Opfer umsonst gestorben ist, und machen damit Gott zum Mörder. Die ganze Welt muß erobert werden, um zu beweisen, daß es Gott gibt.

Damit das Opfer Sinn hat, muß man beweisen, daß es Sinn hat. Die ganze Welt zu erobern, das ist der Beweis, daß das Opfer Sinn gehabt hat. So ruft auch aus dem Mund dieses Christus der mittelalterlichen Orthodoxie die christianisierte Iphigenie: »Tötet mich, verwüstet Troja. ... Knechte sind sie, Freie wir!«

Der Glaube Abrahams aber war, daß es keine Opfer geben solle, nicht, daß ein ursprüngliches Opfer eine solche Fruchtbarkeit habe, daß es alle weiteren Opfer überflüssig mache. Dieser Glaube Abrahams scheint im Mittelalter überhaupt nicht existent. Dennoch ist er gegenwärtig; er ist jetzt nur als Luzifer in die Hölle verbannt. In Wirklichkeit kämpft das Mittelalter gegen diesen Glauben Abrahams, der der Glaube Jesu ist. Dieser Glaube wird als zum Judentum gehörig empfunden; und damit wird dem Judenhaß Tür und Tor geöffnet. Darüber sagt Friedrich Heer:

> Der mörderische Judenhaß von Christen, vom 4. zum 20. Jahrhundert, richtet sich in seiner tiefsten Dimension gegen den Juden Jesus, an dem Christen verzweifeln, den sie hassen, den sie verantwortlich machen – mit dem Teufel und dem Juden – für die schwere Last der Geschichte. Der Jude Jesus wird in tausend Bildern abgetötet: der Kyrios, der »Truchin«. ... Der Himmelskaiser und Himmelskönig Christus trägt kaiserliche, päpstliche, königliche, jupiterhafte Züge. So noch bei Michelangelo. Der Jude Jesus ist schuld. ...
> Eine tiefenpsychologische Untersuchung christlicher Theologen und Laien, von Kirchenführern und Kirchenschaften, würde sehr oft Einblick in diesen Abgrund in der Tiefe der Seele geben, wo der Jude Jesus gehaßt wird. Der Jude Jesus, der verdrängt wird durch die zweite göttliche Person, den Himmelskaiser, den Kyrios, den Gott Jesus Christus.[10]

Dieser Jude Jesus ist eben der Jesus, der den Glauben Abrahams hat. Er ist der wirkliche Gegner des christlichen Imperiums, das ihn jetzt in seinem eigenen Namen bekämpft. Denn Jesus trat ja gerade im Namen derer auf, die nun vom Imperium als Kreuziger Christi gekreuzigt werden. Die enorme Aggressivität und Aktivität, die das christliche Imperium entwickelt, ist die Folge davon, daß es gegen einen solchen Glauben ankämpft und ihn diabolisiert. Dieser Glaube ist also nicht abwesend. Gerade weil er bekämpft wird, entstehen die Kräfte dieses Imperiums.

Die jüdische Bevölkerung findet hierauf keine Antwort. Sie wird ins Ghetto verschlossen und verschließt im Ghetto sich selbst. Es entsteht eine Leidensmystik, die keinen Ausweg verspricht, außer vielleicht die ganz entfernte Hoffnung auf eine Rache Gottes, die weder fest angekündigt noch in irgendeiner Form vorweggenommen wird. Es entsteht eine unendliche Perspektive des Leidens, das seinerseits ein Schuldgefühl hervorbringt, das sich gegen sich selbst und nicht gegen andere richtet.

Micha Josef Bin Gorion schreibt in seinen »Sagen der Juden zur Bibel« eine legendarische Erzählung des Isaak-Opfers, die in dieser Zeit

entstanden sein könnte und genau die beschriebene Situation wiedergibt.[11]

Als Abraham mit Isaak den Berg Moriah heraufsteigt, kommt der
Satan, um ihn zu versuchen und sagt zu ihm: »Gott wird an einem
Menschen das nicht tun, daß er ihm sage: Geh hin und töte deinen
Sohn!«[12] Abraham widersteht der Versuchung, nein zum Opfer seines
Sohnes zu sagen. Die Versuchung hier ist das Gegenteil der biblischen
Versuchung Abrahams. In der Bibel besteht sie darin, daß Abraham
glauben könnte, die Aufforderung, seinen Sohn zu opfern, komme von
Gott. Jetzt besteht sie darin, zu glauben, die Aufforderung, seinen Sohn
zu opfern, könne nicht von Gott kommen.

Der Sinn des Leidens der Juden steht auf dem Spiel. Sie leben von
Pogrom zu Pogrom, aber sie glauben daran, Kinder Gottes und Abrahams zu sein. Das Leiden kann für sie nur von Gott kommen. Gott opfert seine Kinder, Abraham opfert seine Söhne. Das einzige aber, was sie
haben, ist der Glaube an den Gott Abrahams. Daher müssen sie schließen, die Versuchung sei, zu glauben, Gott könne dieses Opfer *nicht* fordern, bzw. die Versuchung Abrahams bestehe darin, zu glauben, daß
Gott das Opfer Isaaks *nicht* fordern könnte. Sie bestehen darauf, daß
ihr Leiden von Gott kommt.

Das ist verständlich, aber es führt zum Verzicht auf den Widerstand, der aus dem Glauben Abrahams notwendig gefolgt wäre. Damit
verzichten sie aber auf den Glauben Abrahams, der darin bestand, seinen Sohn nicht zu töten. Sie scheinen vom mittelalterlichen Christentum selbst in ihrer Seele überrollt worden zu sein, so daß sie ihre eigene
Freiheit nicht mehr denken können. Sie übernehmen daher eine Interpretation des Isaak-Opfers, die doch aus dem Christentum stammt und
gerade im christlichen Mittelalter die herrschende ist. Aus dieser Perspektive liest sich die Opfergeschichte so:

Am dritten Tage, da hob Abraham seine Augen auf und erblickte von ferne den
Ort, den der Herr ihm genannt hatte; darüber war eine Feuersäule, die von der Erde bis
zum Himmel reichte, und eine Wolke war über dem Berg, die hüllte die Herrlichkeit
Gottes ein. ... Da erkannte Abraham, daß sein Sohn Isaak dem Herrn als Brandopfer
lieb war.[13]

Auf die Frage Isaaks, wo das Opfertier sei, antwortet Abraham:

Mein Sohn, dich hat der Herr ersehen, daß du ihm ein unschuldig Opfer seist an
des Lammes Statt. Isaak sprach: Alles, was der Herr befohlen hat, will ich mit Freuden
und guten Mutes tun. Und Abraham sprach weiter: Mein Sohn, bekenne es offen, ob
in deinem Herzen nicht irgendein Gedanke wider diesen Befehl sich regt und ob du

nicht auf Rat sinnest, der unschicklich ist. ... Da erwiderte Isaak seinem Vater Abraham und sprach: So wahr Gott lebt ... Kein Bein von meinen Beinen und keine Faser meines Fleisches erzittert vor diesem Wort, ich habe keinen bösen Gedanken, und mein Herz ist fröhlich, ich bin guten Mutes, und ich möchte rufen: Gelobt der Herr, der mich heute zum Brandopfer ausersehen hat.

Da freute sich Abraham sehr ob dieser Worte Isaaks. Isaak sprach zu seinem Vater: Binde mich fest, Vater, und fessele mich, danach erst lege mich auf den Altar, damit ich mich nicht rühre und mich nicht losreiße, wenn das Messer in mein Fleisch dringt, und den Altar des Brandopfers nicht entweihe. ... Schnell, Vater, beeile dich und tu an mir den Willen des Herrn unseres Gottes. Da ward das Herz Abrahams und Isaaks froh: das Auge weinte bitterlich, aber das Herz war fröhlich.[14]

Nachdem Gott das Opfer verhindert hat und Abraham den Widder an seines Sohnes Statt geopfert hat, besprengte er »mit dem Blut des Widders den Altar und rief: Dies um meinen Sohn, dies Blut möge mir als das Blut meines Sohnes angerechnet werden vor dem Herrn.«[15]

In Micha Josef Bin Gorions Erzählung kommt die Vollkommenheitsvorstellung der Juden angesichts des ausbrechenden Pogroms zum Ausdruck. Sie wollen nicht an Gott zweifeln und sehen keinen anderen Ausweg, als diesen Tod zu betrachten, als käme er aus der Hand Gottes. Folglich sieht man ihn als eine Strafe für die Sünden an, selbst wenn man nicht einmal eine Vorstellung davon hat, um welche Sünden es sich handeln könnte.

Léon Poliakov zitiert aus dieser Zeit des Mittelalters folgenden Text, der diese Resignation zum Ausdruck bringt:

Kein Prophet, kein Weiser und kein Gelehrter können begreifen, warum die Sünden der Gemeinde als so schwerwiegend erachtet wurden, so daß nur der Tod ihre Entsühnung möglich machte, als hätte sie selbst Blut vergossen. Aber er ist in Wahrheit ein gerechter Richter, und die Schuld liegt bei uns! Unsere Sünden haben dem Feind den Triumph ermöglicht; die Hand des Herrn liegt schwer auf seinem Volke.[16]

Aber diese Interpretation führt zur Übernahme der christlich-mittelalterlichen Auffassung des Isaak-Opfers, die gerade der Verfolgung der Juden durch die Christen zugrunde liegt. Ein ebenfalls von Poliakov zitiertes jüdisches Gebet aus der gleichen Zeit kann das belegen:

Möge das Blut der Frommen unser Verdienst und unsere Entsühnung sein für uns selbst, für unsere Kinder und für unsere Engel in alle Ewigkeit, wie das Opfer des Abraham, der seinen Sohn Isaak an den Altar zum Opfer fesselte. Möchten die Reinen, diese Vollkommenen, diese Gerechten unsere Fürsprecher vor dem ewigen Gott werden, und möge er uns bald aus unserer Verbannung befreien. ... Amen![17]

Das Gebet hat den gleichen Sinn wie die vorher zitierte Legende. Abraham opfert Isaak, und Isaak opfert sich, indem er dieses Opfer in seinen eigenen Willen aufnimmt. Indem er das tut, entsteht eine Logik des Opfers. Dieser Isaak ähnelt der Iphigenie in Aulis des Euripides und dem mittelalterlichen Christus. Er hat eigentlich mit dem jüdischen Isaak-Opfer nichts mehr zu tun. Die Freiheit Abrahams liegt offensichtlich selbst für die Juden nicht mehr im Bereich ihres möglichen Bewußtseins.

Sie richten aber ihre Opfermystik nicht aggressiv nach außen, wie das im Christentum geschieht. Indem das Christentum den Opfertod Christi als Erlösung der Menschheit interpretiert, schafft es die Notwendigkeit, diesen Opfertod für alle Menschen fruchtbar zu machen und sich daher gegen alle zu wenden, die in diesem Opfertod das Blut Jesu verachten. Als der gemeinsame Nenner für alle diese Feinde, die weiterhin Christus kreuzigen, gelten die Juden, so daß diese Aggressivität sich primär gegen die Juden richtet. Die Juden schaffen keine gegengerichtete Aggressivität, sondern richten die aus dem Opfer folgende Aggressivität gegen sich selbst.

Die von der Legende beschriebene Situation Isaaks, in der er freudig auf das Messer des Vaters wartet, ist die Selbstzerstörung Isaaks angesichts einer Bedrohung, der gegenüber er sich nicht zu verhalten vermag. Die beschriebene Opfersituation aber impliziert dann ebenfalls jenes Verhalten, in dem ganze jüdische Gemeinden vor dem ausbrechenden Pogrom kollektiven Selbstmord begehen, indem sie sich gegenseitig einschließlich ihrer Kinder töten. Sie verhalten sich zueinander wie Abraham und Isaak zugleich. Poliakov beschreibt diese Situation wie folgt:

> Insbesondere das Opfer von Kindern, die von ihren eigenen Eltern ermordet wurden, wird mit dem von Abraham angebotenen Opfer verglichen; die Geschichte des Patriarchen und seines Sohnes wird mit der Bezeichnung Akeda (Opferung Isaaks) geradezu zum Symbol des jüdischen Märtyrertums. Eine der am meisten tragischen Stellen in der Chronik des Salomo-Bar-Simeon berichtet, wie Isaak der Fromme von Worms mit Zwang getauft wurde, dann nachts seine beiden Kinder in die Synagoge führt, sie dort auf dem Altar erwürgt, dann nach Hause zurückkehrt und Feuer daran legt, die Synagoge in Brand steckt und selbst in den Flammen umkommt.[18]

Dies ist die innere Zerstörung, die als einzige Antwort auf die nach außen gerichtete Aggressivität des Christentums bleibt. Dasselbe Opfer, das vom Christentum aggressiv gegen die Juden gelenkt wird, führt bei den Juden, indem es internalisiert wird, zu ihrer inneren Zerstörung. Es handelt sich um eine innere Zerstörung, die völlig lähmt und dem von außen auferlegten Ghetto ein selbstauferlegtes Ghetto hinzufügt. Als das Christentum mit Gewalt nach Amerika gebracht wird, provoziert es in der Indiobevölkerung Amerikas eine ganz ähnliche innere Paralysierung.

In dieser Form wird die Iphigenie bei den Taurern des Euripides christianisiert und in die religiöse Sprache des Mittelalters übersetzt. Es ist nicht mehr Iphigenie, die aus Haß gegen Hellas die ankommenden Griechen opfert. Christus ist es jetzt, in dessen Namen die Menschen aus Liebe geopfert werden, indem das christliche Imperium um eine Welt kämpft, in der es keine Menschenopfer mehr gibt. Das erklärt, daß die christliche Iphigenie sich nicht bewußt ist, Menschenopfer zu bringen, und daher auch ihr Gewissen nicht im geringsten belastet ist. Vielmehr treibt das Gewissen die christliche Iphigenie zum Menschenopfer an. Daher kann dieses Christentum aus Gewissensgründen nicht auf das Menschenopfer verzichten. Es hat eine wirkliche Christus-Iphigenie geschaffen.

### Die bürgerliche Iphigenie

Das Gesetz des christlichen Imperiums ist das Gesetz der Kreuzzüge. Es muß sich ausbreiten durch die Kreuzigung der Kreuziger. Vom 16. Jahrhundert an tritt immer mehr das Gesetz der bürgerlichen Gesellschaft an dessen Stelle, das vom Bürgertum des 16. und 17. Jahrhunderts als Gesetz Gottes erlebt wird, ganz im Sinne des: »Meine Gesetze will ich ihnen ins Herz legen und in ihren Sinn schreiben, und ihrer Sünden und ihrer Frevel will ich nicht mehr gedenken.« Es handelt sich um das Marktgesetz, das zumindest seit John Locke als ein solches Gesetz Gottes und gleichzeitig als Naturgesetz aufgefaßt wird. Das Imperium wird jetzt bürgerlich und zum Vertreter dieses Naturgesetzes. Es braucht nicht mehr das christliche Gewand und kann sich, ausgehend von diesem Naturgesetz, säkularisieren.

### Die Säkularisierung des mittelalterlichen Mythenhimmels

Gott hat dieses Gesetz in die Herzen der Menschen eingeschrieben, so sagen es die bürgerlichen Denker. Die bürgerliche Säkularisierung des mittelalterlichen Mythenhimmels durch die Aufklärung wird alle diese Mythen weiterführen, indem sie ihnen eine säkularisierte Form gibt und sie um dieses Naturgesetz herum ansiedelt. Nachdem die Mythen eine neue Form erhalten und dadurch ihren religiösen Charakter eingebüßt haben, scheinen sie das Ergebnis der Vernunft selbst zu sein. In dieser Form aber bleiben sie erhalten und werden über die Grenzen der Geltung der christlichen Religion hinaus universalisiert. Die portugiesisch-spanische Kolonialisierung ist christlich, die englische und alle späteren sind es aber nicht mehr und brauchen es nicht mehr zu sein. Indem man der Mythenwelt eine säkulare Form gibt und sie mit dem bürgerlichen Naturrecht verknüpft, ist die religiöse Form überflüssig, obwohl sie weiterhin als komplementäres Element benutzt werden kann und benutzt wird.

An die Stelle des Luzifer-Teufels tritt das Chaos; und das Naturgesetz, das nichts anderes ist als das Marktgesetz, kämpft gegen dieses Chaos. Das Chaos hat alle Charakteristiken des Luzifer-Teufels und noch einige mehr. Das Naturrecht rettet vor diesem Chaos, das meistens auch weiterhin den Namen Luzifers führt. Alle Welt weiß, daß Luzifer das Chaos ist. Was nicht alle Welt weiß, ist, daß Luzifer einer der frühesten Jesus-Namen ist. Man will es auch nicht wissen, weil man nicht wissen will, daß in diesem Chaos eben der Jesus von Nazareth untergetaucht ist, den Friedrich Heer völlig zu Recht den Juden Jesus nennt. Er bleibt in der Hölle, obwohl diese zum Chaos säkularisiert worden ist.

Das Naturgesetz als Marktgesetz aber hält das Chaos in Schach und mit ihm die Despotie. Denn das Chaos führt zur Despotie, die nur das geordnete Chaos ist. Despotie aber heißt: Widerstand gegen die Marktgesetze zu üben und in den Markt zu intervenieren. So tritt ein neues Gesetz Gottes in seiner Säkularisierung als Naturgesetz auf, das das religiös formulierte Gesetz der imperialen Macht des Mittelalters ablöst. Diejenigen, die nicht unter dem Marktgesetz leben oder Widerstand dagegen ausüben, werden zu Feinden der Menschheit – John Locke sagt vornehmlich: Feinde der Gattung Mensch –, wie es im Mittelalter Verächter des Blutes Christi waren. Kreuzigte man im Mittelalter alle Menschen, die nicht zur herrschenden Macht gehörten, weil sie Kreuziger waren, so hieß es jetzt: Despotie für die, welche die Despotie wollen; Sklaverei für die, die uns zu Sklaven machen wollen; Tod für die, die uns töten wollen. John Locke formulierte diese Inversion als erster und bleibt der Klassiker dieser Säkularisierung. Keine Freiheit für die Feinde der Freiheit, sagt Saint-Just; und keine Toleranz für die Intoleranten, sagte schließlich Karl Popper. Und diejenigen, die die Despotie errichten wollen, die uns zu Sklaven machen wollen, die uns töten wollen, die Intoleranten, das sind alle diejenigen, die nicht unter dem Marktgesetz leben wollen oder Widerstand dagegen ausüben. Daher muß man sie der Despotie unterwerfen, sie zu Sklaven machen, töten, sie der Freiheit berauben und ihnen gegenüber intolerant sein. John Locke kennt drei Gewalten: die väterliche Gewalt in der Familie, die politische Gewalt im Staat und die despotische Gewalt gegenüber allen, die kein Eigentum haben, insbesondere gegenüber den Sklaven. Alle drei sind für ihn gleich legitim.

Die Despotie ist alles, was nicht dem Marktgesetz unterliegt, alle Gesellschaften, die nicht Marktrepubliken sind. Für John Locke und Adam Smith handelt es sich daher praktisch um alle Länder, ausgenommen England. Die Indianer Nordamerikas, die Afrikaner Afrikas, die Gesellschaften Asiens, alle Monarchien und heute insbesondere die sozialistischen Länder sind demnach Despotien. Ihnen gegenüber ist die despotische Gewalt der freien Länder legitim, sie ist eine Contradespotie, die alle Despotien vernichten wird. Adam Smith hat keinen Zweifel daran, daß die despotische Gewalt, die von der Bourgeoisie ausgeübt wird, durchaus despotischer ist als die Despotien, die es zu überwinden gilt. Daher kann er sagen:

Sofern das Gesetz den Sklaven gegen die Gewalttätigkeit seines Herrn einigermaßen schützt, so wird es in einer Kolonie, deren Regierung großenteils willkürlich ist, genauer befolgt werden als in einer solchen, wo sie völlig frei ist. In jedem Lande, wo das unglückselige Gesetz der Sklaverei gilt, mischt sich die Obrigkeit, wenn sie den Sklaven beschützt, mehr oder weniger in die Verwaltung des Privateigentums des Herrn und darf dies in einem freien Lande, wo der Herr entweder Mitglied einer Kolonial-Versammlung oder Wähler eines solchen Mitglieds ist, sich nur mit der größten Vorsicht und Behutsamkeit erlauben. Die Achtung, mit der sie den Herrn zu behandeln hat, macht es ihr schwerer, den Sklaven zu beschützen.[19]

Er gibt sogar ein eindrucksvolles Beispiel:

Als Vedius Pollio in Gegenwart des Augustus einen seiner Sklaven, der sich ein leichtes Vergehen hatte zuschulden kommen lassen, in Stücke hauen und in seinen Fischteich werfen lassen wollte, um seine Fische damit zu füttern, befahl ihm der Kaiser mit Entrüstung, nicht nur diesen, sondern auch alle übrigen ihm gehörigen Sklaven sofort freizugeben. Unter der Republik hätte keine Obrigkeit Ansehen genug gehabt, den Sklaven zu beschützen, geschweige denn, den Herrn zu strafen.[20]

Um hiervon ausgehend die freie Gesellschaft als die bessere darstellen zu können, braucht man das Argument des Fortschritts. Adam Smith ist sich der Wirkung dieses Fortschritts so sicher, daß ihn die von ihm selbst betonte Tatsache, daß der Gegendespotismus eines freien Landes größer ist als der Despotismus, den es zu überwinden gilt, überhaupt nicht beunruhigt. In der Perspektive des Fortschritts nämlich wird es überhaupt keinen Despotismus mehr geben.

Das absolute Marktgesetz, das dem Chaos konfrontiert ist, führt daher zur Harmonievorstellung und durch die Harmonie hindurch zum Fortschritt. Marktharmonie und Fortschritt zusammen säkularisieren den Himmel des Mittelalters. Sie werden zum Gegengewicht der Menschenopfer, die die despotische Gewalt des Naturgesetzes des Marktes fordert, um das Chaos unterdrücken zu können.

Es ist wieder Adam Smith, der diesen Kreislauf einleitet:

Aber in einer zivilisierten Gesellschaft kann der Mangel an Nahrungsmitteln nur unter den unteren Volksklassen einer weiteren Vermehrung der Menschen Schranken setzen, und er kann dies nur dadurch, daß er einen großen Teil der Kinder, die ihre fruchtbaren Ehen hervorbringen, tötet. ... So geschieht es, daß die Nachfrage nach Menschen, gerade wie die nach jeder anderen Ware, notwendig auch die Erzeugung der Menschen reguliert: sie beschleunigt sie, wenn sie zu langsam vor sich geht, und sie verzögert sie, wenn sie zu rasch fortschreitet.[21]

Er beschreibt hier die Opfer, die die bürgerliche Gesellschaft bringen muß, um den Despotismus zu überwinden, den diese Gesellschaft immer als Tyrannei und Menschenopfer sieht. Aber es sind Anti-Opfer, Opfer, die sichern, daß es schließlich keine Opfer mehr gibt. Es sind gleichzeitig Opfer, die den Fortschritt sichern und dadurch legitimiert werden. Friedrich A. Hayek legt dieses Kalkül des Opfers ganz offen:

Eine freie Gesellschaft braucht eine bestimmte Moral, die sich letztlich auf die Erhaltung des Lebens beschränkt: nicht auf die Erhaltung allen Lebens, denn es könnte notwendig werden, das eine oder andere individuelle Leben zu opfern zugunsten der Rettung einer größeren Anzahl anderen Lebens. Die einzig gültigen moralischen Maßstäbe für die Kalkulation des Lebens können daher nur sein: das Privateigentum und der Vertrag.[22]

Dieses Opferdenken ist in der bürgerlichen Gesellschaft durchaus allgemein. Selbst Nietzsche vertritt es:

Das Wesen des wahrhaft Moralischen liege darin, daß wir die nächsten und unmittelbarsten Folgen unserer Handlungen für den Anderen in's Auge fassen und uns darnach entscheiden? Dies ist nur eine enge und kleinbürgerliche Moral, wenn es auch Moral sein mag: aber höher und freier scheint es mir gedacht, auch über diese nächsten Folgen für den Anderen *hinwegzusehen* und entferntere Zwecke unter Umständen *auch durch das Leid des Anderen* zu fördern. ... Dürfen wir unseren Nächsten nicht wenigstens so behandeln, wie wir uns behandeln? ... Gesetzt, wir hätten den Sinn der Aufopferung für uns: was würde uns verbieten, den Nächsten aufzuopfern? – so wie es bisher der Staat und der Fürst thaten, die den einen Bürger den anderen zum Opfer brachten, »der allgemeinen Interessen wegen«, wie man sagte. Aber auch wir haben allgemeine und vielleicht allgemeinere Interessen: warum sollten den kommenden Geschlechtern nicht einige Individuen der gegenwärtigen Geschlechter zum Opfer gebracht werden dürfen? sodaß ihr Gram, ihre Unruhe, ihre Verzweiflung, ihre Fehlgriffe und Angstschritte für nöthig befunden würden, weil eine neue Pflugschar den Boden brechen und fruchtbar für Alle machen solle? ... Wir dagegen würden doch durch das Opfer – in welchem wir *und die Nächsten* einbegriffen sind – das allgemeine Gefühl der menschlichen *Macht* stärken und höher heben, gesetzt auch, daß wir nicht Mehr erreichten. Aber schon dies wäre eine positive Vermehrung des Glückes.[23]

Die zugrundeliegende Vorstellung des Fortschritts hat bereits John Locke vollständig beschrieben:

I readily agree the contemplation of this works gives us occasion to admire, revere and glorify their Author: and, if rightly directed, may be of greater benefit to mankind than the monuments of exemplary charity that have at so great charge been raised by the founders of hospitals and almshouses. He that first invented printing, discovered the use of the compass, or made public the virtue and right use of Ken Kina, did more for the propagation of knowledge, for the suply and increase of useful comodities and saved more from the grave, than those who built colleges, workhouses and hospitals.[24]

So bekommt das Opfer, das die bürgerliche Gesellschaft bringt, zwei Bezugnahmen. Auf der einen Seite erscheint es als Anti-Opfer, durch das hindurch die Opfer, die der Despotismus bringt, für die bürgerliche Gesellschaft fruchtbar gemacht werden könnten. Auf der anderen Seite handelt es sich um Opfer, die nötig sind, um den Fortschritt zu ermöglichen, in dessen Konsequenz das menschliche Leben immer mehr geachtet würde. Alle Opfer werden als Opfer betrachtet, durch die hindurch eine Gesellschaft ohne Opfer entstehen kann. Daher kann Hayek für die bürgerliche Gesellschaft »absolute Macht fordern, die dazu eingesetzt werden sollte, jede absolute Macht in Zukunft zu beschränken oder zu vermeiden.«[25]

Dies führt zum Opferkreislauf in seiner bürgerlichen Form. Die bürgerliche Gesellschaft folgt einem ursprünglichen Opfer, das von allen Despotien der Geschichte gebracht wurde, wobei alle Gesellschaften, die nicht bürgerlich sind, als Despotien gelten. Sie bietet sich an als die Gesellschaft, die durch den Markt hindurch potentiell eine Gesellschaft ohne Opfer schafft. Alle Opfer der Geschichte sind demnach gebracht worden, damit die bürgerliche Gesellschaft ihnen den Sinn gibt. Solange die Despotien nicht völlig beseitigt sind, muß auch die bürgerliche Gesellschaft despotisch sein. Sie bekämpft die Despotien in Form despotischer Gewalt; und erst ihr endgültiger Sieg bedeutet das Ende aller Despotien. Ihre Opfer sind notwendig, damit schließlich keine Opfer mehr gebraucht werden. Die Opfer leiten sich letztlich alle aus der Existenz von Despotien her bzw. daraus, daß immer wieder Despotien drohen. Wenn daher die bürgerliche Gesellschaft Menschenrechtskritik übt, richtet sich diese Kritik immer gegen diese angeblichen Despotien, um daraus zu erweisen, daß ihre eigenen Menschenrechtsverletzungen notwendig sind als Folge ihres Kampfes gegen die Menschenrechtsverletzungen überhaupt. Sie verlieren daher jede Bedeutung; und die bürgerliche Gesellschaft geht als eine Gesellschaft ohne Gewissensbisse daraus hervor.

Dieser Opferkreislauf entspricht dem des Mittelalters. Dort, aus dem Christusbild der orthodoxen christlichen Theologie, ist diese Inversion des Opfers entstanden, die jetzt in ihrer säkularisierten Form überlebt. Es kann auch kein Zweifel bestehen, daß der stalinistische Sozialismus genau dem gleichen Opferkreislauf unterliegt. Er entsteht, wenn man die Inversion nicht ausgehend vom Privateigentum durchführt, sondern vom Staatseigentum aus. Die Gesellschaft ohne Opfer ist dann nicht die Marktharmonie, sondern nennt sich Kommunismus. Der Stalinismus entsteht durch die Anwendung der Theorien von John Locke und Adam Smith auf die sozialistische Gesellschaft. In den Anklagereden des Chefanklägers der Moskauer Schauprozesse, A.J. Wyschinski, findet sich dieser gesamte Opferkreislauf wieder. Das ursprüngliche Opfer, in dessen Namen alle Opfer der Weltgeschichte kristallisiert werden, ist Kirow, der Generalsekretär der Kommunistischen Partei Leningrads, der 1934 einem Attentat zum Opfer fiel (das wahrscheinlich von Stalin selbst organisiert wurde). Diejenigen, die Wyschinski anklagt, sind tollwütige Hunde und Bestien. Dieser Bezeichnungen bediente sich schon John Locke; und der heutige Präsident der USA, George Bush, verwendete sie gegen Muammar el-Gaddafi, als die USA ihren Luftangriff auf Libyen ideologisch vorbereitete.[26] Das einzige neu hinzugekommene Wort heißt »Krebsgeschwür«. John Locke kennt es noch nicht, dafür benutzt man aber im Mittelalter für solche Leute das Wort »Pestbeule«. Cicero benutzt gern das Wort »Müll«. Vom Müll Ciceros über die Pestbeule des Mittelalters zu den wilden Bestien und tollwütigen Hunden John Lockes, den Stalinschen Lakaien des Monopolkapitalismus bis zum Krebsgeschwür der Diktaturen der Nationalen Sicherheit und der Sprache der US-Regierung weitet sich das Spektrum der Wörter, die auf die Feinde der römischen Republik, die Kreuziger Christi und die Feinde der Menschheit angewendet werden. Und der Stalinismus begründet die Zwangsarbeit mit den Argumenten John Lockes, wenn dieser über die Zwangsarbeit durch Sklaverei spricht. Die Zwangsarbeit und ihre Abschaffung werden im Stalinismus ganz ähnlich interpretiert wie bei Adam Smith oder Tocqueville die Sklaverei. Ein wesentlicher Unterschied besteht nicht.[27]

Ist dieser Kreislauf einmal geschlossen, gibt es nichts, was man nicht tun dürfte. Jedes Menschenopfer, jede Menschenrechtsverletzung ist gerechtfertigt; und kein Gewissen auf der Welt ist berechtigt, Einspruch zu erheben. Das immer noch auftretende Schuldbewußtsein ist jetzt eine Sache, die der Psychiater zu behandeln hat; es wird nicht mehr im Zusammenhang mit der tatsächlich existierenden Schuld gesehen.

Das Menschenopfer wird sogar zur Pflicht. Heute findet in der Dritten Welt durch das Einziehen der Auslandsschulden ein wahrer Völkermord statt, der immer mehr Menschenopfer kosten wird und die Natur zerstört. (Als der Präsidentschaftskandidat der brasilianischen Partei der Arbeit von einer Europareise erzählte, sprach er davon, daß man ihn dort bedrängt habe, den Amazonas nicht zu zerstören, weil er die Lunge der Welt sei. Er antwortete, daß die Auslandsverschuldung seine Lungenentzündung sei.) Wenn man in Deutschland gegen diesen Völkermord argumentiert, stößt man immer wieder auf eine Frage, die wahrhaft ungeheuerlich ist, und sie heißt: Ist es moralisch erlaubt, diesen Völkermord zu stoppen? Die Frage ist nicht, ob dieser Völkermord erlaubt ist. Die Frage ist, ob man eingreifen darf. Ist es zu verantworten, Schulden nicht einzutreiben? Müssen wir uns nicht um die Zahlungsmoral sorgen? Was passiert denn, wenn auf einmal Schulden nicht mehr bezahlt werden müssen? Müssen wir nicht um die internationale Ordnung besorgt sein? Wo bleibt denn da die Moral?

Hinter diesen hochmütigen Fragen steht das miserable Gewissen, das ganz genau weiß, daß diese Schulden in Wirklichkeit das Ergebnis eines gigantischen Betruges sind. Aber dies Gewissen spricht nicht. Das Gewissen des Okzidents spricht erst, wenn es aufgefordert wird, auf einen Völkermord zu verzichten. Das ist aus Gewissensgründen unmöglich. Man begeht Völkermord, weil man ja schließlich ein Gewissen hat. Wir haben eine Moral, die Menschenopfer verlangt; und der Okzident ist nicht geneigt, diese Moral zu durchbrechen. Aus moralischen Gründen, unter dem Zwang der Pflicht begeht er Völkermord. Ist es moralisch erlaubt, Völkermord *nicht* zu begehen? Das ist die Frage des Okzidents. Die Moral des Okzidents verlangt mehr Menschenopfer als irgendeine Gesellschaft vorher. Der Glaube des Abraham ist für den Okzident völlig unerträglich. Darf Abraham denn das Opfer des Isaak verweigern? Wenn der Engel zu ihm spricht, ist das nicht die Stimme des Teufels? Ist die Stimme seines Glaubens, der ihn das Opfer verweigern läßt, nicht die Stimme eines irregeleiteten Gewissens? – So denkt der Okzident.

Derjenige, der diese Moral durchsetzt, fühlt sich daher als wahrer Agamemnon, als tragischer Held, den das Schicksal dazu bestimmt hat, das Gesetz durchzusetzen, ohne auf die Konsequenzen zu achten. Die Moral, mit der er den Völkermord durchsetzt, ist bewundernswert. Und ist es nicht so, daß in Wirklichkeit er sich selbst opfert, indem er diese tragische Pflicht erfüllt? Ist Agamemnons Opfer, wenn er seine Tochter tötet, nicht das wahre Opfer? Sollten wir folglich nicht besser vom Opfer Agamemnons sprechen statt vom Opfer der Iphigenie? Er, der seine liebste Tochter verliert, auf sie verzichten muß, bringt er nicht ein viel größeres Opfer als Iphigenie? Goethes Iphigenie sagt von der Göttin Diane: »Sie bewahrt mich einem Vater, den / sie durch den Schein genug bestraft, vielleicht / zur schönsten Freude seines Alters hier.«[28] Iphigenie bietet sich an, ihren Vater für das Opfer zu trösten, das er gebracht hat, indem er sie opferte.

Bringen nicht auch unsere Banken dieses tragische Opfer, wenn sie die Auslandsschulden der Dritten Welt kassieren und es auf sich nehmen, ständig angeklagt zu werden und kein Verständnis zu finden für die moralische Notwendigkeit, die sie zwingt, dies zu tun? Muß nicht Jesus, der sich auch opferte, gerade auf ihrer Seite stehen? Bei ihnen findet das tragische Seelendrama statt, nicht bei denen, die sterben müssen. Der Opferer ist das wahre Opfer. Er opfert sich selbst, indem er andere opfert.

Wenn die schrecklichen Trompeten des Messias von Händel gellen und der Chor triumphierend singt: »Es zittern die Heiden ...«, dann sollten alle um die Heiden zittern. Nachdem dieser »Messias« zum ersten Mal in London gesungen wurde, zogen die Truppen aus, um Indien zu erobern, wo die Heiden schon seit langem zitterten. Der Messias setzte dann seinen Stiefel auf Indien. Jesus war sicher auch in Indien, aber nicht auf seiten dieses Messias. Auch er fiel unter diesen Stiefel. Heute müssen diese Länder die angebliche Entwicklungshilfe derjenigen Länder, von denen sie zuvor kolonialisiert wurden, als Auslandsverschuldung zurückbezahlen. Sie müssen ihre ohnehin prekäre Entwicklung stoppen und zurückschrauben, um diese angebliche Hilfe zurückzahlen zu können. Durch Ausplünderung werden sie verschuldet; und durch Rückzahlung der Schulden werden sie ausgeplündert. Und jedesmal gilt es, die Moral irgendeines Gesetzes zu erfüllen. Zu den Trompeten des Messias, der all das bewirkte, singt der Chor weiterhin: »Es zittern die Heiden ...« – Müßte man ihnen nicht endlich zu Hilfe kommen?

## Legitimitätskrise und Zusammenbruch der Legitimität

Der Okzident aber muß immer weiter morden, um kein Mörder zu sein. Er ist wie Agamemnon, nachdem er seine Tochter geopfert hatte. Jetzt muß Agamemnon Troja erobern, um kein Mörder zu sein. Eroberte er Troja nicht, wäre das Opfer der Iphigenie nichts weiter als ein Mord. Damit aber wäre der Himmel Griechenlands über ihm zusammengebrochen.

Der Okzident hat ganze Kontinente, Kulturen und Völker zerstört. Er hat ungeheure Opfer gebracht, die aus seiner Sicht notwendige Opfer waren, um die Despotie zu zerstören und durch den Markt die Freiheit zu bringen.

All diese ungeheuren Opfer waren legitim, wenn der Markt das ist, was der Okzident behauptet, nämlich die Überwindung der Despotie in all ihren Formen. Dann kann mit dem Anschein des Rechts behauptet werden, die Menschenopfer und Menschenrechtsverletzungen seien notwendig gewesen, um die Menschenopfer und Menschenrechtsverletzungen der Despotien zu bekämpfen. Es seien Opfer auf dem Altar der Menschlichkeit gewesen, in Wirklichkeit Gegenopfer, die eine menschliche Zukunft ohne Opfer herbeiführen sollen. Da aber diese menschliche Zukunft noch nicht gekommen ist, muß man im Programm fortfahren. Andernfalls wären alle vorhergehenden Opfer nicht auf dem Altar der Menschlichkeit, sondern der Unmenschlichkeit dargebracht worden, sie wären ganz einfach Verbrechen gewesen. Man muß weitermachen, um nicht zum Verbrecher zu werden, muß morden, um kein Mörder zu sein. Setzte man dem Morden ein Ende, bräche der Himmel über dem Okzident zusammen.

Verbreitet der Markt, in dessen Namen man all dies getan hat, selbst die Despotie der Menschenopfer und der Verletzungen der Menschenrechte, dann hat die Kolonialisierung der Welt eben nicht die Zivilisation gebracht, sie war nicht die Last des weißen Mannes, sondern ein ganze Kontinente zerstörender Eroberungszug, kein gerechter Verteidigungskrieg, sondern ein Kriegszug, der alle Menschlichkeit mit

Füßen getreten hat. Dann war auch die Verwandlung Afrikas in ein Sklavenjagdgebiet und die Verwandlung ganz Amerikas in ein Sklavenhaus einfach ein großes Verbrechen. Dann steht der Okzident vor den Trümmern dessen, was er für seine Kultur hält. Der Okzident hat die Opfer gebracht und muß sie weiterhin bringen, damit die vergangenen Opfer ihren Sinn behalten.

Dies führt zur frenetischen Expansion des Marktes als der angeblichen Sphäre der Menschlichkeit. Je mehr der Markt die Menschenrechte verletzt, um so mehr muß der Markt vorangetrieben werden, damit die von ihm hervorgebrachten Menschenrechtsverletzungen als notwendige Schritte auf dem Weg zur Menschlichkeit des Marktes glaubhaft bleiben. Den Markt vorantreiben heißt aber auch, alle Länder, die nicht seinen Gesetzen unterliegen, wie z.B. die sozialistischen Länder, der Menschenrechtsverletzungen anzuklagen, damit die eigenen Verletzungen der Menschenrechte weiterhin als Kampf gegen die Despotie verstanden werden können. Voraussetzung dafür bleibt, daß die Expansion des Marktes als die Expansion der Sphäre der Menschlichkeit gilt und so als utopisches Versprechen den ganzen Prozeß in Gang hält.

Muß aber diese Expansion des Marktes gestoppt werden, weil man erkennt, daß die Logik des Marktes zur Zerstörung des Menschen und der Natur führt, dann bricht dieser gesamte Opferkreislauf und damit die Legitimität der bürgerlichen Gesellschaft zusammen. Ein solcher Zusammenbruch erfordert eine völlige Neukonstituierung der Gesellschaft. Es handelt sich nicht um eine pragmatische Anpassung, sondern eben um die Entokzidentalisierung der Gesellschaft.

Wir kennen Legitimitätskrisen dieser Art. Im Jahre 1975 brach die südvietnamesische Armee innerhalb weniger Tage zusammen, obwohl sie militärisch noch durchaus funktionsfähig war. Der Zusammenbruch war nicht nur die Folge der militärischen Niederlage, sondern auch Folge des totalen Legitimitätsverlustes. Der Krieg der USA war als ein gerechter Krieg deklariert worden, in dem die US-Truppen in Vietnam die Verteidiger und die Vietnamesen, die ihr eigenes Land verteidigten, die Angreifer waren. Ideologisch gesehen war es ein Kolonialkrieg, nämlich ein gerechter Krieg der Kolonialmacht gegen das kolonialisierte Volk. Der Vietnamkrieg wurde als Teil des Opferkreislaufs der bürgerlichen Gesellschaft dargestellt. Ihn zu verlieren bedeutete, die Rechtfertigung zu verlieren. Was vorher ein notwendiges Opfer zur Verhinderung der Despotie und zur Ausweitung der Menschlichkeitsutopie des Marktes war, wurde zum sinnlosen Opfer und damit zum Verbrechen. Die Krise weitete sich zu einer Legitimationskrise in den USA selbst aus, dem sogenannten Vietnam-Syndrom. In den USA bekämpfte man es durch eine forcierte Aggressivität, die tatsächlich eine Auseinandersetzung mit der Vergangenheit verhinderte. In Südvietnam war das nicht möglich, so daß die Legitimität zusammenbrach.

Dasselbe Phänomen haben wir in Nicaragua. Am 19. Juli 1979 brach der Militärapparat Somozas innerhalb eines einzigen Tages zusammen, obwohl auch er militärisch durchaus noch aktionsfähig war. Das hing ebenfalls mit einem vollkommenen Legitimationsverlust zusammen, durch den Somoza, aus einem Garanten der Freiheit, der von den USA unterstützt wurde, in einen Verbrecher verwandelt wurde.

Ähnlich war es in Deutschland 1945 mit dem Zusammenbruch des Nazi-Reiches. Ein System, das von der großen Mehrheit des deutschen Volkes bis zum Ende unterstützt wurde, brach ebenfalls in wenigen Tagen zusammen. Wieder trat ein Legitimationszusammenbruch ein, daß die meisten Deutschen nicht einmal mehr verstehen konnten, wie sie ein solches System hatten unterstützen können. Alles, was vor Kriegsende notwendiges Opfer schien, erschien jetzt als Verbrechen.

Auf eine viel dramatischere Weise erleben wir eine solche Legitimationskrise heute in der Sowjetunion. Hier handelt es sich vielleicht am ehesten um ein Beispiel dessen, was den bürgerlichen Okzident erwartet, wenn seine eigene Legitimationskrise, die er heute noch zu verdecken vermag, ausbricht. Es handelt sich um die Krise des Opferkreislaufs, wie ihn die stalinistische Gesellschaft begründet hat; eines okzidentalen Opferkreislaufs, der im Unterschied zum bürgerlichen, auf den Markt bauenden Opferkreislauf den Wirtschaftsplan in seinem Zentrum hat. Davon abgesehen sind sie aber identisch. An die Stelle der Menschenopfer der Despotien in der bürgerlichen Vorstellung treten hier die Menschenopfer des Kapitalismus, die ebenfalls nur dadurch verhindert werden können, daß man den Wirtschaftsplan als Sphäre der Vermenschlichung einführt, die jetzt ebenfalls eine utopische Gesellschaft ohne Opfer verspricht: genannt Kommunismus. Die Verletzungen der Menschenrechte durch den Sozialismus erscheinen hier ebenfalls als notwendige Opfer, ohne die diese utopische Zukunft nicht garantiert werden kann. Ist man einmal in diesen Kreislauf eingetreten, muß man morden, um kein Mörder zu sein.

Sobald die Planwirtschaft in der Form, wie sie in der Sowjetunion durchgeführt wurde, sich als sehr ineffizient erwies, mußte dieser Legitimationskreislauf in eine Krise geraten. Die Opfer verloren ihren Sinn; die Zukunft, die sie angeblich gesichert haben, ist keine glorreiche mehr, folglich sind es Verbrechen gewesen. Das, was vorher in der stalinistischen Vision als notwendiges Opfer für eine immer menschlichere Zukunft erschien, erweist sich als sinnloses Verbrechen. Daher spricht man nun von den Verbrechen Stalins. Eine solche in die Krise geratene Legitimität ist nicht mehr zurückzugewinnen, es sei denn, daß man – wie im Falle der USA als Antwort auf das Vietnam-Syndrom – sie durch eine noch größere Aggressivität ersetzt. Ganz offensichtlich hat die Sowjetunion nicht das dafür notwendige Machtpotential. Vielleicht aber hat man einen Grad von Menschlichkeit erreicht, der solch eine Lösung verhindert. Es bleibt nun, eine neue Gesellschaft zu begründen, die auf einer neuen Legitimität beruht. Nur dadurch kann man den Zusammenbruch der Legitimität vermeiden.

Aus dem Beispiel der Sowjetunion läßt sich ableiten, zu welchen Folgen ein ähnlich negatives Urteil über den Markt in der bürgerlichen Gesellschaft führen könnte. Vor dieser Notwendigkeit aber stehen wir. Die Hymnen von der Effizienz des Marktes, die man heute überall singt, sind falsch. Diejenigen, die diese Hymnen singen, wissen das, und deshalb singen sie so laut. Sie sind dabei, eine drohende Legitimitätskrise zu übertönen und hinauszuschieben. Man treibt eine hemmungslose Expansionspolitik des Marktes, um die Erkenntnis zu übertönen, daß dies eine Politik der Zerstörung des Menschen und der Natur ist. Um diese Erkenntnis zu unterdrücken, forciert man die Politik des totalen Marktes und mordet, um kein Mörder zu sein.

Kein Jahrzehnt seit den vierziger Jahren dieses Jahrhunderts war so destruktiv wie das der achtziger Jahre. Ende der siebziger Jahre war das Bewußtsein dafür, daß eine generelle Anpassung des Wirtschaftssystems an die Notwendigkeiten erfolgen mußte, um das Leben der Menschen und der Natur zu sichern, sehr groß. Seit dem Erscheinen der »Grenzen des Wachstums«, des ersten Berichtes des Club of Rome zur Lage der Menschheit, war es klar, daß nur ein vernünftiges, an diesen Zielen ausgerichtetes Gleichgewicht von Markt und Plan das Problem lösen könnte.

Die Auseinandersetzung mit der Forderung eines solchen Gleichgewichtes würde gleichzeitig zu einer Legitimitätskrise der sozialistischen, einseitig auf dem Plan aufgebauten Gesellschaft und der bürgerlichen, einseitig auf dem Markt aufgebauten Gesellschaft führen. Die sozialistischen Länder traten in eine neue Phase der Politik ein, um diese

Krise durch ein neues Verhältnis von Markt und Plan zu lösen, und begannen mit einer Umstrukturierung ihrer gesamten Lebensformen. Die kapitalistischen Länder aber versteiften sich auf ein Todesrennen: Auf die Probleme des Marktes antworteten sie mit dem totalen Markt. Während die sozialistischen Länder vernünftige Lösungen suchten, wurden die kapitalistischen Länder irrational und retteten sich in die reine Ideologie des Marktsystems. Dadurch wurde die heraufziehende Legitimitätskrise verdeckt und gegen eine beispiellose Zerstörung von Mensch und Natur eingetauscht. Die achtziger Jahre dieses Jahrhunderts wurden durch die Politik des totalen Marktes, die die Regierung Reagan betrieb, zu einem Jahrzehnt des Völkermords an der Dritten Welt und zu einem Holocaust der Natur.

Notwendig wäre ein Gleichgewicht von Markt und Plan, das den Markt in einer solchen Weise kanalisiert, daß das Leben der Menschen und der Natur gesichert wird. Dies aber impliziert die Auflösung der Marktutopie, vom Markt als einer Sphäre der Menschlichkeit, die durch die Marktraison automatisch verwirklicht wird. Nur wenn man die Legitimitätskrise, die aus dieser Erkenntnis folgt, akzeptiert, wird ein Neubeginn möglich. Die bürgerliche Welt zeigt aber nicht die geringste Bereitschaft dazu. Durch ihre Politik des totalen Marktes macht sie sich selbst zum Wilden Westen.

Wie wir oben schon gesagt hatten, verwandeln sich durch eine solche Krise die Opfer, die als notwendige Durchgangsstationen zur Verwirklichung der Marktutopie angesehen wurden, in Verbrechen. Diese Opfer, die der Westen durch das Bewußtsein, eine weiße Weste zu haben, in Schach halten konnte, werden zurückkehren, um sich in Eumeniden zu verwandeln. Statt weiterhin die Schulden der Dritten Welt eintreiben zu können, wird der Westen seiner eigenen Schuld gegenüberstehen, der Schuld, eine ganze Welt in einem jahrhundertelangen Prozeß grausam und brutal zerstört zu haben. Ohne diese Schuld zu bekennen, kann der Westen sich nicht ändern und auch kein vernünftiges Verhältnis zu den Marktbeziehungen entwickeln.

Anstatt diese Schuld auf sich zu nehmen, hat man sie durch die Politik des aggressiven Marktes verdrängt. Die Marktutopie des Bürgertums blühte, während der Markt sein Zerstörungswerk tat. Zur Verdrängung des Schuldbewußtseins mußte vor allem das Problem der Abtreibung herhalten. Hier sprach man von einem Holocaust, während ein wirklicher Holocaust mit der Bevölkerung der Dritten Welt und der Natur stattfand.

So trat der bürgerliche Westen in ein Todesrennen gegen seine eigene Schuld ein. Er mordet, um nicht zum Mörder zu werden, und will weitermachen bis zum bitteren Ende. Keine Geheimrede von Chrustschow ist in Sicht, kein Gorbatschow wagt sich hervor. Vielleicht ist die Schuld zu groß, um noch eingestanden werden zu können. Der Westen ist offensichtlich nicht in der Lage, seine Schuld zu bekennen. Die Sowjetunion stellt mit ihrem momentanen Vorgehen eine einmalige Ausnahme dar. Selbst die katholische Kirche, die von aller Welt immer Sündenbekenntnisse verlangt, hat über die Inquisition und die Hexenverfolgungen nie mehr zu sagen gewußt, als daß sie ein Irrtum gewesen seien. Als wenn ein Verbrechen ein Irrtum sein könnte! War denn auch die Verwandlung Afrikas in ein Sklavenjagdgebiet ein Irrtum? War es ein Irrtum, Indien kolonialisiert zu haben? War das Jahrhunderte dauernde christliche und liberale Sklavenreich in Amerika ein Irrtum? Der »Stellvertreter« von Rolf Hochhuth hat nicht mehr als eine große Säuberungspropaganda bewirkt, die dann im aggressiven Weitermachen unterging.

New Orleans in den USA macht unter der Überschrift »Dieses werden ihre schönsten Ferien sein« in Zentralamerika Touristikwerbung, die das Angebot eines Luxusrestaurants einschließt:

Auf den Spuren der Vergangenheit ist es eine Pflicht, eine der alten Baumwollpflanzungen zu besuchen, in denen noch die majestätischen Villen erhalten sind, die wir in den Filmen sehen. Eine der berühmtesten ist Houmas House, in Burnside, etwa eine Stunde von New Orleans. Wenn Sie dorthin kommen, unterlassen Sie es nicht, in einem der besten Restaurants der Zone, The Cabin, zu essen. Es ist in einem Gebäude eingerichtet, das vor vielen Jahren eine Sklavenhütte war. Das Essen ist schmackhaft, und in der Saison wird ihnen Schildkrötenfleisch serviert. Möchten Sie es nicht probieren?[29]

Sicher sind es Schwarze, die dort bedienen. Werden wir auch in einer Baracke von Bergen-Belsen eines der besten Restaurants aufmachen und anbieten, Wild zu essen? Vielleicht auch in Workuta? – So verdrängt man Schuld.

Jetzt ruft der bürgerliche Westen den Ruf der Iphigenie, der der Ruf aller Opfer ist, solange sie in Schach gehalten werden können und ihr Tod durch den Opferer mißbraucht werden kann: »Tötet mich, verwüstet Troja. ... Knechte sind sie, Freie wir!

## Die aufgeklärte Iphigenie

Ist so der mittelalterliche Opferkreislauf säkularisiert, kann der mittelalterliche Christus selbst in säkularisierter Form auftauchen. In der Zeit der Aufklärung erscheint er wieder unter seinem griechischen Namen: als Iphigenie. Racine, Schiller und Goethe entwickeln die neue Iphigenie, die jetzt der Ideologie der bürgerlichen Gesellschaft angepaßt ist.

Die »Iphigenie in Aulis« des Euripides überlebt fast ohne jede Änderung, so wie sie schon das Mittelalter überlebt hatte. Ein Vater opfert seine Tochter (oder seinen Sohn), und diese wird im Tode mit dem Willen des Vaters eins, indem sie dieses Opfer annimmt, es bejaht und sich selbst zum Opfer hingibt. Schillers Nachdichtung der »Iphigenie in Aulis« ist mehr oder weniger eine freie Übersetzung.

Das Thema wird aber auch unter anderen Namen immer wieder aufgegriffen. Heinrich Kleists »Prinz von Homburg« ist eine Iphigenie in Aulis, allerdings im preußisch-soldatischen Kontext. Als das Opfer dargebracht werden soll, kommt im letzten Moment ein reitender Bote des Königs, und der gute Wille des Opferers und des Opfers genügen, so daß der Tod gar nicht vollzogen werden muß.

Das Problem bleibt die »Iphigenie unter den Taurern«, wie von Euripides dargestellt, welche die Frage aufwirft, wie Griechenland nach der Opferung aussehen wird. Die Antwort des Euripides ist keine Lösung mehr. Während daher Schiller eine Nachdichtung der »Iphigenie in Aulis« verfassen kann, die ihrer Vorlage weitgehend entspricht, wird aus Goethes Nachdichtung der »Iphigenie unter den Taurern« ein völlig verändertes Stück. Goethe stellt die Welt in der Folge des Opfers der Iphigenie als eine Welt ohne Menschenopfer dar, als eine Welt, in der das Opfer seine Notwendigkeit verloren hat. Während die Opfer der Priesterin Iphigenie bei Euripides schließlich von der Göttin Artemis verboten und durch einen symbolischen Akt ersetzt wurden, kommt die Iphigenie von Goethe als »Priestergöttin« selbst zu dem Schluß, daß nie wieder geopfert werden darf. Insofern ist sie ganz christlich-mittelalterlich. Goethe hat sie verchristlicht, um sie im gleichen Akt wieder zu säkularisieren.

Goethes »Iphigenie auf Tauris« verwandelt Tauris in ein Paradies ohne Menschenopfer und wird am Ende dieses Paradies auf Griechenland ausdehnen. So sagt der Abgesandte des Thoas, des Königs der Taurer, zu ihr:

Wer hat den alten grausamen Gebrauch, / daß am Altar Dianens jeder Fremde / sein Leben blutend läßt von Jahr zu Jahr, / mit sanfter Überredung aufgehalten / und die Gefangenen vom gewissen Tod / ins Vaterland so oft zurückgeschickt? / Hat nicht Diane, statt erzürnt zu sein, / daß sie der blut'gen alten Opfer mangelt, / dein sanft Gebet in reichem Maß erhört? / Umschwebt mit frohem Fluge nicht der Sieg / das Heer?[30]

Goethe nennt die Göttin, die bei Euripides Artemis heißt, Diane. Diese Göttin Diane, die den Griechen den Sieg über Troja gab, weil sie Iphigenie opferten, führt Griechenland jetzt zum Sieg, weil Iphigenie das Opfer aufgehoben hat. Als Iphigenie aber einen Heiratsantrag von Thoas ablehnt, entschließt sich dieser, die Menschenopfer für die Göttin Diane wieder einzuführen. Dieser Ritus soll sofort wieder aufgenommen werden, und zwar mit zwei gefangengenommenen Griechen, von denen sich herausstellen wird, daß sie Orest, der Bruder der Iphigenie, und sein Freund Pylades sind.

Als Iphigenie als Priesterin mit ihnen spricht, lautet ihre zentrale Frage: »Fiel Troja? Teurer Mann, versichr' es mir.« Pylades antwortet: »Es liegt.«[31] Iphigenies Opfer erhält damit seinen Sinn, folglich auch die Schlüsse, die sie daraus gezogen hat, nämlich eine Welt ohne Opfer zu begründen. Wenn Orest ihr jetzt bekennt, seine Mutter Klytaimestra getötet zu haben, wird sie sich darum bemühen, Genugtuung für ihn zu suchen. Da Troja erobert ist, war das Opfer des Agamemnon kein Mord. In diesem Sinne wird auch Agamemnons Tod zum Mord und kann keine Sühnung eines Mordes mehr gewesen sein. Iphigenie steht jetzt gegen ihre Mutter Klytaimestra, die doch Iphigenies Opferung gerächt hatte, indem sie Agamemnon tötete. Iphigenie verteidigt das Recht Agamemnons, sie zu opfern, und bestreitet das Recht Klytaimestras, sich an Agamemnon für den Tod Iphigenies zu rächen. So stellt sich Iphigenie jetzt auf die Seite von Orest: »Sie rissen mich vor den Altar und weihten / der Göttin dieses Haupt. – Sie war versöhnt: / Sie wollte nicht mein Blut und hüllte rettend / in eine Wolke mich.«[32] Ihren Verzicht auf das Menschenopfer erklärt sie folgendermaßen:

Ich habe vorm Altare selbst gezittert / und feierlich umgab der frühe Tod / die Kniende; das Messer zuckte schon, / den lebenvollen Busen zu durchbohren; / mein Innerstes entsetzte wirbelnd sich, / mein Auge brach, und – ich fand mich gerettet. / Sind wir was Götter uns gewährt, / Unglücklichen nicht zu erstatten schuldig?[33]

Iphigenie, Orest und Pylades bereiten ihre Flucht vor, die sie durch einen Betrug an Thoas bewerkstelligen wollen. Auf dem Höhepunkt der Flucht geht allerdings Iphigenie zu Thoas und bekennt ihm alles, da sie rein und ohne Lüge frei werden will. Thoas läßt sich überzeugen, verzichtet darauf, Orest und Pylades der Göttin Diane zu opfern, und läßt sie in Frieden ziehen.

Keine Opfer darzubringen überzeugt alle und schafft allen den Frieden. Das ursprüngliche Opfer hat die Versöhnung bewirkt, aus der eine Welt ohne Opfer hervorgeht.

Eine ganz ähnliche Lösung für das gleiche Problem, ohne allerdings den Zusammenhang mit der Iphigenie herauszustellen, bringt Schiller in seinem »Wilhelm Tell«. Tell opfert ebenfalls seinen Sohn, ohne ihn zu töten; und aus dem Opfer geht der Rütli-Schwur hervor, der eine Gesellschaft ohne Opfer begründet.

Die »Iphigenie auf Tauris« zeigt eine wunderbar harmonische Welt, in der das Opfer durch seine eigene Logik sich selbst aufgehoben hat. Diese Welt hat keine Feinde, deshalb ist sie so harmonisch. Alle unterwerfen sich freiwillig dem göttlichen Einfluß, den Iphigenie auf sie ausübt. Troja ist zerstört; die Welt hat keinen Grund mehr, zu kämpfen. Das Opfer hat beides gleichzeitig bewirkt: die Zerstörung Trojas und das Heraufkommen einer harmonischen Welt ohne Opfer. Das entspricht der Ideologie des Bürgertums: Die Zerstörung und Kolonialisierung der ganzen Welt schafft die Voraussetzung für eine grenzenlose Harmonie, die eine solche Kraft der Überzeugung hat, daß alle sich ihr unterwerfen werden. Hierdurch werden alle Opfer der Geschichte, die die bürgerliche Gesellschaft im Kampf gegen die Despotien bringen mußte, fruchtbar.

Goethe betreibt mit diesem Drama nichts weiter als Apologetik. Es hätte im Moskau der dreißiger Jahre mit dem gleichen Nutzen für die Stalinisten gespielt werden können, wie es im 19. Jahrhundert in Deutschland zum Nutzen der Bourgeoisie gespielt wurde. Die Problematik, die das Drama verschleiert, kann man nur zeigen, wenn man einen anderen Ausgang annimmt. Der harmonische Schluß hängt allein davon ab, daß der König der Taurer, Thoas, sich noch einmal von Iphigenie überzeugen und sie mit ihrem Bruder ziehen läßt. Wenn wir annehmen, er hätte sich nicht überzeugen lassen, dann hätte er Iphigenie ergriffen und sie selbst geopfert. Orest und Pylades wären entkommen und hätten begonnen, Krieg gegen Tauris zu führen. Dieser Krieg wäre dann zum Krieg gegen die Menschenopfer und für die Harmonie einer neuen Welt ohne Menschenopfer deklariert worden. Als Ergebnis hätte Griechenland durch einen gerechten Krieg zur Verteidigung der Menschheit und der Menschlichkeit eine neue Kolonie erobert.

Es wäre einer der Kriege daraus geworden, die die Bourgeoisie zu Hunderten geführt hat und heute noch führt, durch die hindurch sie die Menschlichkeit verteidigt und als Ergebnis die Weltherrschaft errungen hat. Der Krieg, den die USA heute gegen Nicaragua führen, entspricht ganz diesem Muster wie auch die Eroberung Nordamerikas, der fast die ganze Urbevölkerung zum Opfer fiel. Die Eroberer haben lauter gerechte Verteidigungskriege gegen die Indianer geführt, haben die Menschheit und die Menschlichkeit verteidigt und als Ergebnis alles Land bekommen. Das kann man heute noch in jedem Wildwestfilm miterleben. Niemals haben die Eroberer auch nur einen einzigen ungerechten Krieg geführt.

Hätte Goethe einen solchen Schluß für sein Drama gewählt, würde es sehr viel mehr enthüllen, als jetzt sichtbar wird. Besser wäre es dadurch bestimmt nicht geworden; es hätte sich nur in die Vorlage für einen Wildwestfilm verwandelt.

### Das Opfer und der Pakt mit dem Teufel

Allerdings hat der spätere Goethe die Lösung auf eine ganz andere Weise gesucht. In seinem Faust, in dem Gretchen ihren Sohn ermordet, der auch der Sohn des Faust ist, steht wieder ein Kindermord im Mittelpunkt. Dieses Mal ist es nicht mehr die Intrige einer Göttin, aus der dieses Kinderopfer hervorgeht, sondern ein Pakt mit dem Teufel. Dieser Pakt wird nicht fruchtbar, sondern führt zur Katastrophe.

Damit sind wir zwar noch nicht bei der Freiheit angelangt, aber wir befinden uns auf dem Weg dahin. Am Anfang der Freiheit steht ein Mensch: Abraham, der das Opfer verweigert, und ein Gott, der diese Verweigerung anerkennt und sie als Glaube annimmt. Erst daraus folgt, daß jedes Opfer eine Katastrophe, ein Ergebnis eines Paktes mit dem Teufel und nicht eine Quelle der Fruchtbarkeit ist, auch dann, wenn dieser Pakt mit dem Teufel unvermeidbar sein sollte.

Faust will weiterhin ein Paradies auf Erden schaffen, aber er weiß, daß er den Teufel überlisten muß, um es zu erreichen. Er muß den Teufel überlisten, weil er aus dem Pakt, den er mit ihm geschlossen hat, nicht ausscheiden kann. Damit steigt Goethe, der olympische Gott, vom Olymp herab und schafft vielleicht das realistischste Bild, das wir von diesem Problem haben. Später faßt er es folgendermaßen zusammen: »Nemo contra deum nisi deus ipse.«[34]

# Kapitel 3:
# Religionskritik im Namen des Christentums: Dietrich Bonhoeffer in befreiungstheologischer Sicht

Dieser Text ist eine leicht überarbeitete Fassung eines Vortrags, den der Autor im Goethe-Institut von San José (Costa Rica) gehalten hat. Das Goethe-Institut führte im Oktober/November 1988 gemeinsam mit dem Departamento Ecuménico de Investigaciones eine Vorlesungsreihe über deutsche und lateinamerikanische Theologie durch.

Unter den deutschen Theologen dieses Jahrhunderts ist Bonhoeffer wahrscheinlich die bestechendste Figur. Er war ein »frommer« Mann, tief verwurzelt in der lutherischen Tradition und spirituell eng an seine Kirche gebunden. Die Kirche steht im Zentrum seines Denkens. Fest verwurzelt in einer alten Tradition, ist er fähig, ihre Voraussetzungen radikal zu überprüfen und neue, ja sogar extreme Positionen in eben diese Tradition einzubeziehen, jedoch in steter Sorge um ihre Kontinuität.

Bonhoeffer ist ein akademischer Theologe und auch ein Mann der Kirche. Für die liberale Theologie seiner Zeit – er hatte bei Adolf von Harnack studiert – ist die Kirche zweitrangig; sie treibt Theologie in dem Freiraum, den die Gesellschaft einem theologischen Lehrstuhl an einer deutschen Universität zur Verfügung stellt. Bonhoeffer dagegen versteht sich als Theologe der Kirche. Für ihn ist der Universitätslehrstuhl zweitrangig und austauschbar. Von der Kirche aus fragt er nach der Stellung der Kirche in der Welt. Die Kirche ist für ihn »Christus als Gemeinde existierend«. Christus – nach ihm »der Mensch für die anderen« – will eine Kirche, die als Gemeinde für die anderen da ist.

Als Mann der Kirche radikalisiert er kirchlich-theologische Positionen. Eine Hauptlinie seines Denkens kann man zusammenfassen in der Formel »Religionskritik im Namen des Christentums«. Der Ausdruck wurde bereits von Karl Barth benutzt, wird jedoch gemeinhin mit dem Namen Bonhoeffer in Verbindung gebracht. Und in der Tat finden sich bei Barth viele Gedanken, die Bonhoeffer entwickelt: seine Vorstellungen von Gesetz und Glaube, von christlicher Freiheit und Freiheit der Kirche, von Christus als dem Menschen für den anderen, von der Gegenwart Christi mitten im Leben, besonders im Schwachen und Wehrlosen, und schließlich von der mündigen Menschheit, die sich über die Religiosität hinaus zu nicht-religiösen Positionen hin entwickelt hat, welche auch der Christ nur noch in den Begriffen eines nicht-religiösen Christentums interpretieren kann.

Solche Gedanken entwickelt Bonhoeffer im Laufe eines Lebens, das sich in einer der dunkelsten Perioden der deutschen Geschichte ereignet. Und die tiefe Einheit von Leben und Denken ist es letztlich, die ihn in den Märtyrertod führt.

Bonhoeffers Theologie ist im wesentlichen Reflexion des eigenen Lebens und der Entscheidungen, die es ihm abverlangt. Im Leben und vom Leben aus überdenkt er von neuem die ererbten theologischen Positionen, die das konservative Elternhaus und ein autoritätsgläubiges Luthertum ihm hinterlassen haben. Seine eigene Kirche – selbst die Bekennende Kirche – distanziert sich über lange Zeit von ihm. Bonhoeffer sieht die Isolierung als unausweichlich an. Sein Glaube verpflichtet ihn, die Einsamkeit auch dann auszuhalten, wenn viele Freunde ihn verlassen. Er hält an seiner Sache fest, wiewohl er ahnt, daß er dafür mit seinem Leben bezahlen muß. Er strebt das Martyrium nicht an, er sucht sich ihm vielmehr durch die Flucht in die USA zu entziehen. Am Ende ist er überzeugt, daß er ihm nicht ausweichen kann; und als Theologe sieht er sich damit zugleich vor die Notwendigkeit gestellt, die Grundlagen all seiner Überzeugungen neu zu durchdenken.

Nur vor diesem Hintergrund seines Lebens mitten in der Kirche wird Bonhoeffers Theologie verständlich. Aus den ihm abverlangten Entscheidungen ergeben sich seine theologischen Reflexionen. Sie kreisen hauptsächlich um die bedrängenden Fragen, die durch die Machtergreifung des Nationalsozialismus für die Kirche in Deutschland und für ihn persönlich aufgeworfen werden, und um seine Reaktion auf ein immer unmenschlicher werdendes System, das ihn zum Widerspruch zwingt. Diese Art Theologie zu treiben rückt Bonhoeffer – trotz bleibender Unterschiede – in die Nähe dessen, was später als Theologie der Befreiung in Lateinamerika entsteht. Auch sie sucht keine ewigen Wahrheiten außerhalb der Geschichte, sondern reflektiert die erlebte Geschichte theologisch. Das führt einerseits zum Konflikt mit einer metaphysischen Theologie, die glaubt, ihre Funktion unabhängig von den Wechselfällen des wirklich gelebten Lebens erfüllen zu können, und andererseits zur Distanzierung von einer rein akademischen Theologie, die sich in einem vom konkreten Leben der Menschen abgeschotteten Raum entwickelt.

Aus der Sicht der Befreiungstheologie erlebt man eine große Verwandtschaft zur Theologie Bonhoeffers. Beide Theologien entstehen in ähnlichen Milieus. Für beide ist die Wirklichkeit so bedrängend, daß abstrakte und unwandelbare theologische Lehrsätze ihr nicht mehr gerecht werden. Beide beziehen sich in ähnlicher Weise auf das Studium der Bibel, die ja auch im Lichte der alltäglichen Ereignisse und ihrer Bedeutung über Gott nachdenkt. Wie die Befreiungstheologen ist Bonhoeffer als Mensch der Kirche zugleich ein Mensch der Bibel, der seine Realität verstehen will mit Hilfe der Begriffe, die für die biblischen Autoren die Schlüssel zum Verständnis ihrer Realität waren. Folglich entstehen aus seinem Leben in der Kirche biblische Reflexionen, und aus seinen biblischen Reflexionen erwachsen die theologischen Überlegungen. Zusammen mit seiner Kirche sieht er sich mit dem unmenschlichen Nazi-Regime konfrontiert, und diese Konfrontation reflektiert er biblisch und theologisch.

Es bleibt jedoch ein Unterschied zwischen Bonhoeffer und der Befreiungstheologie, den wir nicht übergehen können. Bonhoeffer sucht die Konfrontation mit der Destruktivität eines despotischen und totalitären Regimes innerhalb der bürgerlichen Gesellschaft seiner Zeit. Sein Widerstand richtet sich nicht explizit gegen das Wirtschafts- und Gesellschaftssystem, aus dem dieses Regime hervorgegangen ist, sondern zielt darauf ab, eine von der Willkürherrschaft bürgerliche Gesellschaft zu suchen. Die Befreiungstheologie dagegen sucht explizit die Konfrontation mit der Destruktivität des Wirtschafts- und Gesellschaftssystems selber, das den Menschen ausbeutet und zu diesem Zweck die Willkürherrschaft der »Nationalen Sicherheit« erfindet. Dieser Unterschied hebt jedoch die vielen Gemeinsamkeiten zwischen beiden Theologien nicht auf.[1]

Im folgenden will ich einige der Hauptthemen vortragen, die unter dieser Perspektive bei Bonhoeffer zu finden sind und sie hinsichtlich ihrer Parallelen und Unterschiede zur Befreiungstheologie analysieren.

## Christus, die Kirche und die Welt

Der Schlüssel zu Bonhoeffers Denken bleibt unauffindbar, wenn man ihn ausschließlich in seiner bekanntesten These über den nicht-religiösen Charakter des Christentums sucht. Diese These bedarf vielmehr der Erklärung, um verstanden werden zu können. Erst von einer anderen fundamentalen These her wird sie einsichtig: von Bonhoeffers Konzeption der Transzendenz, die der Immanenz Sinn und Richtung gibt. Darin gründet sein ganzes Denken. Auf diese immanente Transzendenz bezieht sich für ihn die Botschaft des Christentums. Von diesem Grundkonzept her entwickelt er sein ganzes Denken. Selbst die Bibel sieht er daraufhin ausgerichtet. Deshalb müssen wir zunächst dieses Konzept darlegen, das nach Bonhoeffers Vorstellung dem Leben und der Lehre Christi wie der Kirche zugrunde liegt und das zugleich aufdeckt, was die Welt als Ganzes prägt. Bonhoeffer besteht darauf, daß das Christentum keine Erlösungsreligion ist. Er argumentiert folgendermaßen:

> Im Unterschied zu den anderen orientalischen Religionen ist der Glaube des Alten Testaments keine Erlösungsreligion. ... Israel wird aus Ägypten erlöst, damit es als Volk Gottes auf Erden vor Gott leben kann. Die Erlösungsmythen suchen ungeschichtlich eine Ewigkeit nach dem Tod. ...
>
> Nun sagt man, das Entscheidende sei, daß im Christentum die Auferstehungshoffnung verkündigt würde, und daß also damit eine echte Erlösungsreligion entstanden sei. Das Schwergewicht fällt nun auf das Jenseits der Todesgrenze. Und eben hierin sehe ich den Fehler und die Gefahr. Erlösung heißt nun Erlösung aus Sorgen, Nöten, Ängsten und Sehnsüchten, aus Sünde und Tod in einem besseren Jenseits. Sollte dieses aber wirklich das Wesentliche der Christusverkündigung der Evangelien und des Paulus sein? Ich bestreite das. Die christliche Auferstehungshoffnung unterscheidet sich von der mythologischen darin, daß sie den Menschen in ganz neuer und gegenüber dem Alten Testament noch verschärfter Weise an sein Leben auf der Erde verweist. ...
>
> Das Diesseits darf nicht vorzeitig aufgehoben werden. Darin bleiben Neues und Altes Testament verbunden. Erlösungsmythen entstehen aus den menschlichen Grenzerfahrungen. Christus aber faßt den Menschen in der Mitte seines Lebens.[2]

Die Auferstehung wird für Bonhoeffer folglich zum Dreh- und Angelpunkt des Glaubens. Sie ereignet sich für ihn jedoch nicht nur am Ende des Lebens Jesu oder des Menschen, sondern bestimmt die Realität der Welt als solche. Sie ist Zeichen für das Wirken Gottes innerhalb der Welt, nicht jenseits ihrer Grenzen. Bonhoeffer sagt das mit folgenden Worten:

> Der Auferstehungsglaube *ist* nicht die »Lösung« des Todesproblems. Das »Jenseits« Gottes ist nicht das Jenseits unseres Erkenntnisvermögens! Die erkenntnistheoretische Transzendenz hat mit der Transzendenz Gottes nichts zu tun. Gott ist mitten in unserem Leben jenseitig. Die Kirche steht nicht dort, wo das menschliche Vermögen versagt, an den Grenzen, sondern mitten im Dorf.[3]

Bonhoeffer bezeichnet die Transzendenz im Diesseits als Reich Gottes oder als Schöpfung, nicht jedoch als unmittelbare Gegenwart Gottes selber. Damit verändert er das Transzendenzverständnis grundlegend. Transzendenz ereignet sich in der Beziehung der Menschen zueinander und zur Schöpfung. Gott offenbart sich in dieser Transzendenz, geht aber in ihr nicht auf. Diese unterscheidet sich vielmehr von ihm als seine Schöpfung, sein Reich oder als neue Erde. Sie ist Endziel von Mensch und Welt, das von Gott verheißene Endziel, durch das man Gott begegnet, aber sie *ist* nicht Gott. Bonhoeffer erklärt das folgendermaßen:

> Der Mensch ist ein unteilbares Ganzes nicht nur als Einzelner in seiner Person und seinem Werk, sondern auch als Glied der Gemeinschaft der Menschen und der Kreaturen, in der er steht. Dieses unteilbare Ganze, d.h. diese in Gott gegründete und erkannte Wirklichkeit hat die Frage nach dem Guten im Auge: »die Schöpfung« heißt dieses unteilbare Ganze seinem Ursprung nach, seinem Ziel nach heißt es »Reich Gottes«. Beides ist uns gleich entfernt und gleich nah, denn die Schöpfung Gottes und das Reich Gottes ist uns allein gegenwärtig in Gottes Selbstoffenbarung in Jesus Christus.[4]

In dieser Transzendenz erfährt sich der Mensch, insofern er das Gute tut; und sie ist zugleich als Gottes Verheißung Endziel von Menschheit und Schöpfung. Endziel der Welt also, in deren Dienst die Christen stehen, und nicht nur das Endziel der Christen als einer Gruppe in der Welt. Endziel der erlösten Welt, in dessen Licht der Mensch weiß, was gut ist und was er zu tun hat, und zugleich endgültige Bestimmung für die ganze Schöpfung.

Transzendenz im Diesseits geschieht in der Welt, vor der Welt; die Welt ist von ihr geprägt. Der Mensch verwirklicht, bewirkt diese Transzendenz. Sie ist kein metaphysischer Bezugspunkt oder eine übernatürliche Wesenheit, sondern Ereignis, das sich in und mit der Welt vollzieht. In diesem Zusammenhang begreift Bonhoeffer das Leben Jesu als die verwirklichte Transzendenz:

> Wer ist Gott? Nicht zuerst ein allgemeiner Gottesglaube an Gottes Allmacht etc. Das ist keine echte Gotteserfahrung, sondern ein Stück prolongierter Welt. Begegnung mit Jesus Christus. Erfahrung, daß hier eine Umkehrung alles menschlichen Seins gegeben ist, darin daß Jesus nur »für andere da ist«. Das »Für-andere-da-Sein« Jesu ist die Transzendenzerfahrung! ... Glaube ist das Teilnehmen an diesem Sein Jesu. (Menschwerdung, Kreuz, Auferstehung.) Unser Verhältnis zu Gott ist kein »religiöses« zu einem denkbar höchsten, mächtigsten, besten Wesen – dies ist keine echte Transzendenz –, sondern unser Verhältnis zu Gott ist ein neues Leben im »Dasein-für-andere«, in der Teilnahme am Sein Jesu. ... Gott in Menschengestalt! ... auch nicht die griechische Gott-Menschengestalt des »Menschen an sich«, sondern »der Mensch für andere«!, darum der Gekreuzigte. Der aus dem Transzendenten lebende Mensch.[5]

Die Transzendenz ist eine bestimmte Art, in der Welt zu leben, zu handeln und zu wirken. Sie »überschreitet« die Welt jedoch, insofern sie ein Lebensstil ist, der die Welt auf ihre endgültige Bestimmung zubewegt. Der »Mensch für die anderen«, der Mensch in Gemeinschaft, der Mensch, der sich selbst erfährt, indem er in seinem Leben das Leben der anderen erfährt – das ist die Transzendenz. Das ist für Bonhoeffer Jesus. Und das ist Nachfolge Jesu. Sie ist eine andere Welt für die bestehende Welt. Sie ist die Welt, in der einer dem anderen Gutes erweist. Diese »andere Welt« ist die Transzendenz. Nicht außerhalb der Welt, sondern mitten in ihr, aber eben das, was der Welt fehlt. Die Welt sollte sein, was ihre Transzendenz ist. Sie ist jedoch genau das Gegenteil: Sie ist zum Gegensatz ihrer eigenen Transzendenz geworden. Deshalb ist Nachfolge Christi die Umkehrung dieser verkehrten Welt, das Sein für die anderen. Das gilt auch für die Kirche: Die Kirche ist »nicht eine Religionsgemeinschaft von Christusverehrern, sondern der unter Menschen Gestalt gewordene Christus«[6]. Deshalb ist die Kirche nicht einfach der Verein von Gläubigen, der sich der Welt gegenüber zu verteidigen hat:

> Die Kirche kann ihren eigenen Raum ... nur dadurch verteidigen, daß sie nicht um ihn, sondern um das Heil der Welt kämpft. Andernfalls wird die Kirche zur »Religionsgesellschaft«, die in eigener Sache kämpft und damit aufgehört hat, Kirche Gottes und der Welt zu sein.[7]

Das bringt ihn zu einer heftigen Kritik an den Kirchen in den USA. Angesichts seines Transzendenzverständnisses kann diese Kritik jedoch nicht überraschen. Die Hauptsorge der Kirche dort ist ihre eigene Freiheit. Bonhoeffer hat jedoch seine Zweifel daran, daß solcherart Freiheit der Kirche etwas zu tun habe mit christlicher Freiheit und dem Leben der Kirche als Leib Christi.

> Die Amerikaner reden in ihren Predigten so viel von Freiheit. Freiheit als Besitz ist für eine Kirche eine zweifelhafte Sache, Freiheit muß erworben werden unter dem Zwang eines Muß. Freiheit der Kirche kommt aus dem Muß des Wortes Gottes. Sonst wird sie zur Willkür und endet in vielen neuen Bindungen. Ob die Kirche in Amerika wirklich »frei« ist, ist mir sehr fraglich.[8]

Für Bonhoeffer sagt die Freiheit, von der man dort spricht, nichts aus über die Kirche, sondern über den Staat. Das Lob auf die Freiheit der Kirche ist nichts anderes als ein Lob auf den Staat:

> Die religiöse Freiheit (ist) für den Amerikaner ein selbstverständlicher Besitz. ... Freiheit bedeutet ... hier die Möglichkeit, und zwar die der Kirche von der Welt gebotene Möglichkeit der unbehinderten Wirksamkeit. ... *Freiheit der Kirche ist nicht dort, wo sie Möglichkeiten hat, sondern allein dort, wo das Evangelium sich wirklich und in eigener Kraft Raum auf Erden schafft, auch und gerade wenn ihr keine solchen Möglichkeiten angeboten sind.* Die wesentliche Freiheit der Kirche ist nicht eine Gabe der Welt an die Kirche, sondern sie ist die Freiheit des Wortes Gottes selbst, sich Gehör zu verschaffen. ...

Das amerikanische Lob der Freiheit ist eher ein Lob, das der Welt, dem Staat, der Gesellschaft gezollt wird, als eine Aussage über die Kirche. ... Freiheit als institutioneller Besitz ist kein wesentliches Prädikat der Kirche. ... sie kann ... auch die große Versuchung sein, der die Kirche erliegt, indem sie ihre wesentliche Freiheit der institutionellen Freiheit opfert. ... Wo ... der Dank für die institutionelle Freiheit durch ein Opfer der Freiheit der Verkündigung abgestattet werden muß, dort ist die Kirche in Ketten, auch wenn sie sich frei glaubt.[9]

Die Urkirche ist frei, trotz aller Bedrängnisse. Daß man in den USA die Gesellschaft mit ihren Freiheiten als das verwirklichte Reich Gottes interpretiert, ist für Bonhoeffer Grund, von einem Protestantismus ohne Reformation zu sprechen:

Ich überlege jetzt oft, ob es wahr ist, daß Amerika das Land ohne Reformation ist. Wenn Reformation die von Gott gewirkte Erkenntnis des Scheiterns aller Wege zum Aufbau eines Reiches Gottes auf Erden ist, dann trifft es wohl zu.[10]

Er wirft der Kirche vor, eine Kirche ohne Transzendenz zu sein. Zwar bezieht er sich bei dieser Analyse ausdrücklich nur auf die Kirche der USA, es ist jedoch eindeutig, daß die Analyse weit über diesen Einzelfall hinaus Bedeutung hat. Heutzutage müssen wir sie auf die Mehrheit der Kirchen in der westlichen Welt anwenden. Worin liegt der Grund für den Transzendenzverlust der Kirchen? Bonhoeffer sieht ihn in der Spaltung der Welt in einen geistlichen und einen weltlichen Teil:

Durch diese Aufteilung des Wirklichkeitsganzen in einen sakralen und einen profanen, einen christlichen und einen weltlichen Bezirk wird nun die Möglichkeit der Existenz in nur einem dieser Bezirke geschaffen, einer geistlichen Existenz also, die nicht an der weltlichen Existenz teilhat, und einer weltlichen Existenz, die für sich eine Eigengesetzlichkeit in Anspruch nehmen kann und diese gegen den sakralen Bezirk zur Geltung bringt.[11]

Das Christliche hat jetzt seine eigene Welt, die keinen Einfluß ausübt auf die profane Welt; und die profane Welt entwickelt ihre eigenen Gesetze, deren Erfüllung unabhängig ist von den Forderungen christlichen Lebens. Daraus entsteht notwendigerweise ein Christentum ohne Transzendenz, ein Christentum des Gesetzes, nicht des Glaubens:

Das Raumdenken als statisches Denken ist – theologisch gesprochen – gesetzliches Denken. Das ist leicht zu zeigen. Wo das Weltliche als selbständiger Bezirk für sich zu stehen kommt, dort ist die Tatsache des Angenommenseins der Welt in Christus und also die Begründung der Weltwirklichkeit in der Offenbarungswirklichkeit und damit das aller Welt geltende Evangelium geleugnet. Die Welt wird nicht als in Christus von Gott versöhnte erkannt, sondern sie ist ein Bereich, ... der mit einem eigenen Gesetz dem Gesetze Christi entgegentritt.[12]

Ein Gesetz, das Gott nicht unterworfen wird, leugnet die Transzendenz des Menschen, bedeutet Säkularisierung gegen das Christliche.

Es kann nicht einmal ein Gewissen geben, wo solches Gesetz herrscht. Denn aus der Transzendenzerfahrung, aus der Beziehung zum anderen in Christus, urteilt das Gewissen:

Nicht ein Gesetz, sondern der lebendige Gott und der lebendige Mensch, wie er mir in Jesus Christus begegnet, ist Ursprung und Ziel meines Gewissens. Um Gottes und der Menschen willen wurde Jesus zum Durchbrecher des Gesetzes. ... So ist Jesus Christus der Befreier des Gewissens zum Dienst Gottes und des Nächsten. ... Das vom Gesetz befreite Gewissen wird das Eintreten in fremde Schuld um des anderen Menschen willen nicht scheuen, es wird sich vielmehr gerade so in seiner Reinheit erweisen.[13]

Dem Gesetz stellt Bonhoeffer das Gebot Gottes entgegen, das die ganze Realität durchdringt und sich an die Weltwirklichkeit mit ihren eigenen Gesetzen richtet, insofern sie sich nicht der Versöhnung des Menschen mit Gott unterstellen will. Das Gebot Gottes widerspricht dem Gesetz. Es ist ein Gebot der Freiheit, die aus der Transzendenz hervorgeht, damit Gott alles in allem sei. Erst von diesem Gebot Gottes aus kann man die von Bonhoeffer proklamierte Religionskritik im Namen des Christentums verstehen.

## Die Religionskritik im Namen des Christentums

Die Beziehung zwischen Gottesgebot und Gesetz hilft uns zu verstehen, wie Bonhoeffer die Religionskritik im Namen des Christentums konzipiert. Gottes Gebot ist ein Gebot des Lebens: Es gebietet zu leben. Es ist kein Gebot, irgendein Gesetz erfüllen zu müssen. Ja, es kann sogar bedeuten, ein Gesetz übertreten zu müssen, wenn es das Leben verlangt. Es drückt vielmehr in Form eines Gebotes aus, was für Bonhoeffer Jesus in Person ist: das Sein für den anderen. Es ist ein Lebensgebot, welches das Leben als das Leben aller begreift. Es verlangt die Transzendenzfähigkeit des Menschen zu respektieren. Aber ein solches Gebot ist keine Norm, es ist vielmehr Kriterium für jegliche Norm. Das Gebot Gottes ist über jedes Gesetz erhaben und Kriterium für das Gesetz. Im Namen des Lebens gerät das Gebot Gottes mit dem Gesetz in Konflikt. Das Gesetz verlangt Erfüllung, nicht Leben, und verbietet die Übertretung. Das Gebot Gottes dagegen erfüllt man nicht dadurch, daß man dem Gesetz gehorcht, sondern indem man das Gesetz danach beurteilt, ob es dem menschlichen Leben dient oder nicht. Deshalb ist es ein Gebot der Freiheit. Gott gebietet dem Menschen, frei zu sein. Sich über das Gesetz zu stellen und es im Namen der Transzendenz des

Menschen als dem »Sein für den anderen« zu prüfen – das ist das Gebot Gottes. Es nicht zu akzeptieren, bedeutet Hybris:

> Es gibt kaum ein beglückenderes Gefühl, als zu spüren, daß man für andere Menschen etwas sein kann. Dabei kommt es gar nicht auf die Zahl, sondern auf die Intensität an. ... Gott selbst läßt sich von uns im Menschlichen dienen. Alles andere ist der Hybris sehr nahe. ... Für viele Heutige ist der Mensch doch nur ein Teil der Welt der Dinge.[14]

Dabei handelt es sich nicht um Willkür gegenüber dem Gesetz, sondern darum, »daß die prinzipielle Aufhebung der göttlichen Gebote im vermeintlichen Interesse der irdischen Selbsterhaltung gerade dem eigenen Interesse dieser Selbsterhaltung entgegenwirkt.«[15] Es geht um die kritische Prüfung im Namen des menschlichen Lebens, die eine Unterscheidung im Namen diesseitiger Transzendenz sein soll.

Hieraus ergibt sich Bonhoeffers Religionsverständnis. Religion leugnet die Transzendenzfähigkeit des Menschen, indem sie Immanentes zu Transzendentem macht. Das Christentum stellt die Transzendenz mitten in die Welt. Die Religion dagegen projiziert sie ins Jenseits, um von dort aus über die Welt zu urteilen. Religion ist notwendigerweise Gesetz und Erfüllung. Sie legt das Verhältnis zu Gott auf Gesetzesübertretungen fest. Das Gesetz gehört zum weltlichen Bereich, aber die Gesetzesübertretung ist religiös. Anstatt sich von der Transzendenz in ihrer eigenen Mitte bestimmen zu lassen, bestimmt die Welt, was die Religion ist. Indem das Christentum sich zur Religion machen läßt, wird es durch die Gesetze der Welt festgelegt und sucht Gott nur noch in den Verstößen gegen die Gesetze.

Unter diesem Blickwinkel kann Bonhoeffer Christentum und Religion als zwei gegensätzliche Pole begreifen, obwohl er weiß, daß die christliche Tradition auf einem religiösen »a priori« aufbaut. Folglich wendet er diese Polarisierung auch auf das Christentum selbst an. Und das Christentum selbst hat die Aufgabe, sich von der Religion zu befreien.

Die Religion als einer der beiden Pole geht nach Bonhoeffer von einem metaphysischen Gott aus, der von außerhalb Macht über die Welt ausübt: »Wer ist Gott? Nicht zuerst ein allgemeiner Gottesglaube an Gottes Allmacht etc. Das ist keine echte Gotteserfahrung, sondern ein Stück prolongierter Welt.«[16]

Ein solcher Gott ist nicht transzendent, sondern die Welt selber, die sich ins Unendliche projiziert. Ein solcher Gott macht sich selber überflüssig. Er wird zum »Lückenbüßer«.

Es ist mir wieder ganz deutlich geworden, daß man Gott nicht als Lückenbüßer unserer unvollkommenen Erkenntnis figurieren lassen darf; wenn nämlich dann – was sachlich zwangsläufig ist – sich die Grenzen der Erkenntnis immer weiter herausschieben, wird mit ihnen auch Gott immer wieder weggeschoben und befindet sich demgemäß auf einem fortgesetzten Rückzug. In dem, was wir erkennen, sollen wir Gott finden, nicht aber in dem, was wir nicht erkennen.[17]

Auf diese Weise finden die Menschen nicht Gott, sondern einen deus ex machina:

Die Religiösen sprechen von Gott, wenn menschliche Erkenntnis (manchmal schon aus Denkfaulheit) zu Ende ist oder wenn menschliche Kräfte versagen – es ist eigentlich immer der deus ex machina, den sie aufmarschieren lassen, entweder zur Scheinlösung unlösbarer Probleme oder als Kraft bei menschlichem Versagen, immer also in Ausnutzung menschlicher Schwäche bzw. an den menschlichen Grenzen.[18]

Aber einen solchen deus ex machina hat man nicht nötig:

Es zeigt sich, daß alles auch ohne »Gott« geht, und zwar ebensogut wie vorher. Ebenso wie auf wissenschaftlichem Gebiet wird im allgemein menschlichen Bereich »Gott« immer weiter aus dem Leben zurückgedrängt, er verliert an Boden.[19]

Für Bonhoeffer gehört zu dieser metaphysischen Vorstellung von Gott eine individualistische Religiosität, die sich auf die Innerlichkeit beschränkt und um die Seele sorgt. Sie ist eine Religion des »persönlichen«, »intimen«, »privaten« Bereichs und konzentriert sich beim Sündenproblem auf die Frage nach Gesetzesübertretungen.

Die Verdrängung Gottes aus der Welt, aus der Öffentlichkeit der menschlichen Existenz, führte zu dem Versuch, ihn wenigstens in dem Bereich des »Persönlichen«, »Innerlichen«, »Privaten« noch festzuhalten.[20]

Damit fixiert sich die Religion auf die Grenzen der menschlichen Existenz. Das Leben selber zählt nicht. Im Zentrum der Ethik stehen nun die Normverletzungen, die als Sünden geahndet werden. Folglich werden zuerst die Sünden des Menschen gesucht, um ihn dann davon zu erlösen. Sünde und Schuldhaftigkeit des Menschen werden betont, seine Vitalität zerstört. Es scheint, als sei man auf die letzte Grenzsituation des Menschen, auf den Tod fixiert, um seine Erlösung in der Kunst des Sterbens, in der »ars moriendi« zu suchen.

Sokrates überwand das Sterben, Christus überwand den Tod. ... Mit dem Sterben fertigwerden bedeutet noch nicht mit dem Tod fertigwerden. Die Überwindung des Sterbens ist im Bereich menschlicher Möglichkeiten, die Überwindung des Todes heißt Auferstehung. Nicht von der ars moriendi, sondern von der Auferstehung Christi her kann ein neuer reinigender Wind in die gegenwärtige Welt wehen.[21]

Bonhoeffer also bindet das Christentum, insofern es sich als Kritik der Religion versteht, an die Kunst des Lebens, die »ars vivendi«. Die

Züge dieses Christentums widersprechen denen der Religion. Es bezeugt einen Gott, der sich in Jesus als dem »Sein für die anderen« offenbart. Dieser Gott ist wirklich transzendent und nicht einfach die ins Unendliche projizierte Welt selbst. Bonhoeffer interessiert der metaphysische Gott nicht. Und er glaubt auch nicht, daß es für ihn im Bewußtsein der heutigen Welt einen Platz gibt.

In seiner allgemeinen Analyse der heutigen Welt, die er für erwachsen, für mündig hält, betont er die Transzendenz Gottes. Damit gibt er seiner Religionskritik eine neue Wendung, auch wenn er Karl Barth als den Initiator der Religionskritik im Namen des Christentums anerkennt (»Barth hat als erster Theologe – und das bleibt sein ganz großes Verdienst – die Kritik der Religion begonnen«[22]) und Feuerbach zu ihren Vorläufern rechnet. Die heutige Welt ist über die Religion hinaus, nicht jedoch über das menschliche Leben in Transzendenz. Aber es handelt sich um die Transzendenz mitten in einer Welt, die über die Religion hinausgewachsen ist. Die mündige Welt ist nicht einfach eine säkularisierte Welt. Bisweilen spricht Bonhoeffer sogar abschätzig von der Säkularisierung als »säkularisierten Ableger der christlichen Theologie«[23].

Ich will also darauf hinaus, daß man Gott nicht noch an irgendeiner allerletzten heimlichen Stelle hineinschmuggelt, sondern daß man die Mündigkeit der Welt und des Menschen einfach anerkennt, daß man den Menschen in seiner Weltlichkeit nicht »madig macht«, sondern ihn an seiner stärksten Stelle mit Gott konfrontiert, daß man auf alle pfäffischen Kniffe verzichtet und nicht in Psychotherapie oder Existenzphilosophie einen Wegbereiter Gottes sieht.[24]

Er glaubt eine mündige Welt zu erkennen, die von sich selbst überzeugt ist und nicht im mindesten der Ausdrucksformen christlicher Religion bedarf – eine Welt, die nicht einmal mehr Götzen hat:

Götzen werden angebetet, und Götzendienst setzt voraus, daß Menschen überhaupt noch etwas anbeten. Wir aber beten gar nichts mehr an, nicht einmal Götzen. Darin sind wir wirklich Nihilisten.[25]

Nicht nur die christliche Religion, sondern jegliche Götter-Religion hat ihre Bedeutung verloren. Bonhoeffer widersetzt sich folglich auch der Religiosität der seelischen Innerlichkeit, die auf die Grenzen der menschlichen Existenz, auf Normverletzung, Sünde, Leid und Tod fixiert ist.

Was heißt nun »religiös interpretieren«? Es heißt m.E. einerseits metaphysisch, andererseits individualistisch reden. Beides trifft weder die biblische Botschaft noch den heutigen Menschen. Ist nicht die individualistische Frage nach dem persönlichen Seelenheil uns fast allen völlig entschwunden? ... Ich weiß, daß es ziemlich ungeheuerlich klingt, dies zu sagen. Aber ist es nicht im Grunde sogar biblisch? Gibt es im Alten Testament die Frage nach dem Seelenheil überhaupt? Ist nicht die Gerechtigkeit und das Reich Gottes auf Erden der Mittelpunkt von allem? Und ist nicht auch Römer 3,24ff das Ziel des Gedankens, daß Gott allein gerecht sei, und nicht eine individualistische Heilslehre? Nicht um das Jenseits, sondern um diese Welt, wie sie geschaffen, erhalten, in Gesetze gefaßt, versöhnt und erneuert wird, geht es doch. Was über diese Welt hinaus ist, will im Evangelium *für* diese Welt da sein.[26]

Die Sorge um die Grenzen der Existenz bedarf der Religion nicht mehr. Der heutige Mensch weiß damit umzugehen:

»Aber es gilt auch für die allgemein menschlichen Fragen von Tod, Leiden und Schuld. Es ist heute so, daß es auch für diese Fragen menschliche Antworten gibt, die von Gott ganz absehen können. Menschen werden faktisch – und so war es zu allen Zeiten – auch ohne Gott mit diesen Fragen fertig, und es ist einfach nicht wahr, daß nur das Christentum eine Lösung für sie hätte. ... Gott ist auch hier kein Lückenbüßer; nicht erst an den Grenzen unserer Möglichkeiten, sondern mitten im Leben muß Gott erkannt werden; im Leben und nicht erst im Sterben, in Gesundheit und Kraft und nicht erst im Leiden, im Handeln und nicht erst in der Sünde will Gott erkannt werden.«[27]

»Das Reden von den menschlichen Grenzen ist mir überhaupt fragwürdig geworden (ist selbst der Tod heute, da die Menschen ihn kaum noch fürchten, und die Sünde, die die Menschen kaum noch begreifen, noch eine echte Grenze?), es scheint mir immer, wir wollten dadurch nur ängstlich Raum aussparen für Gott; – ich möchte von Gott nicht an den Grenzen, sondern in der Mitte, nicht in den Schwächen, sondern in der Kraft, nicht also bei Tod und Schuld, sondern im Leben und im Guten des Menschen sprechen. An den Grenzen scheint es mir besser, zu schweigen und das Unlösbare ungelöst zu lassen.«[28]

Über das Hohe Lied schreibt er seinem Freund Eberhard Bethge: »Über das Hohe Lied schreibe ich Dir nach Italien. Ich möchte es tatsächlich als irdisches Liebeslied lesen. Das ist wahrscheinlich die beste ›christologische‹ Auslegung.«[29] So sagt Bonhoeffer auch: »Jesus ruft nicht zu einer neuen Religion, sondern zum Leben.«[30] Jesus lehrt die ars vivendi, nicht die ars moriendi, die Kunst zu leben, nicht die Kunst zu sterben. Aber das wird einer mündigen Welt gelehrt, die Gott als »Arbeitshypothese« und als »Lückenbüßer« nicht braucht. Sie lebt, als ob Gott nicht existierte. Eben diese Voraussetzung gilt es zu akzeptieren:

Und wir können nicht redlich sein, ohne zu erkennen, daß wir in der Welt leben müssen – »etsi deus non daretur«. ... Gott selbst zwingt uns zu dieser Erkenntnis. ... Gott gibt uns zu wissen, daß wir leben müssen als solche, die mit dem Leben ohne Gott fertig werden. Der Gott, der mit uns ist, ist der Gott, der uns verläßt (Markus 15,34)! Der Gott, der uns in der Welt leben läßt ohne die Arbeitshypothese Gott, ist der Gott, vor dem wir dauernd stehen. Vor und mit Gott leben wir ohne Gott. Gott läßt sich aus der Welt herausdrängen ans Kreuz, Gott ist ohnmächtig und schwach in der Welt, und gerade und nur so ist er bei uns und hilft uns. Es ist Matth. 8,17 ganz deutlich, daß Christus nicht hilft kraft seiner Allmacht, sondern kraft seiner Schwachheit, seines Leidens! ... Hier wird wohl die »weltliche Interpretation« einzusetzen haben.[31]

In seiner Schwachheit schenkt Christus das Leben, nicht in Stärke oder Allmacht. Jedoch nicht nur in der Schwachheit, sondern in der Würde des Schwachen. In seiner Schwachheit ist er »›der Mensch für andere‹!, darum der Gekreuzigte«[32].

Wer sich jetzt am geringsten Menschen vergreift, vergreift sich an Christus, der Menschengestalt angenommen hat und in sich das Ebenbild Gottes für alles, was Menschenantlitz trägt, wiederhergestellt hat.[33]

Gott ist dort, wo der Mensch gottverlassen ist. Von dort aus ruft Jesus ins Leben. Dies ist der Ort, von dem aus die mündige und religionslose Welt ihn hören kann. Gott verlangt nicht, die Religion aufzurichten, sondern den gottverlassenen Menschen. Darum bittet Gott selber:

Wenn man von Gott »nichtreligiös« sprechen will, dann muß man so von ihm sprechen, daß die Gottlosigkeit der Welt dadurch nicht irgendwie verdeckt, sondern vielmehr gerade aufgedeckt wird und gerade so ein überraschendes Licht auf die Welt fällt. Die mündige Welt ist gottloser und darum vielleicht gerade Gott-näher als die unmündige Welt.[34]

In dieser Perspektive gibt es neue Hoffnung:

Es ist nicht unsere Sache, den Tag vorauszusagen – aber der Tag wird kommen –, an dem wieder Menschen berufen werden, das Wort Gottes so auszusprechen, daß sich die Welt darunter verändert und erneuert. Es wird eine neue Sprache sein, vielleicht ganz unreligiös, aber befreiend und erlösend, wie die Sprache Jesu, daß sich die Menschen über sie entsetzen und doch von ihrer Gewalt überwunden werden.[35]


## Bonhoeffer und die Theologie der Befreiung

Das Vorangegangene macht schon darauf aufmerksam, daß es zwischen der Theologie Bonhoeffers und der lateinamerikanischen Theologie viele gemeinsame Elemente gibt. Die Kritik des metaphysischen Gottes führt zur Kritik der privatisierenden Religiosität, welche die Welt ihren eigenen Gesetzen überläßt, in die Gott nicht eingreift. Diese Kritik verlangt jedoch nicht erneut nach einer Ethik, die im Namen Gottes die Gesellschaft von außen beurteilt, sondern sie definiert den Ort der Ethik mitten in der Welt, um von dort aus alle geltende Ethik zu beurteilen.

Dieser Ort ist der Verfolgte, der Geopferte, der Gottverlassene, der Schwache. Sicher, auch im Nazismus und seiner Ideologie handelt es sich letztlich um den Armen. Friedrich Nietzsche, der klassische Philosoph des Nazismus, spricht vom »Schlechtweggekommenen« als der zentralen Figur, um dessen Zerstörung es geht. In der paranoischen Welt Nietzsches und später des Nazismus entsteht daraus die Verfolgung aller Vorstellungen, die dem »Schlechtweggekommenen« einen Wert zusprechen, insbesondere der menschlichen Gleichheit und, davon ausgehend, des Christentums und des Judentums. Selbst die Judenvernichtung der Nazis wird noch als die Vernichtung aller Wurzeln verstanden, die dem »Schlechtweggekommenen«, d.h. dem Armen, ein Wertgefühl zubilligen könnten. Dadurch erklärt sich die generelle Verfolgungssituation, die der Nazismus schafft. Der Verfolgte ist bei Bonhoeffer der Ort, an dem Gott sich offenbart. Bonhoeffer jedoch verbindet die Entstehung dieser Verfolgungssituation nicht mit der Option für den Armen, obwohl diese darin impliziert ist. Er thematisiert dieses Problem gar nicht. Er sieht sich einer politischen Gewaltherrschaft gegenüber, von der er Deutschland befreien will. Daher setzt er sich nicht mit der Tatsache auseinander, daß die Befreiung von wirtschaftlich-gesellschaftlicher Unterdrückung und Ausbeutung tatsächlich auch im Zentrum der Verfolgungen steht, die der Nazismus anrichtet.

In der lateinamerikanischen Befreiungstheologie hingegen wird gerade der Arme als der Ort angesehen, an dem Gott sich offenbart, so daß von der vorrangigen Option für den Armen gesprochen wird. Dies entspricht der Situation der Dritten Welt, in der auf eine jetzt vielfach sichtbare Weise der Arme im Zentrum der Befreiung steht. Es ist sehr offensichtlich, daß man heute die vielfachen Verfolgungssituationen in der Dritten Welt nicht lösen kann, wenn man nicht die Situation der Armut löst. Die politischen Verfolgungssituationen kann man nicht mehr als ein Problem politischer Gewaltherrschaft, sondern nur noch als Folge einer wirtschaftlich-sozialen Gewaltherrschaft, die der kapitalistische Markt ausübt, erklären. Die Befreiungstheologie wird daher zur Kritik am Kapitalismus und drückt den Ausgangspunkt dieser Kritik durch die Option für den Armen aus.

Bonhoeffer konzentriert sich auf die politische Verfolgungssituation, die er erlebt. Daher weitet er seine Analyse nicht auf die Befreiung von wirtschaftlich-gesellschaftlicher Unterdrückung und Ausbeutung aus. Ja, nicht einmal die Befreiung von der Naziherrschaft thematisiert er ausdrücklich in seiner Theologie. Er bezieht sein theologisches

Denken nur indirekt auf jene Welt. Er fordert eine Theologie für die mündige Welt, kommt jedoch selber nicht dazu, sie zu formulieren. Sein ganzes Denken bleibt im Grunde ausschließlich kirchlich und hält an der Trennung von Kirche und Welt fest, auch wenn er dagegen opponiert. Deshalb gibt Bonhoeffer nicht einmal eine auch nur oberflächliche Analyse des Nationalsozialismus. Er spricht gar nicht davon. Er spricht von der Kirche in der Welt und für die Welt, aber über die Welt sagt er gar nichts. Sie scheint für seine Analyse bedeutungslos. Eine Theologie jedoch, wie Bonhoeffer sie sucht, müßte über die Welt diskutieren, müßte danach fragen, wo sich in dieser Welt der Schwache befindet, dem Gott zur Seite steht. Wenn man gegen das Gesetz der Welt opponiert und von dem Gott spricht, der sich mit diesem Gesetz konfrontiert, ist es nötig, das Gesetz der Welt, in der Bonhoeffer lebt, beim Namen zu nennen, um zu wissen, was der Wille Gottes angesichts dieses Gesetzes ist. Wie kann jenes Gesetz dem Willen Gottes unterworfen werden? Wenn Jesus zum Leben ruft, muß man in weltlichen Begriffen sagen, was das bedeutet. Denn die Welt ist mündig.

Die Religionskritik Bonhoeffers verlangt, die Welt zu behandeln, »etsi deus non daretur« (als ob es Gott nicht gäbe). Aber das verlangt auch, mit der Welt über die Welt zu diskutieren in Begriffen, »als ob es Gott nicht gäbe«. Der Glaube an Gott benennt den Ausgangspunkt für eine solche Diskussion: den Armen und Schwachen. Dieser ist erkenntnisleitendes Prinzip, nicht aus der Erfahrung hergeleitetes Resultat. Das Resultat hängt vielmehr von einer wissenschaftlichen und politischen Analyse der Welt in weltlichen Begriffen ab. Ob z.B. die Auslandsschulden bezahlt werden sollen oder nicht, welche Auswirkung ihre Bezahlung für die Armen hat – das auszusagen ist nicht Aufgabe der Theologie im engen Sinne. Theologisch ist das Kriterium der vorrangigen Option für den Armen.

Es gilt als höchstes Kriterium und Maßstab für die Souveränität des Menschen, sich über das Gesetz der Tilgung der Auslandsschuld hinwegzusetzen, wenn es die vorrangige Option für den Armen verlangt. Wie allen anderen Gesetzen gegenüber ist der Mensch auch vor diesem Gesetz frei. Daß aber diese Freiheit die Zurückweisung der Auslandsschuld verlangt, ist Resultat der Analyse der Welt vom Ort des Armen aus, nicht Resultat des Glaubens. Eine solche Analyse ist jedoch entscheidend, um die Zwielichtigkeit ideologischer Konzepte aufzudecken. Bonhoeffer kann die Ideologien nicht beim Namen nennen, auch wenn er die von ihnen verursachte Umwertung aller Werte sieht:

Die große Maskerade des Bösen hat alle ethischen Begriffe durcheinander gewirbelt. Daß das Böse in der Gestalt des Lichts, der Wohltat, des geschichtlich Notwendigen, des sozial Gerechten erscheint, ist für den aus unserer tradierten ethischen Begriffswelt Kommenden schlechthin verwirrend; für den Christen, der aus der Bibel lebt, ist es gerade die Bestätigung der abgründigen Bosheit des Bösen.[36]

Aber wir brauchen Instrumente, um das ideologische Dickicht zu durchdringen. Wenn uns der IWF sagt, die Tilgung der Auslandsschulden diene politisch letztlich dem Wohl der Armen selbst, dann wissen wir, daß es sich hier um eine »Bestätigung der abgründigen Bosheit des Bösen« handelt, die alles verdreht, indem sie die Boshaftigkeit als einen Akt der Gerechtigkeit erscheinen läßt. Ohne eine vorausgehende Analyse jedoch – etsi deus non daretur und von den Gottverlassenen aus, welche die Armen sind, in denen Gott sich offenbart – ist ein solches Resultat nicht möglich. Am Umgang mit den Armen erkennt man, wer Gott für uns und was unser Glaube an ihn ist.

Bonhoeffer äußert diese Erkenntnis nicht. Er deklariert die Freiheit des Menschen gegenüber dem Gesetz. Vom Gesetz selber aber spricht er wesentlich vorsichtiger. Vermutlich konnte er sich nur verschlüsselt dazu äußern, um sich und andere nicht noch mehr zu gefährden. Das führt zu merkwürdigen Widersprüchen in seinen Positionen, insbesondere hinsichtlich der Freiheit gegenüber dem Gesetz. Im Namen des Gottesgebotes – des Gebotes der Freiheit gegenüber dem Gesetz – hat er dem Gesetz widersprochen. Er legt uns am Ende jedoch das Gesetz wieder als Kern des Gottesgebotes vor:

Nicht weil an den Grenzen meines Lebens ein drohendes »Du sollst nicht ...« steht, sondern weil ich die in der Mitte und Fülle des Lebens mir begegnenden Gegebenheiten, Eltern, Ehe, Leben, Eigentum als Gottes heilige Satzung selbst bejahe, weil ich in ihnen lebe und leben will, ehre ich die Eltern, halte ich die Ehe, achte ich fremdes Leben und Eigentum. ... Nicht in der Vermeidung der Übertretung, nicht in der Qual des ethischen Konfliktes und der Entscheidung, sondern im frei bejahten selbstverständlichen Leben in der Kirche, in der Ehe, in der Familie, in der Arbeit und im Staat hat das Gebot sein Ziel.[37]

Plötzlich wird der Raum der Freiheit von der Erfüllung des Gesetzes wieder eingeschränkt. Damit wird die Freiheit Jesu völlig uminterpretiert:

Jesus steht vor Gott als der Gehorsame und als der Freie. Als der Gehorsame tut er den Willen des Vaters in blinder Befolgung des ihm befohlenen Gesetzes. Als der Freie bejaht er den Willen aus eigenster Erkenntnis mit offenen Augen und freudigem Herzen, schafft er ihn gleichsam aus sich selbst heraus aufs neue. Gehorsam ohne Freiheit ist Sklaverei, Freiheit ohne Gehorsam ist Willkür. Der Gehorsam bindet die Freiheit, die Freiheit adelt den Gehorsam.[38]

Es scheint, als ob ihn Furcht vor der eigenen Freiheit überkomme. Bonhoeffer hatte gesagt: »Um Gottes und der Menschen willen wurde Jesus zum Durchbrecher des Gesetzes.«[39] Warum behauptet er jetzt das Gegenteil: »in blinder Befolgung des ihm befohlenen Gesetzes«?

Die Furcht Bonhoeffers hat vielleicht mit dem Problem des Privateigentums zu tun. Dieses müßte er dem menschlichen Leben unterordnen. Aber das hätte zur Folge, den Menschen auch gegenüber den Auflagen des Privateigentums für frei zu erklären (und heute gegenüber den Auflagen des IWF). Damit würde Bonhoeffer aufhören, ein bürgerlicher Theologe zu sein. Er kann es in seiner Lage jedoch vielleicht nicht wagen, diese Grenze zu überschreiten. In seiner Arbeit über die Wahrheit dagegen folgt er einem völlig anderen Pfad.[40] Dort kann selbst die Lüge der Wahrheit dienen. Er wagt es jedoch nicht, für das Privatgentum das gleiche gelten zu lassen.

Was Bonhoeffer bei der Gesetzeskritik widerfährt, geschieht auch in der Religionskritik. Statt sie auf die Weltlichkeit der Welt anzuwenden, verwendet er sie scheinbar ausschließlich für den kirchlichen Bereich. In der Gegenüberstellung von Christentum und Religion geht er über die Religion im Christentum und in der liberalen Theologie nicht hinaus. Die erschreckendste Religion seiner Zeit befindet sich jedoch außerhalb des Christentums in der Welt und dringt von dort her ins Christentum ein. Bonhoeffer scheint nicht wahrzunehmen, daß der Nationalsozialismus ausdrücklich eine Religion ist. Jede Rede der Nazigrößen ist gespickt von Bezügen zu Gott: zum Allmächtigen, zur Vorsehung, zum Herrn der Geschichte, zum Herrgott. Der Nationalsozialismus hat sich religiös konstituiert. Er ist Religion ohne jedes Christentum, aber verwendet ausgewählte Versatzstücke des Christentums. Mit dem Atheismus will er nichts zu tun haben. Die Nazis stellen sich überall als »Gottgläubige« vor.

Während Bonhoeffer die Bekennende Kirche unterstützt, gerät er in heftigen Konflikt mit der Reichskirche oder der Deutschen Kirche, welche die Nazi-Religion übernimmt und diese innerhalb der Kirche repräsentiert. Daß sich hinter den deutschen Christen eine vom Christentum völlig unabhängige Religion verbirgt, die jedoch in das Christentum eindringt, wird bei Bonhoeffer nicht deutlich. Es handelt sich um einen wirklichen Götzendienst, den Bonhoeffer aber als solchen nicht angreift. Daß die mündige Welt sich mit ihrer Emanzipation von Gott ihre eigene Religion und ihre eigenen Götter schafft, bleibt unausgesprochen. Bonhoeffer meint sogar – und das ist bemerkenswert –, daß die Welt keine Religion habe und an nichts glaube. Er sagt uns: »Götzen werden angebetet, und Götzendienst setzt voraus, daß die Menschen überhaupt noch etwas anbeten. Wir beten aber gar nichts mehr an, nicht einmal Götzen.«[41] Dabei ist es ein gigantischer Götzendienst, der sich anschickt, ihn selber seinem Götzen zu opfern. Hat Bonhoeffer dafür jedoch keinen Blick, weil er den Götzendienst ausschließlich kirchlich und nicht weltlich interpretiert? Oder sind hier Verschlüsselungen im Spiel, die wir noch nicht dechiffriert haben?

Hier spielt sicher die Tatsache eine Rolle, daß Bonhoeffer in der Welt, in der er lebt, keineswegs frei sprechen kann. Alles, was er sagt, unterliegt einer strengen Kontrolle, so daß er vieles, was er sagen möchte, nicht sagen kann. Außerdem muß sein erstes Anliegen sein, gegen das System zu kämpfen, dem er ausgeliefert ist. Er spricht schließlich nicht für die Nachwelt, sondern für seine Mitwelt. Dem ordnet er daher völlig zu Recht seine Gedanken unter.

Wir, die wir in einer anderen Welt leben, sind auch mit den Problemen unserer Welt konfrontiert, die eben andere sind als die der Welt, in der Bonhoeffer lebte. Die Geopferten, die Schwachen, die Gottverlassenen unserer Welt sind in einem viel direkteren Sinne als zur Zeit Bonhoeffers die Armen. Für Bonhoeffer sind es die ungeheure Zahl der Verfolgten, die keineswegs arm in irgendeinem sozialen oder wirtschaftlichen Sinne sind, obwohl ihre Verfolgung mit der der Armen zusammenhängt. Im Zusammenhang der Sprache Bonhoeffers taucht daher der Vefolgte auf, und er ist der wesentlich Schwache und von Gott Verlassene.

In unserer heutigen Situation behält der Verfolgte ganz generell diese Position. Aber es ist viel unmittelbarer sichtbar, daß die Verfolgung ein Ergebnis der Unterdrückung der Armen ist. Man kann heute nicht gegen die Verfolgung sein, ohne gleichzeitig gegen die Unterdrückung der Armen zu sein.

Dies ergibt dann die besondere Situation unserer Kritik an Bonhoeffer. Es ist nicht die Kritik daran, was er in seiner Welt zu dieser Welt sagt. Die Kritik verlangt also nicht von ihm, etwas anderes zu sagen, als er tatsächlich gesagt hat. Das wäre für ihn höchstwahrscheinlich gar nicht möglich und daher auch nicht sinnvoll gewesen. Es ist eine Kritik daran, was er heute zu uns sagt, wenn wir ihn lesen und auf unsere Welt hin interpretieren. Da er gar nicht zu uns gesprochen hat, sondern zu seiner Welt, ist das keine Kritik an dem, was Bonhoeffer tatsächlich zu seiner Welt gesagt hat. Daher versucht diese Kritik ihm nicht vorzuschreiben, was er gesagt haben sollte. Es handelt sich vielmehr um eine Kritik, die zeigen soll, welche Schwächen seine Worte haben, wenn wir sie als an uns gerichtet interpretieren. Sicher, wäre er allwissend gewesen, wären diese Schwächen nicht entstanden. Da er aber ein Mensch wie alle Menschen war, spricht er menschlich und daher beschränkt. In einer späteren und anderen Welt werden solche Schwächen dann sichtbar, und es ist entscheidend wichtig, sie sichtbar zu machen, um frei zu sein, auch zu dieser, jetzt anderen Welt sprechen zu können. Dabei können wir immer davon ausgehen, daß ein Mann, der wie Bonhoeffer auf der Seite der Schwachen und Verfolgten stand und dafür sogar sein Leben geopfert hat, auch heute auf der Seite der Geopferten und der Schwachen stehen würde und dabei den Armen als das Zentrum des Menschenopfers in unserer Welt entdecken würde. Letztlich ist die Überzeugung davon die Rechtfertigung der Kritik an Bonhoeffer. Dem Zeugnis für die Schwachen wird man nicht dadurch gerecht, daß man die Worte nachredet, die der Zeuge gesprochen hat, sondern dadurch, daß man die Worte findet, die eine Erneuerung des Zeugnisses erlauben. Nur so nimmt man die Tradition des Zeugen auf. Es handelt sich offensichtlich um das, was man den hermeneutischen Zirkel nennt.

Für die lateinamerikanische Theologie ist Religionskritik die Kritik am weltlichen Götzendienst.[42] Dabei handelt es sich jedoch nicht mehr um die Idolatrie der Nazis, sondern des kapitalistischen Systems. Markt, Geld und Kapital als Phänomene dieser Idolatrie schaffen sich ihre eigene Religiosität und durchdringen damit Christentum und Kirchen. Die Welt, die sich vor Gott nicht mehr verantwortet, bemächtigt sich Gottes. Die mündige Welt ist keine religionslose Welt, sondern hat sich für ihre religiöse Produktion frei gemacht von den Kirchen, vom Christentum und seiner Theologie. Diesen Tatbestand deckt die lateinamerikanische Theologie der Befreiung auf, indem sie aufgrund der Option für die Armen die Befreiung als eine Befreiung der Welt selbst entdeckt. Folglich spricht sie nicht von einer religionslosen Welt, wie Bonhoeffer das tut, sondern vom Götzendienst, den die Welt hervorbringt, und von seiner Kritik. Die Befreiungstheologie ist nicht gegen die Religion, sondern gegen den Götzendienst.

Das sind gewichtige Unterschiede. Sie dürfen jedoch die große Nähe beider Theologien zueinander nicht vergessen machen. Beide können sich gegenseitig bereichern. Zweifellos ist Bonhoeffer ein bedeutsamer Wegbereiter für das Entstehen der Befreiungstheologie. Aber ebenso gewiß ist, daß die heutige theologische Tradition in Deutschland, die sich von Bonhoeffer herleitet, durch die Einsichten der lateinamerikanischen Theologie der Befreiung in Frage gestellt und bereichert wird.

Am meisten jedoch eint sie, daß beide sich nicht in erster Linie als akademische, sondern als pastorale Theologien verstehen. Sie gehen von der konkreten wirtschaftlichen, politischen und gesellschaftlichen Situation aus, um sie theologisch zu interpretieren. Eben deshalb reicht Bonhoeffers Bedeutung über seine Schriften und Lehren hinaus. Er ist ein bedeutsamer Zeuge, der sein Zeugnis mit dem Martyrium besiegelt hat. Auch das verbindet ihn mit vielen Märtyrern Lateinamerikas.

# Kapitel 4:
# Die Todesfalle des Fortschritts:
# Betrachtungen zu einem Buch
# von Eugen Drewermann[1]

Eugen Drewermanns Buch »Der tödliche Fortschritt« ist bereits 1981 erschienen. Seine Ideen und Thesen sind dennoch keineswegs veraltet. In der aktuellen Diskussion über »Gerechtigkeit, Frieden und Bewahrung der Schöpfung« begegnet man auf Schritt und Tritt immer noch jenen Argumenten, die auch bei Drewermann zu finden sind. Darum ist die Auseinandersetzung mit ihm als exemplarisch anzusehen. Franz J. Hinkelammert betreibt sie aus der »Option für die Armen«. Wer sich in der aktuellen Diskussion daran ebenfalls orientiert, wird hier Argumentationshilfen finden. Darum war es wichtig, den Aufsatz in das Buch mit aufzunehmen.

Es ist zu einer weitverbreiteten Ansicht geworden, den Fortschritt, überhaupt die Moderne, als den Schuldigen für die Gefahren anzusehen, denen sich die Menschheit am Ende des 20. Jahrhunderts gegenübersieht. Tatsächlich steht heute die Menschheit vor dem kollektiven Selbstmord.

Es ist eine bloße Tautologie, zu sagen, daß der Fortschritt daran Schuld trage, denn ohne ihn wäre es nicht so weit gekommen, so wie wir auch nicht dahin gekommen wären, wenn es gar keine Menschen gäbe oder wenn es die Erde nicht gäbe.

Es gehört zum menschlichen Leben, fortzuschreiten. Aber *dieser* Fortschritt, in dem wir uns befinden, ist offensichtlich etwas anderes. Seine Logik ist die Zerstörung des Lebens selbst, so daß es problematisch wird, überhaupt von Fortschritt zu sprechen. Wenn wir fortschreitend den Ast absägen, auf dem wir sitzen, dann geschieht zwar ein Fortschritt, aber er führt nicht unbedingt nach vorn. Als der brasilianische Präsident Branco nach dem Militärputsch 1964 seine Antrittsrede hielt, sagte er folgendes: Vor 1964 standen wir vor einem Abgrund. Jetzt, nach der Machtübernahme durch das Militär, haben wir einen großen Schritt vorwärts getan.

Um diese Art Fortschritt geht es.

Kann man den Fortschritt so lenken, daß er am Abgrund vorbeiführt?

Wie viele andere auch, stellt Eugen Drewermann in seinem Buch »Der tödliche Fortschritt« diese Frage.

Ich möchte im folgenden einige seiner Thesen diskutieren, da ich nicht glauben kann, daß sie fähig sind, uns zu einer Antwort auf die Frage zu verhelfen. Ich bin überzeugt, daß, sollte es eine Antwort geben, diese völlig anders aussehen muß.

144

# Der Anthropozentrismus

Wer von »Umwelt« spricht, meint stets die Umwelt des Menschen, und all seine Argumente für den Schutz dieses oder jenes Teils der Natur erhalten ihre Plausibilität nur innerhalb menschlicher Zwecksetzungen und im Appell an den menschlichen Überlebenswillen. ... Es wird (oder würde) geistig eine Menschenrasse sein, die aus der Selektion des Schlechtesten am heutigen Menschen hervorgeht: aus dem Willen zu einem rigorosen und schrankenlosen *Anthropozentrismus*, der nur den Menschen kennt und kennen will, ohne zu bedenken, daß der Mensch selbst verstümmelt wird, wenn man von Grund auf die vorgegebenen Beziehungen zu Herkunft und Ursprung des Menschen methodisch und praktisch verleugnet.[2]

In diesen Worten Drewermanns steckt ein merkwürdiger Widerspruch, der sich durch seine ganze weitere Auseinandersetzung mit dem Anthropozentrismus hindurchzieht. »Der Mensch verstümmelt sich selbst«, wenn er anthropozentristisch ist, d.h. im Sinne Drewermanns, wenn er »nur den Menschen kennt und kennen will«. Das Argument gegen den Anthropozentrismus ist selbst anthropozentristisch: Damit der Mensch sich nicht selbst verstümmelt, darf er nicht nur den Menschen kennen und kennen wollen, sondern muß diese Anerkennung auf die Natur ausdehnen. Ich bin, was das Ergebnis betrifft, durchaus einer Meinung mit Drewermann, kann aber keinen Grund zur Kritik des Anthropozentrismus entdecken.

Drewermann kritisiert einen sogenannten Anthropozentrismus, der, indem er Feind der Natur ist, den Menschen und die Natur verstümmelt. Aber das Argument, das er für die Anerkennung der Natur anführt, geht vom Menschen als seinem Zentrum aus. Nur wenn er die Natur über seinen Nutzenkalkül hinaus anerkennt, kann der Mensch seine Würde verwirklichen, d.h. ganzer Mensch sein. Wenn er ganz Mensch sein will, folgt, daß er die Natur anerkennen muß. Ich zweifle nicht an der Wahrheit dieser Aussage, und ich zweifle ebensowenig daran, daß dies ein anthropozentrischer Standpunkt ist. Nennen wir ihn den humanistischen Anthropozentrismus. Er steht im Gegensatz zu jenem anderen, dem Anthropozentrismus des kalkulierbaren Nutzens, dem dogmatischen Anthropozentrismus. Wenn Drewermann von Anthropozentrismus spricht, meint er immer den dogmatischen.

Tatsächlich argumentiert er ständig von einem humanistischen Anthropozentrismus aus, ohne sich dessen bewußt zu sein. Die fehlende Unterscheidung der verschiedenen anthropozentrischen Positionen führt ihn zu ständigen Konfusionen, die dadurch nicht geringer werden, daß er ständig darauf bestehen muß, daß seine eigene Position keine anthropozentristische ist. Hinzu kommt das völlige Fehlen einer methodologischen Analyse, die ihm zufolge doch zeigen müßte, daß die menschliche Vernunft einer Erkenntnis, unabhängig vom Standpunkt des Menschen, fähig ist. Sie müßte also zeigen, daß ein *nicht* anthropozentrisches Denken überhaupt möglich ist. Ich vermag weder bei Drewermann noch bei anderen den geringsten Anhaltspunkt für eine solche Möglichkeit zu sehen. Tatsächlich kann der Mensch gar nicht denken, ohne vom Standpunkt des Menschen aus zu denken. Sein Denken ist subjektiv.[3]

## Das technisch Machbare

Ein analoges Problem taucht im Zusammenhang mit dem *technisch Machbaren* auf. Drewermann zitiert in diesem Zusammenhang Mihailo Mesarovic und Eduard Pestel:

> Wir stehen in diesem Augenblick der Geschichte vor einer beispiellosen Entscheidungssituation. Zum erstenmal, seit der Mensch überhaupt existiert, wird er herausgefordert, sich gegen das vom wirtschaftlichen und technologischen Standpunkt aus Machbare zu entscheiden und sich dafür einzusetzen, was seine Moral und seine Verantwortung für alle kommenden Generationen von ihm verlangen.[4]

Was die menschliche Moral und Verantwortung verlangen, ist nach Drewermann ein *freiwilliges Ende des Wachstums*«[5] oder nach Mesarovic und Pestel der »Übergang von einer wachstumsorientierten Wirtschaft zum wirtschaftlichen Gleichgewicht«.[6]

Drewermann übernimmt von Mesarovic und Pestel die Grundkategorien ihrer Analyse, insbesondere die Entgegensetzung von technisch Machbarem auf der einen und Moral und Verantwortung auf der anderen Seite. Warum aber müssen wir uns gegen das technisch Machbare entscheiden? Drewermann sagt, aus Gründen der Moral und der Verantwortlichkeit. Sein tatsächliches Argument ist anders, ebenso wie bei Mesarovic und Pestel. Es zeigt, daß die Menschheit nicht überleben kann, wenn weiterhin alles technisch machbar Scheinende verwirklicht wird. Der Mensch ist ein Naturwesen; deshalb geht er unter, wenn die Natur untergeht. Erst hieraus folgt, daß Verantwortlichkeit eine Alternative fordert. Das bedeutet aber, daß das sogenannte technisch Machbare eben nicht machbar ist, weil es in seiner Konsequenz seinen eigenen Antrieb zerstört. Verfolgt die Menschheit den Weg des technisch Machbaren weiter, zerstört sie nicht nur die Natur und sich, sondern auch die Technik selbst. Dieser Weg führt also zum kollektiven Selbstmord der Menschheit.

Indem Drewermann dieser Entwicklung direkt und unmittelbar Werte wie Moral und Verantwortlichkeit entgegenhält, zeigt er das Wichtigste eben nicht: daß unsere Technik durch einen Mythos der Machbarkeit beherrscht ist. Er zeigt nicht, daß das technisch als realisierbar Geltende letztlich gar nicht realisierbar ist, weil die Konsequenz der kollektive Selbstmord der Menschheit wäre. Das – und nicht wie man glaubt der automatische Fortschritt – ist die Logik der Technik. Technischer Fortschritt ist nur möglich, wenn man die Technik relativiert, wenn man ihren Automatismus nicht mehr zuläßt, d.h. wenn man sie dem Menschen unterstellt. Der Techniker ist unfähig, über die Technik zu urteilen, solange er nicht entdeckt, daß die Folge des Glaubens an die technische Machbarkeit das Ende der Technik selbst ist.

Natürlich ist nicht alles, was technisch möglich ist, unter diesem Gesichtspunkt undurchführbar. – Was wir brauchen, ist ein Unterscheidungskriterium. Aus der Technik selbst, wie der Techniker sie sieht, ist kein Kriterium ableitbar. Der Techniker, der alles scheinbar Machbare auch für realisierbar hält, wird zum Mythiker, zum Ideologen des Automatismus des technischen Fortschritts.

Will man entscheiden, was tatsächlich machbar ist, muß man jede einzelne Technologie im Zusammenhang aller anderen Technologien und aller Naturprozesse beurteilen. Nur wenn man sie nach ihrem Einfluß auf diese Totalität aller Natur hin beurteilt, kann man ein Urteil über ihre Machbarkeit fällen. Sie ist Teil dieser Totalität und kann nur rational beurteilt werden, wenn sie als solch ein Teil betrachtet wird.

Das Problem der technischen Machbarkeit führt zum Problem der Totalität aller Naturprozesse. Es stehen sich nicht Machbarkeit und Werte gegenüber, sondern partielle Machbarkeit und menschliche Machbarkeit: Machbarkeit, deren Konsequenz der kollektive Selbstmord ist, und Machbarkeit, deren Konsequenz die Lebensmöglichkeit des Menschen ist. Jeder dieser Möglichkeiten entsprechen natürlich bestimmte Werte, eine bestimmte Moral und Verantwortlichkeiten. Man wählt nicht zwischen Technik und Moral, wie Drewermann zusammen mit Mesarovic und Pestel glaubt; ebensowenig wie man zwischen Anthropozentrismus und Allnatur (Einheitsdenken) wählen kann. Man wählt zwischen kollektivem Selbstmord und menschlichem Leben im Zusammenhang der Natur.

## Der Mensch als Maß aller Dinge
## Die biblische Schöpfungsgeschichte

Dies führt zu einer anderen Konfusion. Drewermann klagt ständig darüber, daß die Kirche oder die moderne Gesellschaft den Menschen in den Mittelpunkt alles Lebens und des gesamten Universums gestellt habe. Der Mensch als Maß aller Dinge[7] bis zum Menschen als Mittelpunkt des Handelns in der Welt erscheinen als das große Unglück der Menschheit. Er meint, »daß man buchstäblich um Gottes willen die Natur größer und den Menschen lediglich als ihren – unbedeutenden – Teil betrachten müsse.«[8]

Auch hier bringt er wieder einen humanistischen Anthropozentrismus ins Spiel, ohne ihn ausreichend zu reflektieren. Er tut dies, wenn er die Schöpfungsgeschichte des Jahwisten kommentiert:

> Auch der Jahwist stellt den Menschen in gewissem Sinne in den Mittelpunkt der Schöpfung Gottes, aber anders als die Priesterschaft: nicht um zu herrschen und sich auszubreiten steht der Mensch im Zentrum der Welt, sondern um die Welt, die in der Einheit mit Gott wie ein Paradies sein kann, zu bedienen und zu bewahren; nicht im Sieg über die Schöpfung wie über einen Feind, sondern in einer Art Gehorsam gegenüber der Natur sieht der Jahwist den Auftrag des Menschen.[9]

Steht der Mensch nun im Zentrum oder nicht? Ist der Anthropozentrismus eine Aggression oder nicht? Es scheint nun so, als gäbe es zwei Formen des Anthropozentrismus, woraus resultiert, daß der Anthropozentrismus als solcher nicht mehr angreifbar sein dürfte. Aber Drewermann fährt fort:

> Statt der Anthropozentrik der Angst und des Machtwillens hat der Mensch den Auftrag, den »Baum in der Mitte des Gartens«, das Zentrum der Welt, zu respektieren. Nur solange ist diese Welt für den Jahwisten ein Paradies, als die Erde einen Mittelpunkt besitzt, der dem Menschen vorgegeben ist und ihn mit dem Himmel verbindet.[10]

Offensichtlich steht der Mensch also im Mittelpunkt, wenn der Baum im Mittelpunkt steht und nicht der Mensch. So kommt Drewermann zum Verhältnis von Mensch und Tier:

> »Der Jahwist befindet sich damit im Einklang mit den großen menschheitlichen Überlieferungen, wonach die Menschen im Ursprung fähig und berufen seien, den Tieren und Dingen ringsum ›Namen‹ zu geben. Man hat auch darin seitens der Exegese zumeist eine Art Machtausübung (durch Namensmagie) sehen wollen; aber in Wahrheit geht es viel eher um ein Vernehmen dessen, was die Lebewesen in ihrem Wesen sind.«[11]
>
> »Ja, es ist für den Jahwisten ein und dieselbe Entwicklung, daß die Menschen aufhören, mit den Tieren zu reden, daß Gott aufhört, mit den Menschen zu reden, und daß

am Ende die Menschen einander selbst nicht mehr verstehen, so daß ihr Machwerk an der eigenen Seelenverwirrung zusammenbricht. ... Nach diesem Zeugnis der Bibel ist es mithin des Menschen *Schuld,* wenn ihm die Natur als feindlich erscheint! – Gemessen an dieser Ansicht, die freilich bereits im Judentum so gut wie einzig dasteht, ist es mithin nicht ein Wesensauftrag, sondern ein Symptom des Gottesabfalls, die Natur sich ›untertan zu machen‹, statt sie zu ›bedienen‹, sich von ihr immer mehr zu unterscheiden, statt sich in sie einzufügen, ihr zu befehlen, statt auf sie zu horchen.«[12]

In der Namensgebung liegt eine Überordnung, auch wenn es eine dienende ist. Die Beziehung ist einseitig, das Naturwesen Mensch steht gleichzeitig in der Natur und als einziger der gesamten Natur gegenüber. Deshalb gibt er die Namen. Der umgekehrte Vorgang ist nicht möglich – nicht in unserer Wirklichkeit. Wenn der Mensch nicht Ordnung setzt, dann geht die Welt zugrunde. Folglich hat auch nicht Gott die Ordnung gesetzt, sonst hätte er ja wohl die Namen gegeben. Damit steht der Mensch im Mittelpunkt und nicht der Baum, denn der Mensch gibt dem Baum seinen Namen.

In der Bibel wird dies »untertan machen« genannt. Dieser Begriff steht auch für das Verhältnis des Menschen zu Gott und das Verhältnis der Kinder zu ihren Eltern. Sie sollen auch untertan sein. Das heißt durchaus: an einer Situation der Unterordnung mitwirken – mit einem ordnenden Willen mitwirken, der ihrer eigenen Situation entspricht. Gott will, daß der Mensch im Mittelpunkt steht; der Vater will, daß die Kinder im Mittelpunkt seines Willens stehen; und der Mensch will, daß die Natur, sofern sie ihm gegenübersteht, im Mittelpunkt seines eigenen Lebens steht. Dies steht alles im Rahmen einer Hierarchie, die doch in keinem Fall bedeutet, daß einer mit dem andern gegen dessen eigenen Rechte verfährt. Gott steht nur im Mittelpunkt des Universums, wenn der Mensch im Mittelpunkt steht. Der Vater steht nur dann im Mittelpunkt, wenn im Mittelpunkt des Vaters die Kinder stehen – und zwar nicht als seine Ausbeutungsobjekte. Und der Mensch steht doch nur im Mittelpunkt der Natur, wenn dieser die Natur als den Mittelpunkt seines Lebens betrachtet.

Daß Gott im Mittelpunkt der Welt stehen soll, aber der Mensch nicht, das ist das Ende jeder Harmonie.

In diesem Sinne ist es völlig falsch zu sagen, die moderne Gesellschaft hätte den Menschen in den Mittelpunkt gestellt. Das Mittelalter hat Gott in den Mittelpunkt gestellt, gegen den Menschen. Die bürgerliche Gesellschaft hat den Markt in den Mittelpunkt gestellt, gegen den Menschen. Die sozialistische Gesellschaft, zumindest in ihrer stalinistischen Form, hat das Wirtschaftswachstum und durch dieses hindurch den Plan in den Mittelpunkt gestellt, gegen den Menschen. Immer waren es Minderheiten, die im Namen Gottes, des Marktes oder des Plans sich gegen den Menschen gestellt haben. Gegen die anderen haben sie sich in den Mittelpunkt gestellt, folglich haben sie es ebenso gegen die Natur getan. Der Mensch stellt sich gegen die Natur, indem er sich gegen den Menschen stellt. Die Natur wird zum Feind, weil der Mensch zum Feind wird. Genau dies ist im Opfer Isaaks durch Abraham enthalten. Indem Abraham das Opfer verweigert, wird er Mensch, ein Vater, der gleichzeitig Bruder ist. Indem er wahrhaft Vater wird, hört er auf, Vater als Autorität zu sein. Wenn aber Abrahams Glaube einfach nur darin bestand, zum Mord an seinem Sohn bereit zu sein, dann entsteht die Feindschaft, die zur absoluten Herrschaft über Mensch und Natur führt.

In der Verweigerung des Sohnesopfers hört die Hierarchie der Autorität auf, weil sie ihren Gegenstand verliert. Dies ist die absolute Utopie. In der Beziehung zwischen Mensch und Natur wäre es die Freundschaft zwischen beiden, die an Stelle ihrer Feindschaft tritt. Im Verhältnis zu Gott wäre es der Gott, der alles in allem wird, gemäß Paulus und der Offenbarung.

Dieser Zustand wird sich nicht einstellen, einfach weil wir es so wünschen und wollen. Gott ist auch Feind des Menschen; der Vater ist auch Feind seiner Kinder; und der Mensch ist auch Feind der Natur. Auch das ist Realität. Das Problem entsteht, wenn diese Feindschaft als Auftrag gesehen wird und nicht als Unglück. Dann gibt es keinen Ausweg mehr; die Zerstörung des jeweils anderen wird zur Selbstverwirklichung. Die Zerstörung gibt sich dann als die wirkliche, die wahre Vermenschlichung aus.

Da Drewermann hier nicht unterscheidet, liest er in die Bibel Haltungen hinein, die nichts mit ihr zu tun haben. Die Moderne entsteht erst, als das Römische Reich sich christianisiert und jetzt, aus seiner Tradition heraus, die Bibel liest, was vom 4. Jahrhundert an geschieht.

Wir stehen damit nicht mehr in einer jüdisch-christlichen Tradition, sondern in einer römisch-christlichen, die alle Auffassungen der jüdischen Tradition verändert und sich ihr unterwirft. Es gibt keine doppelte Beziehung mehr, die das Untertanmachen und die Gemeinsamkeit als Dienst zusammenfügt. Das Untertanmachen wird zum Prinzip, von dem man behauptet, es sei im Wesen ein Dienst: der Herr als erster Diener des Beherrschten. Mit der jüdischen Tradition hat dies nicht das geringste zu tun, es ist imperial interpretiertes Christentum.

Die jüdische Tradition ist immer vermittelnd, sie spielt nicht ein Extrem gegen das andere aus. In diesem Sinne ist sie nicht manichäisch. Wir sahen diese Ambivalenz schon bei der Opferung Isaaks durch Abraham. Die ständige Vermittlung setzt sich fort in der Vermittlung zwischen den Polen von Priester und Prophet, Gesetz und Leben, Opfer oder Barmherzigkeit. Hieraus erklärt sich die Existenz der Bibel selbst, in der kein Pol den Gegenpol vernichtet.[13] Es ist die Geschichte eines Volkes, in der alle eine Stimme haben, Arme und Reiche, Herrscher und Beherrschte. Viele Mythen werden sogar zweimal erzählt, und zwar auf gegensätzliche Art, wie es bei den zwei Schöpfungsberichten der Fall ist. Auch im Abraham-Isaak-Opfer kommt diese Ambivalenz zum Ausdruck. Der Exodus hat zwei Interpretationen: die priesterliche, die das Gesetz begründet, und die prophetische, die die Befreiung von der Sklaverei ausdrückt. Die jüdische Geschichte ist die Vermittlung zwischen diesen Positionen. Die griechische oder römische Geschichte kennt solche Vermittlung nicht. Deren Klassenkämpfe kennen wir nur durch die Stimme der Herrschenden; jede andere Stimme wurde vernichtet. Das gleiche begegnet uns in der christlichen Geschichte, wo wir von den Armen oder beherrschten Klassen nichts oder fast nichts wissen. Ihre Dokumente sind verbrannt. Erst seit dem 16. Jahrhundert konnte man nicht mehr alles verbrennen, weil die Buchdruckerei erfunden wurde und manche Exemplare der Zensur entkommen konnten. Aber selbst dann gelingt es noch in vielen Fällen, die Traditionen der Unterdrückten zu vernichten. In der jüdischen Tradition verfuhr man nicht so mit den Quellen, und das ist einer der Gründe für ihren Reichtum. Die jüdische Tradition kennt auch fast keine Häretiker, da sie andere Traditionen nicht vernichtet, sondern zwischen ihnen vermittelt. Die westliche abendländische Tradition vernichtet den Gegner. Von Catilina wissen wir nur durch Cicero und Salust, von den christlichen Bewegungen der ersten Jahrhunderte nur durch die Angriffe, die die Orthodoxen gegen sie führten. Von den Wiedertäufern und Thomas Münzer wissen wir erbärmlich wenig, weil man alles, was man vernichten konnte, vernichtet hat. Aber selbst wenn wir etwas wissen, sind wir so konditioniert, daß wir nicht mehr objektiv urteilen können. Immer glauben wir vor allem eines zu wissen, nämlich, daß sie alle bei Luzifer in der Hölle sind. Von der Mayakultur wissen wir so gut wie nichts, weil man alles in einem großen Kultur-Autodafé verbrannt hat. Danach wurden die Auflagen von Büchern und Schriften so groß, daß solche Verbrennungen nicht mehr möglich waren. Was bis heute blieb, ist die Möglichkeit der symbolischen Verbrennung.

In das Geschichtsbild integriert man dieser Art Informationen auch heute nicht. Es werden Geschichten der USA geschrieben, in denen nicht einmal steht, daß dreihundert Jahre lang ein Viertel der Bevölkerung der Zwangsarbeit durch Sklaverei unterlag. John Locke erklärt die menschliche Gleichheit und kommt nicht einmal auf die Idee, daß diese Gleichheit die Sklaverei ausschließen könnte. Sein Vermögen hat er in Sklavenschiffen investiert. Die Geschichte Englands wird geschrieben, ohne die Tatsache zu vermerken, daß in der Zeit des massivsten Sklavenhandels der Weltgeschichte England das Weltsklavenhandelsmonopol innehatte (18. Jahrhundert). Die moderne Demokratie wurde von Sklavenhändlern begründet, und noch Tocqueville schreibt mit der Seele eines Sklavenhändlers. Auch Nietzsche gehört in diese Reihe. Jede Verteidigung der Menschenwürde ist für ihn Sklavenmoral, das Schlimmste, was er über eine Moral sagen kann. Stalin ist ein würdiger Sohn dieses wilden Westens und kommt keineswegs aus Asien.

Die Unterdrückten kommen in unserer Geschichte gar nicht vor; ihr Beitrag ist vernichtet, obwohl man in Bibliotheken darüber nachlesen kann. Es nützt nicht viel, wenn man Informationen aufbewahrt, das darin enthaltene Wissen aber nicht in das Geschichtsbild integriert. Daher ist die Bibel, selbst als einfaches Geschichtsbuch betrachtet, ein lebendiges Buch. Die Geschichte des Westens ist tote Geschichte, Geschichte von Monstern. Von Juden und Zigeunern aber sagt man, sie seien tote Völker, so wie es tote Sprachen gibt.

Der Konflikt zwischen dem Judentum und Christentum, der in den Antisemitismus mündet, hat mit dieser Verleugnung zu tun. Es ist ein Aufstand des Christentums gegen seine jüdischen Wurzeln, der das Judentum als Luzifer in die Hölle schickt und das Christentum zur Religion der absoluten Herrschaft macht. Die Gewissenlosigkeit der Herrschaft wurde installiert und konnte die römische Gewissenlosigkeit weiterführen und sogar, durch die neue metaphysische Unterbauung, ins Extrem führen. Das christliche Gewissen wurde zu einem individuellen Gewissen, ohne jeden Bezug auf Herrschaft. Das jüdische Gewissen hingegen ist ein Gewissen im Innern der Herrschaft. Sicher, es gibt eine jüdisch-christliche Tradition, sie gilt aber nicht als orthodoxe christliche Tradition. Die orthodoxe christliche Tradition ist antijüdisch und reproduziert die jüdische Tradition nur durch Negation, so wie der Anti-Kommunismus den Marxismus durch Negation weiterführt. Die jüdisch-christliche Tradition ist heute am ehesten in der Befreiungstheologie in Lateinamerika lebendig.

Daher der doppelte Schöpfungsbericht. In einem befindet sich der Mensch als Naturwesen in Einheit mit der Natur, innerhalb derer er aller Welt Namen gibt, folglich über ihr steht, ohne Herrschaft auszuüben (zu dienen, wie Drewermann sagt). Der andere hingegen gesteht dem Menschen Herrschaft zu, um untertan zu machen. Das ist eine Dialektik, die durch die ganze jüdische Tradition hindurchgeht und die vom Christentum nicht durchgehalten wird, obwohl sie in seinen Anfängen ebenfalls existierte. Man hält die Vermittlung dieser beiden Pole nicht mehr aus, was vom Standpunkt des römischen Imperiums ganz selbstverständlich ist. Die Pole werden auseinandergerissen und stehen sich jetzt als absolute Herrschaft auf der einen und absolute Utopie auf der anderen Seite gegenüber. Je absoluter die Utopie, um so besser ist sie geeignet, in die Legitimierung der absoluten Herrschaft verwandelt zu werden.

Drewermanns Modell ist das der absoluten Utopie – der Mensch ist nur Diener der Natur, obwohl er die Namen gibt. Im Endeffekt wird dadurch nur die absolute Herrschaft über die Natur verstärkt. Sie kann aber niemanden mehr stören, da sie unsichtbar gemacht wird.

Allerdings sind beide Schöpfungsberichte der jüdischen Tradition anthropozentrisch wie die ganze jüdische Tradition. Darin aber ist sie realistisch. Auch wenn die Natur wenig erwähnt wird, ist die römisch-christliche Naturfeindschaft in der jüdischen Tradition nicht enthalten. Das kann man aber nicht sehen, wenn man den Anthropozentrismus als Naturfeindschaft einer angeblich nicht-anthropozentrischen Haltung gegenüberstellt. Die jüdische Tradition geht immer vom Menschen aus, aber nicht vom Menschen als Gattung, sondern von jedem einzelnen Menschen. Die Gattung Mensch besteht, auch wenn die einzelnen Menschen nicht beachtet werden. Dies impliziert ein besonderes Verhältnis zur Natur, das heute immer mehr Bedeutung bekommt, ja entscheidend wird. Der Mensch – der Mensch in jedem einzelnen Menschen – hat ein Verhältnis zur Natur, und nur durch ihn hindurch kann dieses Verhältnis geordnet werden. So betrachtet ist es unmöglich, die Gattung Mensch zu dezimieren, um die Natur zu retten. Statt dessen muß man vermitteln. Der heutige Westen – aller Westen ist wilder Westen – schlägt die Richtung ein, den Menschen zu morden, um die Natur, einschließlich der Gattung Mensch, zu retten. Das Resultat wird Zerstörung sein, aber eine Zerstörung, die dem Westen die Illusion läßt, daß dieses Menschenopfer für das Heil der Welt gebracht wurde. Das ist nicht jüdisch-christlich, sondern es ist die römisch-christliche Tradition des wilden Westens.

Es ist doch merkwürdig, wenn Drewermann sagt, »daß man buchstäblich um Gottes willen die Natur größer und den Menschen lediglich als ihren – unbedeutenden – Teil betrachten müsse.«[14] Als Ergebnis des menschlichen Handelns steht die Existenz der gesamten Erde und aller Natur auf dem Spiel. Und der Mensch soll nur ein unbedeutender Teil der Natur sein? Die Tatsache, daß die ganze Natur bedroht ist, beweist gerade, daß der Mensch kein unbedeutender Teil ist.

Fassen wir alle die Unklarheiten des Drewermannschen Textes zusammen, so handelt es sich um:

1. die Machbarkeit der Technik als bloße partielle Machbarkeit,
2. den Anthropozentrismus als ausschließliches Herrschaftsdenken,
3. die Gegenüberstellung von Mensch und Natur als ausschließliches Feindschaftsdenken.

Obwohl Drewermann viel von Vermittlung spricht, besteht hier überhaupt keine Möglichkeit der Vermittlung. Statt Vermittlung denkt er ausschließlich in Vorstellungen der Vernichtung des Gegenpols: Er will kein Kriterium der Machbarkeit,[15] sondern Werte. Er will keinen Anthropozentrismus, sondern undifferenzierte Einheit; keine Gegenüberstellung von Mensch und Natur, sondern einfach Eingliederung des Menschen in die Natur.

Diese Idee der Zerstörung des Gegenpols führt ihn zu dauernden Konfusionen, da er weder auf die partielle Machbarkeit der Technik noch auf den Anthropozentrismus noch auf die Gegenüberstellung von Mensch und Natur verzichten kann.


## Das Urteil über den Marxismus

Die Unklarheit der Positionen Drewermanns führt zur Beliebigkeit der Urteile, insbesondere zu einem völlig unqualifizierten Urteil über Karl Marx. Er zitiert folgenden Satz von Friedrich Engels:

> Das Tier *benutzt* die äußere Natur bloß und bringt Änderungen in ihr einfach durch seine Anwesenheit zustande; der Mensch macht sie durch seine Änderungen seinen Zwecken dienstbar, beherrscht sie. Und das ist der letzte, wesentliche Unterschied des Menschen von den übrigen Tieren, und es ist wieder die Arbeit, die diesen Unterschied bewirkt.[16]

Da Drewermann Herrschaft und Vernichtung des Beherrschten identifiziert, muß ihm dieser Text, der an sich ganz harmlos ist, schrecklich vorkommen. Der Mensch zähmt Tiere, Tiere zähmen keine Menschen, folglich beherrscht der Mensch das Tier. Es ist wirklich nicht zu sehen, wie man das abschaffen kann. Diese Herrschaft ist nicht gleichzusetzen mit Vernichtung, sie *kann* aber Vernichtung bedeuten. Drewermann träumt von der Anarchie, die die herrschaftliche Ordnung, vielleicht nicht unter den Menschen, aber zwischen Mensch und Tier, ersetzt. Man darf und soll das träumen, aber man sollte das nicht mit dem Machbaren verwechseln. Es geht um die Vermittlung zwischen Herrschaft und Anarchie, nicht um den blinden Versuch der Zerstörung eines dieser Pole.

Sicher, auch Engels kennt diese Vermittlung nicht. Er träumt von einer wohlwollenden Herrschaft des Menschen über die Natur. Drewermann zitiert wahrhaft überzeugende Stimmen der nordamerikanischen Indianer aus der Epoche ihrer Ausrottung. Aber alle bleiben im Rahmen einer Herrschaft des Menschen über die Natur, allerdings einer Herrschaft, die ihre Grenzen aus dem Leben der Natur schöpft, indem sie sich mit diesem Leben identifiziert.

Diese Vermittlung zwischen dem herrschaftsfreien Leben der Natur und der Herrschaft des Menschen über die Natur ist sicher bei Engels nicht ausgearbeitet, wahrscheinlich ist sie ihm gar nicht bewußt. Aber sie ist doch nicht geleugnet oder gar ausgeschlossen. Drewermann kommt aufgrund des Zitats zu folgendem radikalen Schluß:

> Es kann freilich auch sein, daß gerade die Krise der Gegenwart zu einem Wendepunkt in der gesamten Lebenseinstellung führt, und dann allerdings kommt man nicht umhin, eine Reihe von Selbstverständlichkeiten besonders des abendländischen Menschenbildes zutiefst in Frage zu stellen, und zwar obenan die Grundüberzeugung, die sich im Marxismus nur noch wie in einem späten Endstadium der abendländischen Geistesgeschichte, dort aber immer wieder und besonders kraß und roh ausspricht: daß *der Mensch als Mittelpunkt und Maß* der Welt gesehen werden müsse.[17]

Marx sagt nicht, daß der Mensch als Mittelpunkt und Maß der Welt *angesehen werden müsse.* Er sagt, daß der Mensch der Mittelpunkt und das Maß der Welt *ist.* Er spricht eine empirische Situation an, nicht eine Ansicht. Der Mensch zähmt Tiere, Tiere zähmen keine Menschen. Daraus kann man schließen, daß der Mensch das Maß der Tiere ist. Dieses Fakt wird überhaupt nicht dadurch berührt, daß man seine Meinung darüber ändert.

Um zu zeigen, wie Marx den Prozeß der Naturzerstörung sieht, nur zwei Zitate, die Drewermann nicht erwähnt:

In der Agrikultur wie in der Manufaktur erscheint die kapitalistische Umwandlung des Produktionsprozesses zugleich als Martyrologie der Produzenten, das Arbeitsmittel als Unterjochungsmittel, Exploitationsmittel und Verarmungsmittel des Arbeiters, die gesellschaftliche Kombination der Arbeitsprozesse als organisierte Unterdrückung seiner individuellen Lebendigkeit. ... Wie in der städtischen Industrie wird in der modernen Agrikultur die gesteigerte Produktivkraft und größre Flüssigmachung der Arbeit erkauft durch Verwüstung und Versiechung der Arbeitskraft selbst. Und jeder Fortschritt der kapitalistischen Agrikultur ist nicht nur ein Fortschritt in der Kunst, den Arbeiter, sondern zugleich in der Kunst, den Boden zu berauben, jeder Fortschritt in Steigerung seiner Fruchtbarkeit für eine gegebne Zeitfrist zugleich ein Fortschritt im Ruin der dauernden Quellen dieser Fruchtbarkeit. Je mehr ein Land, wie die Vereinigten Staaten von Nordamerika z.B., von der großen Industrie als dem Hintergrund seiner Entwicklung ausgeht, desto rascher dieser Zerstörungsprozeß. Die kapitalistische Produktion entwickelt daher nur die Technik und Kombination des gesellschaftlichen Produktionsprozesses, indem sie zugleich die Springquellen allen Reichtums untergräbt: die Erde und den Arbeiter.[18]

Die Außerachtlassung solcher Passagen bei Marx führt Drewermann zu folgendem Schluß:

Der Typ dieses Menschen (des Menschen, der Feind der Natur ist; F.J.H.) ist heute am besten wohl am Modell des *Marxismus* abzulesen, dem der Mensch grundsätzlich nicht als ein Kind der Natur, sondern als ein Produkt der Gesellschaft gilt. Bezeichnenderweise ist der eigentliche Ort des Wissens um den Menschen für diese größte Ideologie des 20. Jahrhunderts nicht eine (theologische oder philosophische) Lehre, die den Menschen als Teil und in Einheit mit der Welt zu betrachten sucht, sondern was der Mensch ist, bestimmen im Marxismus rein anthropozentrisch Soziologie und Geschichtswissenschaft und innerhalb derselben die »Gesetze« der Ökonomie, der Ausbeutung der Natur.[19]

Damit stellt sich Drewermann in den Dienst der westlichen Ideologie – er grüßt sozusagen die westliche Fahne. Wer solch einen Unsinn über Marx sagt, ist ideologisch zuverlässig. Er gehört dazu; er steht auf dem Boden der verfassungsmäßigen Ordnung. Wahrheit: Was ist Wahrheit? Das Marx-Zitat drückt zum guten Teil aus, was auch Drewermann meint. Marx sagt es nur besser und präziser. Er sagt, daß eine bestimmte Ausnutzung der Technik den Menschen und die Natur zerstört, indem sie die Springquellen des Reichtums, der mit Hilfe dieser Technik produziert wird, untergräbt: die Erde und den Menschen. Um dieses Problem geht es gerade. Die Technik wird in ihrer Machbarkeit nach bloß partikulären Gesichtspunkten angewendet, so daß sie das Leben der Menschen und der Natur zerstört. Diese technische Machbarkeit ist nichts als Schein. Genau das lesen wir auch beim Club of Rome und bei Drewermann selbst. Marx fügt allerdings noch etwas hinzu, womit er den Boden der verfassungsmäßigen Ordnung verläßt.

## Der Markt und die Reproduktion der Produktionsfaktoren:
## Die Produktion der gesellschaftlichen Werte

Marx sagt, daß diese Form der Ausnutzung der Technik von der kapitalistischen Form der Produktionsverhältnisse aufgezwungen wird. Nicht, daß sie vom Kapital erfunden wird, wohl aber, daß das Kapital in dieser Richtung wirkt. Es stimmt zwar, aber man darf es nicht sagen. Der Kapitalkalkül ist notwendigerweise ein Kalkül partikulärer Technologien, deren Marktchancen beurteilt werden. Versprechen sie Markt- und daher Gewinnchancen, sind sie technisch und wirtschaftlich machbar. Die Folgen für die »Springquellen des Reichtums« werden nicht kalkuliert. Im Gegenteil, das Gewinnprinzip schließt eine solche Folgenkalkulation aus oder behandelt sie nur am Rande. In dieser Form wird der Markt zum Todeskarussell.

Dies setzt dann bestimmte Ideologien des gesellschaftlichen Automatismus voraus. Über den Automatismus des technischen Fortschritts haben wir bereits gesprochen. Er besagt, daß automatisch jede unter partiellen Gesichtspunkten machbare Technologie auch Fortschritt bedeutet. Die These vom Marktautomatismus setzt dies jetzt im Bereich der Entscheidungsmechanismen fort: Jede unter dem Gewinngesichtspunkt getroffene Marktentscheidung bewirkt automatisch einen Beitrag zum Fortschritt und zum Wohle aller. Es handelt sich um die These von der automatischen Tendenz des Marktes zum Gleichgewicht.

Alles funktioniert automatisch, man muß sich diesen Automatismen nur unterwerfen. Übrigens hat die sozialistische Gesellschaft ganz ähnliche Automatismen erfunden, vor allem die des technischen Fortschritts und der positiven Effekte jedes wirtschaftlichen Wachstums. Letztere ersetzt dort die bürgerliche These von der Selbstregulierung des Marktes.

Was es nicht gibt, ist eine entwickelte Theorie der gesellschaftlichen Reproduktion, die eben eine Theorie der Produktionsfaktoren Natur und Mensch sein muß. Marx ist der einzige, der solch eine Theorie entwickelt hat, obwohl sie noch sehr wenig die Naturfaktoren berücksichtigt. Weder die sozialistische Gesellschaft hat besonderes Interesse gezeigt, sie weiterzuentwickeln, noch hat auf diesem Gebiet irgendeine Entwicklung in den bürgerlichen Gesellschaften stattgefunden. In diesen ist vielmehr das Gegenteil geschehen. Die herrschende Wissenschaftslehre seit Max Weber hat gerade die Theorie der gesellschaftlichen Reproduktion als unwissenschaftlich verurteilt. Max Weber erklärte den Gesichtspunkt der Reproduktion als einen Wertgesichtspunkt, der auf bloßen Werturteilen beruhe. Nach ihm aber kann die Wissenschaft keine Werturteile fällen; und folglich gehört eine solche Theorie überhaupt nicht zur Wissenschaft. Die Wissenschaft braucht sich auch nicht um sie zu kümmern.

Da man nicht fähig war, sich mit der Marxschen Reproduktionstheorie auseinanderzusetzen, hat man sie einfach als unwissenschaftlich disqualifiziert. Das ist die Form, in der die bürgerliche Gesellschaft heute Theorien verbietet. Will man also im Rahmen des bürgerlichen Denkens verbleiben, kann man auf nichts zurückgreifen. Man muß sich erst mit dem Wissenschaftsbegriff auseinandersetzen, ehe man sich legitim mit dem Problem auseinandersetzen darf.

Eine solche Entwicklung der Reproduktionstheorie der Produktionsfaktoren ist aber nötig, wenn man das Umweltproblem überhaupt theoretisch erfassen will. Es muß theoretisch erfaßt werden, will man ihm gegenüber rational handeln. Diese Theorie führt jedoch notwendig zu einem grundlegenden Konflikt mit der herrschenden bürgerlichen Wissenschaft. Da man heute den Gesichtspunkt rein partiell orientierter Entscheidungen – seien es Entscheidungen im Markt- oder im Naturzusammenhang – überwinden muß, muß sie wieder den Begriff der Totalität einführen. Die Ebene der Überwindung dieser partiell orientierten Entscheidungen kann nur die Totalität von Gesellschaft und Natur sein, innerhalb derer die Verträglichkeit solcher Einzelentscheidungen erst beurteilt werden kann. Wahrscheinlich wird die bürgerliche Wissenschaft eher den Untergang der Welt akzeptieren als solch eine Neuformulierung der Theorie, und zwar deshalb, weil sie notwendigerweise zur Planung des Marktes führt.

Allerdings ist solch eine Theorie der Reproduktion nicht ausreichend. Drewermann besteht zu Recht darauf, daß die Reduktion der Natur auf menschliche Umwelt letztlich den Menschen verkümmern läßt. Ich glaube, daß sie auch die Natur verkümmern läßt und letztlich keinen Erfolg haben wird. Man wird die Reproduktion der Naturfaktoren kaum erreichen, wenn diese Reproduktion das einzige Motiv des Handelns ist. Es geht darum, Werte im Menschen gegenwärtig zu machen, die ein neues Verhältnis zur Natur und zum Menschen ermöglichen und daher, ohne daß dies ihre Motivation wäre, eben die Reproduktion des Menschen und der Natur sichern. Das gilt vor allem heute, wo eine Todesmystik aufs neue jede Reproduktionsrationalität zerstören könnte. Der Mensch kann sich zum kollektiven Selbstmord entscheiden; und keine Reproduktionstheorie der Welt wird ihn davon abhalten.

Aber neue Werte in bezug auf das menschliche Leben und das Leben der Natur müssen anwendbar sein. Es muß eine Gesellschaft existieren, innerhalb derer sie sich ausdrücken und institutionalisieren können. Wenn das Institutionensystem einfach als Marktsystem festgeschrieben wird, bin ich sicher, daß überhaupt keine neuen Werte entstehen können, da die Werte keine Möglichkeit haben, ausgelebt zu werden. Neue Werte können daher neue Institutionen nicht ersetzen, die nur auf der Basis einer Reproduktionstheorie der Produktionsfaktoren geschaffen werden können. Ohne diese Werte aber werden neue Institutionen nur neue Bürokratien sein; und Werte ohne solch eine Institutionalisierung sind völlig unwirksam.

## Ende des Wachstums?

Das von Drewermann geforderte »freiwillige Ende des Wachstums«[20] ist ein Problem des Marktes, das ebenfalls diskutiert werden müßte. Das ist eine schöne Forderung. Aber wie schafft man es, sie zu erreichen? Eine auf dem Marktautomatismus beruhende Marktwirtschaft bricht einfach zusammen, wenn man das Wachstum einstellt. Will Drewermann eine andere Wirtschaftsform? Möglich wäre in diesem Fall nur eine geplante Wirtschaft; schließlich gibt es minimale Bedingungen der Machbarkeit. Der Markt ist kein Mechanismus, in den man beliebige Ziele einfüttern kann. Der Marktautomatismus als Institution schließt bestimmte Ziele aus und macht bestimmte möglich. Man wählt nicht nur die Produkte, die innerhalb des Marktautomatismus produziert werden. Indem man einer Gesellschaft den Marktautomatismus auferlegt, schließt man Werte aus, die mit diesem Marktautomatismus unvereinbar sind. Man kann nicht Marktautomatismus und Vollbeschäftigung haben. Entweder das eine oder das andere. Wer Marktautomatismus sagt, sagt auch, daß es keine Vollbeschäftigung geben wird. Als Ideologe allerdings wird er sie in utopischen Horizonten versprechen. So kann man auch keinen Marktautomatismus haben und gleichzeitig eine gleichmäßige Entwicklung aller Länder der Welt. Der Marktautomatismus schafft Unterentwicklung, genauso wie er Arbeitslosigkeit schafft. Der Ideologe wiederum wird utopische Horizonte anbieten, in denen der Markt aller Länder entwickelt ist, aber er tut es, weil er ein Ideologe ist.

Ein Marktautomatismus kann ebenfalls nicht die Natur schützen, er zerstört sie. Er bringt Naturzerstörung hervor, wie er Arbeitslosigkeit, Verelendung und Unterentwicklung hervorbringt. Der Marktautomatismus kann ebensowenig das Wachstum beschränken, weil als Folge dessen Arbeitslosigkeit, Verelendung und Unterentwicklung völlig unerträglich würden und es überhaupt keine Marktdynamik mehr gäbe. Ohne Wachstum kein Gewinn. Der Marktautomatismus kann auch nicht darauf verzichten, alle scheinbar machbaren Technologien anzuwenden, wenn sie gewinnbringend sind. Er hat nicht einmal ein Kriterium dafür; und die Konkurrenz würde denjenigen, der sie nicht in dieser Form anwendet, bald vom Markt fegen.

Außerdem ist es fraglich, ob ein Ende des Wachstums überhaupt ein sinnvolles Ziel ist. Es geht vielmehr um eine rationale Orientierung des Wachstums, die bestimmte potentielle und häufig nur scheinbare Wachstumschancen ausschließt und andere unterstützt. Unser statistischer Wachstumsbegriff zwingt zu solcher Unterscheidung. Vieles, was als Wachstum auftaucht, stellt unter anderen Gesichtspunkten überhaupt kein Wachstum dar; statistisch aber erscheint es als solches.

Wenn der Bodensee verschmutzt ist und man zum Baden jetzt Badeanstalten baut, ist das statistisch ein Wachstumsprozeß. Unter dem Gesichtspunkt des menschlichen Lebens betrachtet, ist es ein Verlust. Wenn wir in Zukunft Gasmasken gebrauchen, um ins Zentrum unserer Städte gehen zu können, wird der Kauf dieser Gasmasken ein wirtschaftliches Wachstum anzeigen. Da man vorher keine Gasmasken hatte, hat man jetzt *mehr* als zuvor. Unter menschlichen Gesichtspunkten hat man weniger. Dasselbe gilt für die Entwicklung von neuen Technologien. Setzt man Sonnenenergie an die Stelle von Kohle oder Erdöl, wird sich daraus ein statistisches Wachstum ergeben. Man wird immer bestimmte Techniken durch andere ersetzen müssen, schon deshalb, weil die natürlichen Ressourcen verknappen und nicht bis zum bitteren Ende erschöpft werden können. Das Ergebnis ist immer Wachstum. Heute scheint ein Großteil des Wachstums bereits zu diesen Kategorien zu gehören, so daß es nicht unbedingt sinnvoll erscheint, dieses Wachstum abzuschaffen. Aber man muß es kontrollieren unter dem Gesichtspunkt der Einordnung jedes Produktionsprozesses in den Gesamtzusammenhang aller Produktions- und Naturprozesse. Das aber kann der Marktautomatismus nicht.

## Der Marktautomatismus und die gesellschaftliche Produktion der Werte

Durch seine eigene Logik als Institution ist der Marktautomatismus darauf angelegt, den Menschen und die Natur zu zerstören.

Der Marktautomatismus institutionalisiert seine eigenen Werte, die keineswegs beliebig austauschbar sind. Es handelt sich gerade um die den Menschen und die Natur zerstörenden Werte. Der Markt kann überhaupt nur auf partielle Technologien zurückgreifen und wird daher jede unter partiell technischem Aspekt auftauchende Technologie als machbar behandeln. Sie wird angewandt, wenn sie einen gewinnversprechenden Markt findet. Andere Kriterien gibt es nicht. Gleichgewichte schafft der Markt nicht, auch wenn seine Ideologen es behaupten. Im Verhältnis zum Markt mündet er in Arbeitslosigkeit und weitgehende Verelendung; im Verhältnis zur Natur mündet er in die Zerstörung des ökologischen Gleichgewichts ein. Es entsteht ein Kreislauf der Zerstörung, in der eine Zerstörung die andere anheizt. Man muß die Natur zerstören, um Arbeitsplätze schaffen zu können; und man muß eine »normale« Arbeitslosigkeit sichern, damit die Natur zerstört werden kann.

Der Marktautomatismus verwandelt sich in eine Todesfalle. Wenn es Arbeitslosigkeit gibt – die es so gut wie immer gibt –, kann man die Natur nicht schützen. Man kann vom Arbeiter nicht erwarten, daß er eine Arbeit ablehnt, die zur Naturzerstörung beiträgt, wenn dies nur zu seiner eigenen Arbeitslosigkeit führt. Es ist nicht so, daß der Arbeiter keine Werte hätte. Ihn vor die Wahl zu stellen, Arbeit bei der sinnlosen Abholzung von Wäldern in der Dritten Welt zu finden oder arbeitslos und ohne jede soziale Sicherheit zu sein, ist eine Farce. Er hat keine Wahl. Deshalb wird er die Wälder abholzen. Vertritt er lebenserhaltende Werte, handelt er schlechten Gewissens. Betrachtet er seine Naturfeindschaft als Wert, handelt er ohne schlechtes Gewissen. Aber er kann sich unter normalen Bedingungen nicht verweigern. Drewermann weist zu Recht darauf hin, daß asiatische Gesellschaften ein viel freundlicheres Verhältnis zur Natur haben als europäische. Dennoch holzen sie die Wälder des Himalaya genauso ab wie andere die Wälder des Amazonas. Der Markt schafft den Zwang, es zu tun, wie er überhaupt den Zwang schafft, die Natur zu zerstören. Es ist ein Zwang, der die Zerstörung des Menschen durch die vorhergehende Arbeitslosigkeit voraussetzt. Die Werte fehlen nicht. Aber welcher verantwortliche Arbeiter – verantwortlich für das Leben seiner Familie und sein eigenes – wird in einer solchen Situation ablehnen, die Natur zu ruinieren? Darf er angesichts einer solchen Wahl seine Familie opfern?

Der Markt setzt die Voraussetzungen des Handelns so, daß die Zerstörung der Natur zum Gebot der Menschlichkeit wird. Das aber bedeutet, daß es gar keine Wahl gibt.

Genau das haben wir in ähnlicher, obwohl abgeschwächter Form in der Bundesrepublik erlebt. Solange es Vollbeschäftigung gab, konnten die Gewerkschaften Friedens- und Abrüstungspolitik unterstützen und dabei mit der Unterstützung ihrer Mitglieder rechnen. Sobald die Arbeitslosigkeit begann, war dies zu Ende. Abrüstung bedeutete jetzt Verlust des Arbeitsplatzes. Gewerkschaftliche Solidarität drängte jetzt dahin, die Abrüstungsdebatte zu verschieben. Friedenspolitik wurde zu einer mißverständlichen Sache. Rüstung schafft Arbeitsplätze. Darf die Gewerkschaft durch Friedens- und Abrüstungspolitik die Arbeitsplätze der eigenen Mitglieder zerstören? Die Zerstörung, die die Rüstungsausgaben und erst recht die Anwendung der Waffen anrichtet, wird jetzt zum Gebot der Solidarität der Arbeiter. Es handelt sich nicht einfach darum, daß die Werte des Friedens fehlen. Es gibt keine echte Wahl. Diese Werte, auch wenn sie da sind, können nicht angewendet werden und verwandeln sich in den hübschen Schmuck einer tödlichen Reise.

Dies wiederholt sich bei der Entwicklungspolitik. Soll man eigene Arbeitsplätze zerstören, um andere Länder zu entwickeln? Und andererseits: Wie können Länder die Zerstörung der eigenen Natur vermeiden, wenn sie selbst mit Blut ihre Schulden bezahlen müssen? Um den Ländern des Zentrums das zu bezahlen, was diese ihnen an sogenannter Wirtschaftshilfe irgendwann einmal trickreich gegeben haben, müssen die Armen Hunger und Arbeitslosigkeit, wirtschaftliche Stagnation und unmenschliche Opfer ertragen. Wie sollen sie eigentlich die Natur ausnehmen? Glaubt man im Ernst, daß man durch Änderung der Werte irgend etwas erreicht?

Der Markt ist ein zentraler Mechanismus der Zerstörung aller Werte. Er wirkt so, indem er den Werten einfach die Möglichkeit nimmt, angewendet zu werden. Der Markt läßt keine Wahl zu. Innerhalb des Marktautomatismus gibt es keine Alternative zur Zerstörung des Menschen und der Natur. Er singt das Lied vom Tod – und kann überhaupt kein anderes singen.

Der Markt schafft eine Situation, in der jeder nur dadurch leben kann, daß er sich an der Zerstörung des anderen und der Natur beteiligt. Deshalb ist er eine Todesmaschine; und wenn wir so weitermachen, bringt er uns tatsächlich alle um. Er ist die allereffizienteste Todesmaschine, die es gibt. Allerdings, es handelt sich um eine Effizienz, die man nicht bewundern sollte. Alle Welt aber bewundert sie.

## Die Todesmystik

Da es innerhalb des Marktautomatismus keine Alternative zum Tod gibt, induziert er eine generelle Todesmystik. Es liegt nun einmal nahe, daß der Produzent, der weiß, daß er den Tod produzieren muß, um zu leben, sich durch die Todesmystik überzeugen läßt. Sie ist die einzige Möglichkeit, sein Handeln als sinnvoll zu verstehen; und jeder möchte in seinem Leben einen Sinn sehen. So wird der Tod zum Sinn des Lebens; und der Marktautomatismus führt zur Todesmystik.

Man zerstört die Natur, indem man den Menschen vorher zerstört. Die Zerstörung des Menschen ist der Motor der Naturzerstörung.

Sicher, dagegen muß man Werte setzen, vor allem den Wert des Lebens, der im Leben besteht und in der Verweigerung des Todes. Man lebt aber in einer solchen Todesmaschine. Solange sie funktioniert, kann sie jeden Lebenswert zerstören. Jeder Lebenswert wird einfach umgewandelt in ein Schmuckstück auf dem Weg in den Tod. Ganz genau so geht es auch mit der Wertepredigt von Drewermann. Er hat pflichtschuldig die Analyse dieser Todesmaschine ausgeklammert, und er wird nicht mehr anbieten als eine hübsche Zugabe für die Fahrt, auf der sie sich befindet.

Für die Werte hat er gar nichts getan. Sie bleiben da, wo sie schon waren. In postmoderner Form singen sie: Jonny, sing mir das Lied vom Tod.

Damit Werte wirksam sein können, muß man sie in Handlungsmechanismen institutionalisieren. Sie müssen Teil der Gesellschaft werden, nicht nur Teil der gesellschaftlichen Deklarationen. Sie müssen auch nicht unbedingt auf die Fahne geschrieben und in Nationalhymnen gesungen werden. Es geht auch nicht einfach darum, sie anzuwenden. Es geht darum, Institutionen zu schaffen, in denen sie überhaupt erst angewendet werden können; Institutionen, deren Freiheitsspielraum ihre Anwendung zuläßt. Der Marktautomatismus als Institution läßt die Anwendung von Lebenswerten nicht zu. Wenn man nicht bereit ist, ihn als Automatismus aufzulösen, kann man auch aufhören, von diesen Lebenswerten zu reden. Dann ist Nietzsche völlig ausreichend.

Man kann diesen Automatismus aber nur auflösen, indem man ihn der Planung unterwirft. Wenn man leben will, muß man planen, und man muß das auch sagen. Die westliche Gesellschaft hat das Gegenteil davon getan. In den siebziger Jahren entstand ein gewisses Bewußtsein von der Dringlichkeit des Problems der Naturzerstörung. In den achtziger Jahren hat diese Gesellschaft genau das Gegenteil von dem getan, was zu tun war. Sie hat äußerst extrem den Marktautomatismus wieder bestätigt. Um die Natur erhalten zu können, müßte man den Menschen retten. Man müßte ihm Arbeit und ein würdiges Leben garantieren, damit die Natur geschützt werden kann. Der Marktautomatismus hingegen kann das gerade nicht. Gegen den Menschen hat man zugunsten des Marktautomatismus entschieden. Aber man ist nicht bereit, den Menschen zu schützen.[21] Nur diese Alternative scheint der westlichen Gesellschaft vorstellbar zu sein. Sie kann offensichtlich nur an Gewalt denken. Man hat damit eine Entscheidung getroffen, die vielleicht gar nicht so unbewußt ist, wie man tut: die Entscheidung, mit offenen Augen in den Tod zu marschieren. Man feiert das Fest, das man im Mittelalter feierte, nachdem die Nachricht vom Ausbruch der Pest gekommen war. Ein solches Fest endet nicht eher, als bis alle tot sind.

### Christliche und bürgerliche Naturfeindschaft

Bei dieser Aggressivität des Marktes handelt es sich um ein Phänomen, das nicht die ganze Geschichte beherrscht. In der Form, wie wir sie heute treffen, ist sie ein Produkt der bürgerlichen Gesellschaft von ihrer Entstehung an. Man kann sie nicht etwa aus der biblischen Schöpfungsgeschichte ableiten, wie Drewermann dies tut. Es kann sehr wohl behauptet werden, daß diese Haltung der Naturzerstörung das Produkt eines Christentums ist, das zur Legitimationsreligion eines Imperiums wurde. Die moderne Haltung gegenüber der Natur ist bereits am Ende des christlichen Mittelalters geschaffen und braucht dann von der bürgerlichen Gesellschaft nur übernommen und säkularisiert zu werden. Ich glaube, sie ist bereits in der Imitatio Christi des Thomas a Kempis vollständig ausgedrückt, wenn er sagt:

»Gesegnet aber sei derjenige, der sich für dich, o Herr, von allen Geschöpfen verabschiedet, der die Natur vergewaltigt und die Lüsternheit des Fleisches durch den Glaubenseifer des Geistes kreuzigt, um dir mit geläutertem Gewissen ein reines Gebet anbieten zu können und, nachdem er innerlich und äußerlich alles Irdische ausgeschlossen hat, würdig zu sein, zu den Chören der Engel gezählt zu werden.«[22]

»Wenn du mit mir das ewige Leben genießen willst, mußt du das gegenwärtige Leben verschmähen.«[23]

»Erst einmal an dem Punkt angelangt, das Leiden für Christus süß und angenehm zu finden, glaube, du bist gut und hast das Paradies auf Erden gefunden.«[24]

Texte dieser Art gibt es vorher in der ganzen Geschichte nicht. Thomas a Kempis fordert nicht dazu auf, sich die Natur untertan zu machen; er fordert, sie zu vergewaltigen. Weder die jüdische noch die römische oder griechische Tradition noch die Traditionen irgendwelcher außereuropäischer Völker kennen dieses Ideal der Vergewaltigung der Natur. Das Leiden, das es mit sich bringt, soll man süß finden. Findet man es süß, so ist man im Paradies.

Die Meinung, daß Gott den Seinen bei sich nur dann aufnimmt, wenn er das gegenwärtige Leben verschmäht, steht im völligen Gegensatz zur jüdischen Tradition. Dort ist es genau umgekehrt: Gott schenkt sich im gegenwärtigen Leben, durch dieses hindurch, niemals gegen das gegenwärtige Leben. Eine solche Vorstellung setzt das Leben der Natur voraus, will es daher nicht zerstören. Drewermann meint nun ständig, er müsse die jüdisch-christliche Tradition, die seines Erachtens vor furchtbar langer Zeit entstanden ist, anklagen. Die Tradition, die er tatsächlich meint, ist im Mittelalter entstanden und hat zur bürgerlichen Gesellschaft geführt. Warum muß gerade die Frage der bürgerlichen Gesellschaft umgangen werden? Warum die Umgehung der Frage nach dem spezifisch Christlichen in dieser Geschichte, so daß immer wieder die Juden der Ausgangspunkt des Bösen sein müssen? Warum »christlich-jüdische Gefühlsverrohung«[25]? Warum der »einseitige Anthropozentrismus der Bibel«[26]? In der Bibel steht das alles nicht, und in der jüdischen Tradition ist es auch nicht enthalten. Die Bibel stellt den Menschen mit seinem gegenwärtigen Leben in den Mittelpunkt. Das impliziert nicht Naturzerstörung, sondern Achtung vor der Natur. Das mittelalterliche Christentum und die bürgerliche Gesellschaft wußten dies sehr wohl. Es hat daher diesen jüdischen Gott und diese jüdische Tradition, die ihre ständige Negation sind, in den Juden auf den Tod verfolgt, bis zum Versuch ihrer endgültigen Ausrottung. Was heißt angesichts dessen schon jüdisch-christliche Tradition? Es gibt eine jüdische Tradition, und es gibt eine christlich-orthodoxe, die imperial ist. Beide schließen sich aus; die eine ist das Gegenteil der anderen.

Wenn diese Bibel den Menschen in den Mittelpunkt stellt, stellt sie allerdings nicht den Marktautomatismus in den Mittelpunkt. Ganz im Gegenteil, sie ist damit völlig unvereinbar. Unsere Ideologen des Marktautomatismus sehen diesen Unterschied nicht einmal, sie glauben, der Mensch stehe im Mittelpunkt der Welt, wenn der Markt im Mittelpunkt steht. Und Drewermann möchte jetzt den Menschen nicht in den Mittelpunkt stellen, den Markt aber lassen, wo er ist. Er ändert folglich gar nichts.

Die Marktideologen haben ein sehr einfaches Schema geschaffen, mit dem sie das Problem umgehen können. Sie nennen einfach den Marktautomatismus Natur und seine Gesetze Naturgesetze. Für den Marktideologen gibt es die körperliche Natur überhaupt nicht, sie ist durch die Natur des Marktes ersetzt. Daher ist es für ihn völlig natürlich, den Markt und die gesamte Welt den Marktgesetzen zu überlassen. Für den Marktideologen ist es das Natürliche, die Natur zu zerstören, vorausgesetzt, daß diese Zerstörung den Marktgesetzen folgt. Diese Natur des Marktes möchte er demütig anerkannt wissen; der Mensch darf sich nicht dagegen auflehnen. Der Natur des Marktes gegenüber soll sich der Mensch nicht etwa wie ein homo faber verhalten, sondern wie ein Gärtner, der wachsen läßt und das Unkraut ausrottet. Gegenüber der körperlichen Natur aber soll er das nicht tun. Der Markt soll wachsen wie eine Pflanze, nicht aber der Amazonas. Der Amazonas soll wachsen, soweit der Markt es will, und der Markt will, daß er abgeholzt wird; das ist dann eben das Natürliche. Denn die Natur: das ist der Markt. Für den Marktideologen ist es vollkommen unnatürlich, den Amazonas gegen die Marktgesetze zu schützen. Der Gärtner, der den Markt pflegt, muß daher denjenigen, der den Amazonas gegen den Markt und seine Tendenzen schützen will, als Unkraut ausrotten. Denn den Amazonas gegen die Marktgesetze schützen zu wollen ist unnatürlich. Es ist ein Aufstand des menschlichen Stolzes gegen seine Bestimmung.[27]

Im ausgehenden Mittelalter sagte man: »Es ist besser, in Christus zu sterben, als durch einen jüdischen Arzt und den Satan geheilt zu werden.«[28] Der Marktmythologe sagt: Lieber mit dem Markt gestorben, als durch Intervention in den Markt gerettet. Es handelt sich beide Male um das gleiche: extreme Aggression gegen sich selbst, gegen den anderen und gegen die Natur.

Dies ist der Aggressionsmechanismus, durch den hindurch der Mensch und die Natur zerstört wird. Drewermann analysiert ihn nicht einmal; und die meisten Autoren, die über die Naturzerstörung schreiben, tun dies ebensowenig. Seine Existenz ist das absolute Tabu unserer Gesellschaft, ihre eigentliche und einzige verfassungsmäßige Ordnung. Er ist der große Unnennbare, das Bildnis von Sais, das niemand sehen darf. Er ist der Aktion gewordene Nihilismus, den nur sieht, wer diesen Schleier, der das Bildnis von Sais verhängt, durchbricht.

Drewermann kann den Schöpfungsbericht angreifen und kritisieren, auch den Schöpfergott Jahwe. Er kann das Christentum kritisieren, solange es jüdisch-christliche Kritik ist, und er kann die Bibel kritisieren. Er kann auch sagen, daß der Mensch nicht das Maß aller Dinge ist, und betonen, der Mensch sei nur ein kleiner, unbedeutender Teil der Natur. Mit anderen Ökologen dürfte er sogar sagen, daß die Menschheit ein Krebsgeschwür am Körper der Erde ist. Er darf es, ohne sich damit aus der Gemeinschaft der freien Länder auszuschließen oder sich außerhalb der verfassungsmäßigen Ordnung zu befinden. Was er nicht darf, ist, bestreiten, daß der Markt das Maß aller Dinge ist. Er darf nicht den Unnennbaren nennen.

Er tut es auch nicht. Der Markt bleibt der wirkliche, der einzige, der eifersüchtige und wahre Gott unserer gottgläubigen Gesellschaft.

# Kapitel 5:
# Totaler Markt und Demokratie: Demokratie und Neue Rechte in Lateinamerika

Die achtziger Jahre werden in Lateinamerika zur Dekade der Demokratisierung. In vielen Ländern werden Militärdiktaturen durch Demokratien ersetzt, und zwar überall auf Anordnung der Militärapparate selber, die zuvor diktatorisch geherrscht hatten.

Die Militärdiktaturen waren in den sechziger und siebziger Jahren in einer Dekade der Ausbreitung der Diktatur entstanden, wie die achtziger Jahre zur Dekade der Ausbreitung der Demokratie werden. Den Militärdiktaturen gingen andere Demokratien in den fünfziger Jahren voraus, die ebenfalls eine Etappe der Ausbreitung der Demokratie waren. Und davor gab es die Phase der dreißiger Jahre als eine Etappe der Ausbreitung der Diktatur.

Lateinamerika erlebt ein Hin und Her von Demokratie und Diktatur, dem sich nur wenige Länder entziehen konnten. Das trifft in gewisser Weise auf Chile, Uruguay und Costa Rica zu. Aber in der letzten Diktaturwelle wurden auch die Demokratien Uruguays und Chiles in das Wechselspiel einbezogen.

Dieses Hin und Her folgt der politischen Dynamik des Kontinents. Militärdiktaturen werden installiert, sobald populistische oder gesellschaftsreformerische Bewegungen bei demokratischen Wahlen die Mehrheit erhalten. Dann entsteht meist eine Gegenbewegung, die an die Türen der Kasernen und der Botschaft der USA klopft mit dem Argument, die Demokratie sei in Gefahr. Mit dem Genehmigungsvermerk und der Unterstützung der Botschaft – gewöhnlich leicht zu beschaffen, weil das Auslandskapital selber das größte Interesse an seiner eigenen Sicherung hat – kommt es zum Militärputsch. Die gesellschaftliche Bewegung, die an die Macht gekommen wäre, wird dann zerschlagen. Hat man dieses Ziel erreicht, wird erklärt, man habe die Demokratie gerettet. Und dann beginnt eine neue Welle der Demokratisierung.

Mindestens seit den dreißiger Jahren wird über diesen Wechsel von Demokratie und Diktatur durch die enge Zusammenarbeit zwischen der US-Regierung und den lokalen Eliten, insbesondere den Wirtschaftseliten, entschieden. Die Brücke zwischen beiden bilden sowohl das Auslandskapital wie auch die Militärapparate.

Die Wellenbewegungen werden anscheinend in der US-Regierung in Gang gesetzt. Sie ist es, die öffentlich die Demokratisierungswelle ankündigt. Diktaturen dagegen werden meist ohne ausdrückliche, jedoch manchmal mit indirekter Ankündigung durchgesetzt. Doch nie handelt die US-Regierung völlig unabhängig. Sie steht in einem wirksamen Bündnis mit den lateinamerikanischen Eliten, als deren Sprecherin sie auftritt.

Die letzte Demokratisierungswelle – die der achtziger Jahre – wurde von Präsident Reagan proklamiert, als er die Macht übernahm. Jedoch schon Präsident Carter hatte sie vorbereitet. Die demokratischen Bewegungen auf dem Kontinent waren zerschlagen, deshalb konnte man jetzt zur Demokratie zurückkehren. Dabei wird die Demokratie zum nackten Instrument, zum Machtinstrument im doppelten Sinne: einerseits als gesellschaftlicher Prozeß zu wachsender Mitbestimmung der Bevölkerung und andererseits als Instrument zum Aufbau eines Gefüges von Institutionen. Wenn auch der instrumentelle Aspekt beim Aufbau aller Demokratien vorherrschte, so hatte er doch nie ein so ausschließliches Gewicht wie heute.

Der einseitig instrumentelle Charakter hat seine Wurzeln in der oben kurz beschriebenen Geschichte Lateinamerikas mit ihren Dekaden von Demokratie und Diktatur. Die Demokratie verwandelt sich in ein Maßnahmenpaket, wird zum Gegenstand wie jeder andere auch. In Perioden diktatorischer Herrschaft wird dieses Maßnahmenpaket entführt und an einer bestimmten Stelle gut bewacht aufbewahrt. Sobald man wieder zu demokratisieren beginnt, wird es freigelassen und angewendet. Wie eine Aktenmappe, die per Flugzeug nach Washington entführt und eines Tages per Flugzeug auch wieder zurückgegeben wird, wird die Demokratie entwendet und zurückerstattet.

Dieser Charakter der Demokratie in Lateinamerika ist das Ergebnis der ununterbrochenen ausländischen Intervention in den demokratischen Prozeß. Daher konnte es gar nicht zu einem Basisprozeß von Demokratisierung kommen, der ja nur möglich ist, wenn Generationen kontinuierlich daran mitwirken. Dort, wo man in jeder zweiten Dekade von der Demokratie zur Diktatur oder von der Diktatur zur

Demokratie übergeht, kann sich ein solcher Prozeß gar nicht entwikkeln. Dann ist es unvermeidlich, daß Demokratie reduziert wird auf einen rein instrumentalen Prozeß, und zwar nicht nur durch die nationalen Eliten, sondern auch von seiten der Volksbewegungen und vor allem durch die Regierung der USA. Insofern die öffentliche Meinung der USA die Instrumentalisierung der Demokratie im Ausland durch die eigene Regierung billigt, wirken sich solche Tendenzen auch im Innern aus. Am Ende kennt man nur noch die instrumentalisierte Demokratie. Selbst in den Ländern, deren Demokratie Frucht eines langen gesellschaftlichen Prozesses ist, vergißt man diese Geschichte und bescheidet sich mit dem instrumentellen Demokratieverständnis.

Der Aufruf der US-Präsidenten zur Demokratisierung Lateinamerikas zu Beginn der achtziger Jahre ist schon für sich ein Nachweis des instrumentellen Charakters dieser Demokratie. Andernfalls hätten ja die Volksbewegungen Lateinamerikas selber – als die allein Legitimierten – zur Demokratisierung aufrufen müssen. Doch sie waren zerschlagen und hatten überhaupt keine Möglichkeit, wirksam einen Demokratisierungsprozeß zu fordern. Sie hatten keine Stimme mehr; ihre Führer waren gefoltert und verschwunden.

Eben deshalb und weil die nationalen Eliten in ihm ihren Sprecher sahen, verfügte der Präsident der Vereinigten Staaten die Demokratisierung Lateinamerikas – über den langen Arm seiner Botschaften sowie im Bündnis mit Polizei- und Militärapparaten und den nationalen Eliten, insbesondere den Wirtschaftseliten. Freiheit – das ist die absolute Herrschaft dieser Gruppen. Die Instrumentalisierung verdreht den Sinn von Demokratie vollständig: Demokratische Freiheit war der Tradition nach doch genau das Gegenteil: nämlich Freiheit gegenüber einer ausländischen Macht, Freiheit gegenüber Polizei und Militär, Freiheit gegenüber den nationalen Eliten. Jetzt entsteht eine Demokratie von oben; sie wird errichtet über den Köpfen der unteren Volksschichten, deren Bewegungen gerade zu diesem Zweck zerschlagen wurden. Diese Art von Demokratie dient dazu, die Volksbewegungen zu kontrollieren, damit sie sich nie wieder erholen. Sie setzt die Militärdiktatur mit anderen Mitteln fort. Aber auch dann, wenn sich das einfache Volk wieder zu organisieren begänne, schwebt über ihm das Damoklesschwert der Rückkehr zur Militärdiktatur.

Die Neue Rechte in Lateinamerika bejaht die Demokratie nur, sofern sie ausschließlich in diesem instrumentalen Sinne verstanden wird. Sie übernimmt das Erbe der Diktaturen der Nationalen Sicherheit und sieht sich dazu berufen, deren Machtschema in demokratischen Spielformen zu sichern. Die instrumentalisierte Demokratie verwandelt das Vertrauen in die Demokratie in ein Vertrauen, das sein Heil einfach auf die Struktur setzt.

Die Demokratie wird instrumentalisiert durch verschiedene rein institutionelle Maßnahmen, die man per Dekret verfügen kann. Das Ergebnis ist die verordnete Demokratie. Die Maßnahmen beziehen sich auf einige Basisinstitutionen wie das Privateigentum und den Markt, der für allzuständig erklärt wird und Freiheit garantiert, auf die Kontrolle der Kommunikationsmedien durch das Privateigentum und die Einführung eines Wahlsystems. Sie werden interpretiert als Instrumente für Demokratie und Freiheit. Einem gesellschaftlichen Demokratisierungsprozeß mißt man überhaupt keine Bedeutung bei. Das zeigt sich daran, daß die Gültigkeit der Demokratie von der Gültigkeit der Menschenrechte vollkommen losgelöst wird.

Wir werden deshalb die folgenden vier Punkte behandeln: die Bekräftigung des Marktes, die Kontrolle der Kommunikationsmittel, das Wahlsystem und die Abspaltung der Demokratie von den Menschenrechten.

## Das Privatunternehmen produziert Freiheit: Die Totalisierung des Marktes

Die Instrumentalisierung der Freiheit zugunsten der nationalen Eliten wird besonders treffend ausgedrückt in dem von ihnen propagierten Motto: Das Privatunternehmen produziert Freiheit. In Costa Rica werben Unternehmen mit dem Spruch: »Hier produziert man Freiheit.« Freiheit wird produziert wie Würstchen; und wie die Demokratie paßt sie in den Aktenkoffer, um per Flugzeug zu reisen. Unternehmen und Markt produzieren die Freiheit, die Demokratie verwaltet sie nur, produziert sie jedoch nicht. Sie muß vielmehr zulassen, daß das Privateigentum die Freiheit produziert, damit es wirkliche Freiheit gibt. Vollkommen selbstlos verschenkt das Privatunternehmen die Freiheit an alle, während es die anderen Produkte, wie Kühlschränke, Würstchen usw., verkauft.

Damit sind wir bei der gegenwärtigen Marktideologie: je mehr Markt, um so mehr Freiheit; je mehr Staat, um so weniger Freiheit. Die Freiheit wird größer, je blinder sich der Mensch der einen Institution, dem Markt, unterwirft und gegen die andere mit der gleichen Blindheit opponiert, gegen den Staat. Im Falle des Marktes macht die Struktur frei, im Falle des Staates versklavt sie. Die Wahl zwischen Markt und Staat spielt überhaupt keine Rolle für die Lösung konkreter Probleme, sei es des Hungers, der Arbeitslosigkeit oder der Umweltzerstörung. Im Gegenteil, auf konkrete Probleme schauen bedeutet, die Freiheit in Gefahr bringen, die das Produkt einer Struktur ist. Markt ja, Staat nein – das wiederholt man gebetsmühlenartig. Doch »Staat nein« heißt nicht nein zum Militär- oder Polizeiapparat. Diese verteidigen vielmehr den Markt gegen den Staat. Polizeistaat macht frei, Sozialstaat versklavt. Je stärker Polizei und Militär sind, um so mehr Freiheit kann das Privatunternehmen produzieren. In analoger Weise also produzieren auch diese Apparate Freiheit, insofern sie den Markt verteidigen. Das gleiche gilt für die Regierung der USA: Indem sie den Markt verteidigt, produziert sie Freiheit für Lateinamerika, selbst wenn ihre Interventionen katastrophale Folgen haben.

Die Freiheit ist eine Institution: Sie heißt »Markt«. Der Mensch ist frei, wenn er ihren Gesetzen blind gehorcht, bis hin zur völligen Identifikation im Tod. Er darf ihre Gesetze nie in Frage stellen. Die Institution Markt ist »societas perfecta«, die vollkommene Gesellschaft. Es ist diese Struktur, welche die Freiheit schenkt. Der Mensch kann tun und lassen, was er will. Solange er es innerhalb dieser Struktur tut, ist alles wohlgetan: Sie produziert Freiheit und ist jeder Moral überlegen. Alles, was innerhalb dieser Struktur geschieht, ist Heil, ist Dienst am anderen, ist Übung in Nächstenliebe.

Aber wenn die eine Institution die »societas perfecta« ist, muß die andere das Gegenteil sein: die perverse Gesellschaft. Das ist der Staat. Er produziert das Gegenteil von Freiheit, d.h. die Knechtschaft.

Die Neue Rechte erklärt die Institution Markt zur totalen, unfehlbaren, perfekten Institution. Je mehr sie das tut, um so mehr muß sie den Staat als Bedrohung ansehen, als Ursache allen Übels.

Wie der Markt a priori niemals an etwas schuldig werden kann, so wird der Staat auf mythische Weise schuldig an allem. Er wird zum großen Monstrum, das überall ist, außerhalb und in uns, die große Versuchung, die das Menschengeschlecht ins Verderben führt. Mehr noch als auf den Markt ist die Neue Rechte auf den Staat fixiert. Dabei handelt es sich um eine vollständig negative Fixierung. Überall sieht sie den Staat am Werk. Der Neuen Rechten geht es wie der Kirche, wenn sie ihre eigene Struktur zur societas perfecta erklärt: Überall sieht sie den Teufel am Werk. Er ist der Urheber alles Bösen, weil die Kirche so vollkommen, wie sie ist, am Bösen keinen Anteil hat. Schließlich wird alles zum Teufel. Ähnlich geht es der Neuen Rechten: Alles Negative wird zum Staat. Hunger, Arbeitslosigkeit, Umweltzerstörung – alles das ist vom Staat verursacht. Der Staat muß als Erklärung herhalten für alles, das der Erklärung bedarf. Weil der Markt keiner Erklärung bedarf – er hat seinen Wert a priori in sich selber –, ist der Staat für alle Erklärung verantwortlich. Hinter der staatsfeindlichen Einstellung der Neuen Rechten taucht ein ins Negative gewendeter Staatspositivismus auf: Der Staat wird zum Reich des Bösen, das seine Wurzeln im Innern des Menschen hat, aber außen wirksam wird. Innen und außen haben wir gegen das Reich des Bösen zu kämpfen.

Dahin führt die Logik dieser Metaphysik einer societas perfecta. Sie wirkt wie eine Wahnidee. Nötig ist hingegen eine rationale Vermittlung zwischen Markt und Staat, damit die Freiheit nicht das Zufallsprodukt von Strukturen ist, sondern Tat des Menschen, der in Freiheit gegenüber den Strukturen handelt.

## Die Kontrolle der Kommunikationsmedien

Im Verhältnis zu fundamentalen Problemen funktionieren die Massenmedien in den Vereinigten Staaten – die wir hier als »freie Presse« bezeichnen – zu einem guten Teil nach Art eines Propaganda-Systems, das vom Staat kontrolliert wird.[1]

So sagte es einmal Noam Chomsky. In der Tat, die Massenkommunikationsmittel unserer Länder publizieren, als gäbe es eine Zensur, auch wenn es sie nicht gibt. Für diese Schere im Kopf muß es eine Kontrollinstanz geben, die nicht mit dem Staat identisch ist. Für alle ist eindeutig, daß die Kommunikationsmedien kontrolliert werden, nicht nur in den USA, sondern ebenso in Lateinamerika.

Die Medien präsentieren sich der öffentlichen Meinung als vierte Gewalt neben den drei klassischen: der Exekutive, Legislative und Judikative. Diese drei aber werden von den demokratischen Mechanismen der Gesellschaft kontrolliert, wenn auch manchmal nur indirekt und häufig sehr unzureichend. Die vierte Gewalt jedoch will den Staat kontrollieren, ohne der Gesellschaft Kontrolle über sich selber zu gestatten. Im Unterschied zu den drei anderen Gewalten übt sie Kontrolle aus, wird aber selber nicht in ähnlicher Weise der Kontrolle unterworfen.

Nicht die Volksschichten kontrollieren mit Hilfe der Medien den Staat. Vielmehr umgekehrt: Wer die Medien kontrolliert, kontrolliert auch den Staat. Wer aber kontrolliert jene, welche die Medien und damit den Staat kontrollieren? Wer kontrolliert die Kontrolleure der Medien?

Keiner, der durch einen gesellschaftlichen Prozeß die Demokratie aufbauen will, kann dieser Frage ausweichen. Aber die Frage stellt sich nur in dieser Perspektive. Dort, wo das Privatunternehmen Freiheit produziert, produzieren die privaten Medien die Wahrheit und folglich auch die Freiheit. Als die Regierung der USA über Radio Marti in Miami Rundfunksendungen nach Kuba auszustrahlen begann, sagte sie nicht, daß die Kubaner den Standpunkt der Regierung der USA kennenlernen sollten. Sie sagte vielmehr, die Kubaner sollten die Wahrheit kennenlernen. Die Wahrheit ist also auch das Resultat eines Instrumentes, unabhängig vom Inhalt der Mitteilung.

## Über die Kontrolle privater Kommunikationsmedien

Über Kontrollinstanzen der Kommunikationsmedien kann kaum diskutiert werden, wenn alle Medien in privater Hand sind. Die Diskussion müßte genau in diesen Medien geschehen, um die notwendige Verbreitung zu haben. Aber die Medien können nicht ihre eigenen Kontrolleure zeigen. Das ist wie bei einem Fotoapparat: Er kann die ganze Welt fotografieren, aber sich selber nicht. Ein Kontrolleur kann nur solange kontrollieren, als er unsichtbar bleibt. Wenn die Medien aber kontrolliert werden, können sie selber über die Kontrolle nicht sprechen. Die Kontrolleure sind wie Gott: unsichtbar und allgegenwärtig. Das Ergebnis ist, daß es praktisch kein Wissen über die Kontrolle der Medien gibt. Unter sich sehr verschieden, bilden sie eine einheitliche Front gegen ihre Kritiker. In diesem Sinne bilden sie ein Monopol, das keine Diskussion gestattet.

Ganz gewiß sind es nicht einfach die Eigentümer der Medien, die die Kontrolle ausüben. Die Kontrolle könnte gar nicht wirksam sein, wenn sie sich nicht auch auf die Eigentümer der Medien selber erstreckte. Wer also kontrolliert dann?

In unserer Gesellschaft, in der nicht der Staat, sondern der Markt alles ist, werden wir auf die Frage gestoßen: Wer finanziert, kauft und subventioniert die Medien?

Sofern die Kommunikationsmedien privat sind, werden sie nicht durch die Konsumenten ihrer Mitteilungen, d.h. durch ihre Leser, Hörer oder Zuschauer, finanziert. Diese sind vielmehr Objekte der Medien. Nur bei den schriftlichen Medien gibt es durch den Kauf einen gewissen finanziellen Beitrag. Aber über den Verkaufspreis wird nur ein ganz geringer Teil finanziert. Die Einkünfte aus dem Verkauf übersteigen in den Haushalten der Tageszeitungen kaum fünfzehn bis zwanzig Prozent der Gesamteinnahmen. Der Rest wird über die sogenannte »Geschäftswelt« finanziert. Deshalb übt diese den ihren Finanzbeiträgen entsprechenden Einfluß aus.

Eine solche Finanzierung hat zwei Seiten und ist ein wirklicher Januskopf. Einerseits geschieht sie durch den Ankauf von Raum bzw. Zeit zu Werbezwecken in den Medien. Dennoch handelt es sich andererseits vom Standpunkt der Medien aus um Subventionen. Dem Medium entstehen keine Produktionskosten, sehr wohl aber Einnahmen. In seiner wirtschaftlichen Existenz es von diesen Einnahmen vollkommen abhängig. Um sie zu erzielen, muß es die größtmögliche Anzahl von Konsumenten erreichen. Aber die Konsumenten bestimmen nicht allein die Höhe der Subventionen. Die Informationen haben sich auch in den Grenzen zu bewegen, die die Kontrolleure setzen.

Die Kontrolle übt die Geschäftswelt aus. Sie ist unabhängig und kann ihre Subventionen von einem zum anderen Medium beliebig ausspielen. Das Medium dagegen hat nicht das geringste Maß an Flexibilität gegenüber der Geschäftswelt. Es gehört zwar dazu, ist aber ihrer Dynamik völlig ausgeliefert. Respektiert es das nicht, verliert es seine wirtschaftliche Existenz. Ein Medium, das wirtschaftlich nicht mehr existieren kann, existiert auch in anderer Hinsicht nicht.

Deshalb hängt die mögliche Vielfalt der Medien völlig ab vom Meinungsspektrum in der Geschäftswelt. Organisiert sie die Kontrolle, kann sie der Mannigfaltigkeit der Medien sehr enge Zügel anlegen. In Lateinamerika gibt es viele Fälle, in denen Handelskammern und ähnliche Instanzen eine an sie delegierte Kontrollfunktion für die Medien ausüben. Aber auch dann, wenn eine solch organisierte Kontrolle nicht existiert, funktionieren die Geschäftswelt und mit ihr die privaten Medien besonders zu Krisenzeiten in gegenseitigem Einvernehmen, indem sie den Pluralismus in den Kommunikationsmedien unterbinden oder einschränken.

In diesem Zusammenhang ist interessant, daß man nach dem Zweiten Weltkrieg in Deutschland die Rolle diskutiert, die die privaten

Kommunikationsmittel in den Jahren 1920 bis 1933 beim Entstehen des Nationalsozialismus bis zur Machtergreifung gespielt haben. Angesichts der Polarisierung, die es damals unter den Deutschen gab, hatten sich die Medien um einen Pol konzentriert und gaben nahezu ausschließlich dem Nationalsozialismus die Gelegenheit, sich in den Medien zu präsentieren. Nach dem Krieg richtete Westdeutschland ein öffentliches Radio- und Fernsehmonopol ein, um neue Polarisierungen dieser Art zu vermeiden. Radio und Fernsehen wurden zu Anstalten öffentlichen Rechts erklärt mit eigenständigen Verwaltungen auf der Grundlage der aktiven Mitbestimmung verschiedener gesellschaftlicher Gruppen. Aber heute, mit dem Auftauchen der Neuen Rechten, wird auch dort wieder privatisiert. Die sogenannte Pressefreiheit wird erweitert, die Meinungsfreiheit dagegen eingeschränkt. Die Neue Rechte ist an einer solchen Kontrolle interessiert, welche erlaubt, die Kommunikationsmedien von einem bestimmten gesellschaftlichen Pol aus zu polarisieren, um die Bevölkerung zu kontrollieren. Meinungsfreiheit kann sie nicht gestatten. Daher ersetzt sie diese durch die Privatisierung im Namen der Pressefreiheit.

Wiederum wird die Freiheit zum automatischen Produkt einer Struktur gemacht, erscheint einfach als ein Institutionsproblem. Was die Menschen innerhalb einer solchen Struktur tun, ist völlig irrelevant. Sie können tun, was sie wollen, sie sind frei. Und die Medien können sagen, was sie wollen, die Struktur sorgt dafür, daß sie die Wahrheit sagen. »Und die Wahrheit wird euch frei machen.« Eine solche Struktur überläßt die Kontrolle der Kommunikationsmedien einer kleinen Minderheit, die zum Herrn über Freiheit und Wahrheit wird. Eine weitere Struktur, die retten soll.

Das gewünschte Ergebnis: Es wird nahezu unmöglich, daß Kommunikationsmedien in Opposition zur Neuen Rechten entstehen. Diese übt die Kontrolle aus, und sie vertritt die Ideologie der Geschäftswelt, die der Neuen Rechten die Kontrolle überläßt. Abweichung ist nahezu unmöglich, solange die Kontrolle garantiert, daß man nur »freie« Meinungen in ebenso »freien« Kommunikationsmedien äußern darf.

## Die kontrollierte Demokratie und der Pluralismus

Für die Neue Rechte gibt es Strukturen, die Freiheit und Wahrheit produzieren. Als Strukturen sind sie in sich bereits demokratisch, sie müssen nicht erst demokratisiert werden. Im Gegenteil, so wie sie beschaffen sind, bilden sie die Voraussetzung dafür, daß Demokratisierung überhaupt möglich ist. Die Strukturen produzieren die Freiheit, die die Demokratie verwaltet. Da es sich um Strukturen handelt, können sie sehr wohl auch von Diktaturen geschaffen werden. Die Diktatur ist eine politische Sache, sie verträgt sich einwandfrei mit der freiheitlichen Verfassung der Gesellschaft. Nach dem Verständnis der Neuen Rechten sind nahezu alle lateinamerikanischen Demokratien gegründet auf einer strukturellen Freiheit, die von den Diktaturen der Nationalen Sicherheit sichergestellt wurden. Die Diktatur scheint also ein wirksames Mittel zu sein, um die Freiheit in der Gesellschaft zu ermöglichen. Sie schafft die institutionellen Fundamente, auf denen die Demokratie errichtet werden kann. Und im Prozeß der Demokratisierung müssen diese institutionellen Fundamente geschützt werden.

Aber diese von der Diktatur eingesetzte Freiheit will auch politisch zum Zuge kommen. Also erscheint die demokratische Neue Rechte, opponiert gegen diktatorische Regierungsformen und setzt die Demokratisierung in Gang. Aber die Neue Rechte kann die Demokratie nicht mit Inhalt füllen. Sie macht daraus einen bloßen Formalismus, sie reduziert die Demokratie ganz einfach auf den Wahlvorgang, auf eine Struktur, die immer wieder verwendbar ist. Doch selbst diesen Wahlformalismus reduziert sie noch einmal darauf, eine Freiheit zu verwalten, die außerhalb des demokratischen Rahmens durch das Privatunternehmen produziert wird.

Es kommt zu Wahlen nach Art eines Wettbewerbs, an dem nur teilnehmen kann, wer die Freiheit akzeptiert. Das gilt für Wähler, Kandidaten und Gewählte. Freiheit aber wird von Privatunternehmen auf freien Märkten produziert. Also dürfen nur Freunde des Privatunternehmens teilnehmen oder gewählt werden, denn nur sie akzeptieren die Freiheit. Die Wahlen sind vollständig eingesperrt. Bevor sie stattfinden, wählt die Freiheit die »Stimmbürger« und die Kandidaten aus. Auch dies wiederum ist durch eine formale Bestimmung geregelt: Nur wer den Wettbewerb durch Wahlen akzeptiert, kann an Wahlen teilnehmen. Diese Regelung stimmt mit der vorher genannten Regelung überein.

Die Neue Rechte ist nämlich davon überzeugt, daß den Wettbewerb durch Wahlen nur akzeptieren kann, wer als dessen Voraussetzung die vom Privatunternehmen produzierte Freiheit akzeptiert. Damit werden a priori mögliche Wähler und Kandidaten ausgeschlossen und bestimmte Wahlresultate für illegitim erklärt. Aber diese Ausgrenzung nimmt die angebliche Freiheit selber vor. Der Ausschluß schränkt die Freiheit nicht ein, sondern fördert sie. Die Ausgeschlossenen selber haben ja die Freiheit abgelehnt; man entspricht also nur ihrem eigenen Willen, wenn man sie ausschließt. Sie wollten nicht frei sein, und deshalb sind sie es nicht. Indem die Demokratie ihnen keine Freiheit zugesteht, respektiert sie die Freiheit der Ausgeschlossenen, die die Freiheit ablehnen. Es ist wie mit der Hölle: Dort befindet sich nur, wer selber hinein will.

Auf diese Weise greift die Neue Rechte auf den Formalismus der Französischen Revolution zurück, den Saint-Just so ausgesprochen hat: »Keine Freiheit für die Feinde der Freiheit.« Die Freiheit wird jakobinisch, sie wird eingeschränkt, indem Saint-Just in jeder Abweichung von seiner eigenen Meinung einen Angriff auf die Freiheit sieht. Die Folge ist der Terror um der Moral, um der Freiheit willen; und schließlich muß Saint-Just alle Köpfe rollen lassen, nur seinen nicht. Den werden dann andere fordern. Und auch sie handeln im Namen der Freiheit.

Ein solcher Formalismus kehrt wieder mit der demokratischen Neuen Rechten, diesmal von Karl Popper ausgesprochen: Keine Toleranz für die Feinde der Toleranz. Aber der Formalismus wurde radikalisiert. Er bezieht sich nicht mehr nur auf Handlungen, sondern jetzt auch auf Meinungen. Auch diese müssen tolerant sein. Sind sie tolerant, dann sind sie frei – andernfalls dürfen sie nicht toleriert werden. Solches Denken wird dann als Wissenschaftlichkeit bezeichnet. Meinungen müssen wissenschaftlich sein. Sie sind es aber nur, wenn sie sich aus der Anwendung der Popperschen Methodologie ergeben. Diese jedoch bezieht sich nicht auf Inhalte, sondern einzig und allein auf die formale Bestimmung des Argumentierens, d.h. auf die Struktur des Argumentes. Wenn das Argument die Struktur respektiert, ist es wissenschaftlich; respektiert es sie nicht, ist es metaphysisch. Aber nur das wissenschaftliche Argument kann nach Wahrheit streben, nicht das metaphysische.

Eine solche Methodologie disqualifiziert jede Argumentation als metaphysisch, die sich auf die gesellschaftliche Totalität bezieht. Doch das Motto »Das Privatunternehmen produziert Freiheit« kann nur kritisiert werden, wenn man sich auf die konkrete gesellschaftliche Totalität bezieht. Folglich verbietet die Wissenschaft, das Motto zu kritisieren. Wissenschaftlich erlaubt ist auch nur die Feststellung, das Privatunternehmen produziere die Freiheit. Entgegengesetzte Positionen sind wissenschaftlich nicht haltbar und können im Namen der Wahrheit nicht geduldet werden. Wiederum macht die Wahrheit frei.

Erneut ergibt sich eine Struktur, die die Freiheit und die Berufung auf die Wahrheit sichert. Sie garantiert ein tolerantes und daher nicht dogmatisches Denken. Je blinder jemand diese Methodologie bejaht, um so undogmatischer ist er. Eben darin besteht diese Demokratie.

Félix von Cube kommt zu folgendem Ergebnis:

1. Alle dogmatischen Systeme ... stehen im Widerspruch zum Wissenschaftsverständnis des Kritischen Rationalismus.
2. Alle dogmatischen Systeme sind notwendigerweise totalitär.
3. Ausschließlich das Wissenschaftsverständnis des Kritischen Rationalismus ist mit der freiheitlichen Demokratie vereinbar.[2]

Wer das Gegenteil behauptet, dem bleibt nur die Alternative, erschossen oder gehenkt zu werden. Allein die Kritik am Kritischen Rationalismus von Popper ist der Beweis dafür, daß jemand weder tolerant noch demokratisch ist, sondern totalitär. Deshalb verdient er es auch nicht, geduldet zu werden, denn Toleranz kann nur beanspruchen, wer tolerant ist. Die totalitären Diktaturen der Nationalen Sicherheit in Chile und Uruguay haben ihre Kritiker so behandelt und Popper zu ihrem Hofphilosophen gemacht. Sie haben sich nicht geirrt. Der Kritische Rationalismus ist das rigoroseste Kritikverbot, das je entwickelt wurde.

Ein großer struktureller Automatismus ist es, der die Freiheit produziert und eine Wahrheit, die frei macht. Er durchzieht die Gesamtgesellschaft; und die Neue Rechte macht sich ihn zu eigen. Die Struktur des Marktes mit seinen Privatunternehmen produziert die Freiheit. Die Struktur der Kommunikationsmedien produziert die Wahrheit, insofern die Medien vom Privateigentum kontrolliert werden. Die Struktur der Wahlen produziert die Demokratie, die wiederum dafür garantiert, daß die von den Privatunternehmen produzierte Freiheit die Legitimität von Wahlresultaten begrenzt. Die Wissenschaftlichkeit wird garantiert durch eine Argumentationsstruktur, die als solche bereits von vornherein jedes Resultat exkommuniziert, das dem Motto, daß das Privatunternehmen die Freiheit produziere, widerspräche. Die

Menschheit hat es der Wissenschaft zu verdanken, daß sie heute endlich dieses so wunderbare strukturelle Gefüge kennenlernt. Die moderne Wissenschaft hat es offenbart. Die Magie der Struktur verbündet sich auf diese Weise mit der Magie der »modernen Wissenschaft«.

Alles dreht sich in einem perfekt geschlossenen Kreis, der zugleich eindeutig tautologisch ist: nichts anderes als ein gigantischer ideologischer Solipsismus des Privateigentums. Doch die Neue Demokratische Rechte wird mit ihm glücklich, denn er beschützt ihre unbegrenzte Macht, indem er sie unsichtbar macht wie Gott selbst.

Die Politik verschwindet vollkommen, sie wird ersetzt durch bloße Anwendung technologischer Rezepte. Die Technologie wiederum sichert die vorhandenen Strukturen, deren magischer Automatismus alle konkreten Probleme löst. Die Politik hat mit der Lösung konkreter Probleme nichts mehr zu tun, von ihr darf man solche Lösungen nicht erwarten. Auf die Forderung nach konkreten Lösungen kommt deshalb stets die abstrakte Antwort: Man muß die Strukturen stärken, die die Freiheit produzieren; sie werden nachträglich von selbst alle Probleme der Menschheit lösen. Also: handeln statt denken.

Die Macht in der Hand, zwingt man alle, sich dieser Paranoia zu unterwerfen, zumal die Vertreter der Neuen Rechten sich für die einzigen Realisten halten, während alle anderen Illusionisten sind. Es geht zu wie in der folgenden Legende: Eine Hexe vergiftete die Quelle eines Volkes, von deren Wasser alle tranken. Alle wurden verrückt außer dem König, der nicht davon getrunken hatte. Das Volk verdächtigte ihn und wollte ihn töten. In der Bedrängnis trank der König auch und wurde ebenfalls verrückt. Alle feierten ihn, weil jetzt auch er zur Vernunft gekommen war.


## Der Utopismus der Neuen Rechten und die Menschenrechte

Eine solche strukturelle Magie, hinter der sich die absolute Macht einer kleinen Minderheit tarnt, ist nur die Extremgestalt des traditionellen liberalen Utopismus. Wenn Mandeville behauptet, private Laster seien öffentliche Tugenden, oder Adam Smith von der »unsichtbaren Hand« redet, dann beziehen sie sich auf eine Marktstruktur, der man die magische Fähigkeit unterstellt, automatisch zugunsten des Gemeinwohls zu wirken. Stets taucht ein extremer Utopismus auf, der alle konkreten Probleme zu lösen verspricht, wenn eine Struktur bejaht wird. Alle

Probleme der Menschheit, die aus den Interessenkonflikten verschiedener Gruppen entstehen, der selbständige Widerspruch zwischen Egoismus und Altruismus, zwischen Selbstliebe und Nächstenliebe – all das wird mit einem Schlag gelöst, sobald man die Struktur des Marktes einführt. Was die gesamte Menschheit nicht lösen konnte, wird durch eine simple Struktur gelöst. Das ist der Utopismus der vollkommenen Harmonie.

Wie jeder Utopismus ist auch dieser falsch. Die Realität des Marktes entspricht der magischen Hoffnung nicht. Um aber daran festhalten zu können, muß jedes Anzeichen von Disharmonie der Interessen unterdrückt werden. Doch der Markt harmonisiert nicht, löst keine konkreten Probleme und verhilft auch nicht zu vernünftigen Lösungen. Der liberale Utopismus aber beharrt auf der vom Markt automatisch produzierten Harmonie. Folglich muß er die Harmonie mit Gewalt durchsetzen und den Widerstand zum Schweigen bringen. Aus dem Beharren auf einer abstrakten Harmonie entsteht die Gewalt, die diese Harmonie erzwingt. Der Staat soll die Gewalt ausüben, und zwar im Namen der Demokratie.

Nun taucht ein weiterer Utopismus auf, der den vorhergehenden umhüllt: der Utopismus der dialogischen Demokratie, in der alle im Dialog miteinander stehen und stehen können, weil ihre Interessen nicht mehr aufeinanderprallen. Der Markt hat die Gegensätze harmonisiert. Deshalb ist schließlich der freie Dialog zwischen den Menschen möglich. Demokratisch sein heißt diskutieren, ohne daß Interessenkonflikte stören. Alle können sich verständigen, weil die Interessenkonflikte gelöst sind. In einer solchen Demokratie stehen die reinen Seelen im Dialog miteinander, Engel ohne Leib; deshalb gibt es keinen Zusammenstoß mehr.

Der Utopismus der dialogischen Demokratie erlaubt es nun, den Bösen auszumachen. Der Böse ist jener, der den von der Marktharmonie hergestellten Konsens zerbricht und aus dem sanften Dialog reiner Seelen eine Konfrontation konfligierender Interessen macht. Die dialogische Demokratie aber beharrt darauf, daß es keine Interessengegensätze mehr gibt, weil die Magie des Marktes sie harmonisierte. Wenn trotzdem Interessenkonflikte präsentiert werden, dann nur, weil es die Bosheit gibt, eine Verschwörung gegen die Freiheit, bösen Willen und irrationalen Machtrausch. Für die Ideologen der Harmonie ist der Interessenkonflikt völlig unerklärlich. Er wird dämonisiert. Sie reagieren darauf mit der Verteidigung der Demokratie.

Demokratie und Geltung der Menschenrechte werden durch diese Utopismen vollkommen voneinander getrennt. Dies geschieht, indem man diese Struktur angeblicher Freiheitsproduktion vollkommen löst vom Anspruch auf die Erfüllung der Menschenrechte. Die Ideologie der Neuen Rechten behauptet einfach, daß die Strukturen selber bereits die Menschenrechte gegenwärtig machen. Sie sieht keine Probleme in der Beziehung zwischen Subjekt und Struktur und anerkennt auch keinen Anspruch im Namen von Menschenrechten gegenüber diesen Strukturen. Die einzige Menschenrechtspolitik, die sie betreibt, besteht darin, das Subjekt blind mit der Struktur zu identifizieren und es ihr zu unterwerfen. Die Entkoppelung von Demokratie und Menschenrechten macht es möglich, verbal an einer Bejahung der Menschenrechte festzuhalten. Eine solche Bejahung aber leugnet gerade diese Rechte.

Werden die Menschenrechte mit der Struktur identifiziert, kann man sie nicht mehr einklagen. Sie verschwinden, auch wenn man weiter von ihnen spricht. Wenn Friedrich A. Hayek z.B. darauf besteht, daß der Markt selber bereits die Gerechtigkeit ist und daß es illegitim ist, ihm gegenüber Gerechtigkeit zu reklamieren, dann wird Gerechtigkeit bestritten, auch wenn man immer noch von ihr spricht. So geschieht es mit allen Menschenrechten. Indem sie mit der Struktur identifiziert werden, klagt man, wenn man Menschenrechte fordert, eine bestimmte Struktur ein. Das macht es fernerhin unmöglich, die Menschenrechte gegenüber dieser Struktur einzuklagen.

Wer trotzdem weiter darauf besteht, wird einfach zum Demagogen erklärt. Die Unterdrückung solchen Anspruchs wird von der Struktur im Namen der Menschenrechte betrieben. Da die Identifikation der Menschenrechte mit der Struktur verteidigt werden muß, werden Menschenrechte verletzt, um diejenigen, die sie noch immer beanspruchen, zu treffen. Nur der Utopismus der Struktur gestattet eine solche Verdrehung.

Je umfassender der Utopismus, um so entschiedener wird das Recht bestritten, die Menschenrechte gegenüber der Struktur einzuklagen. Wer dies tut, wer die Rechte der Menschen verteidigt und die Einlösung der Menschenrechte hier und jetzt fordert, statt sie einer utopistischen Verheißung im Zusammenhang mit irgendeinem fernen Menschheitsschicksal zu überlassen – wer so handelt, liefert sich Menschenrechtsverletzungen aus, die keine Grenzen mehr kennen. Diese werden dann von jenen Mehrheiten gerechtfertigt, die sich im Geltungsraum des Freiheit produzierenden Privatunternehmens gebildet haben. Diese Mehrheiten sind dann dazu fähig, jederart Menschenrechtsverletzungen zu legitimieren. Sobald eben die Struktur als solche die Menschenrechte vermitteln soll, hören diese auf zu existieren. Dann wird alles möglich. Demokratische Legitimation wird verwechselt mit automatischer Legitimation eines stets sich selbst bestätigenden Machtschemas. Sind die Strukturen konsolidiert, ist alles konsolidiert. Als einzige Aufgabe bleibt, sie auch in Zukunft weiterhin zu festigen. Die Berufung auf die Mehrheit hat nur die Funktion, Machtpolitik zu legitimieren, ohne dabei auf Menschenrechte verpflichtet zu werden.

In der Tat, die Demokratie der Neuen Rechten hat sich von allen Einschränkungen frei gemacht, welche die demokratische Tradition den Machtausübenden auferlegt hatte. Der Überfall der USA auf Granada wurde als demokratisch legitimiert dargestellt. Der Präsident der USA, der den Befehl gab, war demokratisch gewählt; und die öffentlichen Umfragen bestätigen, daß die Bevölkerungsmehrheit in den USA ihn unterstützte. Deshalb gilt die Invasion als demokratisch legitimiert. Doch dahinter steckte noch ein anderes Legitimationsinteresse: Die Invasion fand statt, um die Struktur einer Freiheit durchzusetzen, die von den Privatunternehmen hergestellt wird. Die Achtung der Menschenrechte hat da offensichtlich keinen Platz, zumal die Invasion um der Menschenrechte willen, die eins sind mit der Struktur, vollzogen wurde. Die Verteidiger Granadas waren Rebellen, die auf Menschenrechte keinen Anspruch hatten. Menschenrechte verpflichten dazu, die Invasion zu akzeptieren und die Privatinitiative durchzusetzen. Wer dem nicht zustimmt, hat den Geltungsbereich der Menschenrechte verlassen. Die gleiche Argumentation gilt im Falle Nicaraguas. Die Nicaraguaner können sagen, was sie wollen, sie bleiben im Unrecht.

In der Fernsehdebatte zwischen den beiden Vizepräsidentschaftskandidaten der USA am 9. Oktober 1988 griff der republikanische Kandidat Dan Quayle den demokratischen Kandidaten Lloyd Bentsen wegen seiner Opposition gegen die Invasion Granadas an, indem er darauf verwies, daß fünfundachtzig Prozent der Bevölkerung damit einverstanden waren. Er fügte hinzu:

Wir haben ein kommunistisches Land in ein nicht-kommunistisches Land verwandelt. ... Der Gouverneur von Massachusetts (Bentsen) ist ganz einfach nicht in Übereinstimmung mit der Position der Mehrheit der Nordamerikaner.[3]

Weil fünfundachtzig Prozent die Invasion unterstützten, ist sie demokratisch legitimiert. Wer immer noch dagegen opponiert, ist kein

Demokrat mehr. Kein Menschenrecht kann also der Mehrheit eine Grenze setzen, vorausgesetzt, die Mehrheit steht auf seiten des Privatunternehmens. Doch es gibt noch viel mehr, was man demokratisch legitimieren kann – die Folter zum Beispiel. Als 1968 in Uruguay die Tupamarus den US-Bürger Mitrioni töteten, kam ein viel größerer Skandal zum Vorschein als dieser Mord. Die demokratische Regierung der USA hatte nämlich der demokratischen Regierung Uruguays als Entwicklungsberater getarnte Folterspezialisten geschickt, um die Folterer der uruguayischen Regierung mit den im Vietnamkrieg gewonnenen Techniken vertraut zu machen. Weder in den USA noch in Uruguay gab es Gerichte, vor denen man deswegen hätte Strafanzeige erstatten können. Es ging ja um eine demokratisch legitimierte Folter, weil zweifellos demokratische Regierungen sie dazu benutzt hatten, um jene Freiheit zu garantieren, die das Privatunternehmen produziert. Man kritisierte das Vorgehen der Tupamarus, aber die öffentliche Meinung empörte sich nicht darüber, daß demokratische Regierungen Folterer ausbildeten. Demokratie und Folter galten bereits als harmonisierbar, was der Logik dieses Denkens entspricht: Sind die Menschenrechte eins mit einer bestimmten Struktur, dann gelten für die Verteidigung dieser Struktur die Menschenrechte nicht.

So rechtfertigen die Mehrheiten die Menschenrechtsverletzungen. Doch umgekehrt gibt es keine Mehrheiten, die die Verteidigung der Menschenrechte gegenüber der Struktur rechtfertigen könnten; man würde sie kurzerhand für illegitim erklären. Wiederum ist die Tautologie perfekt. Mehrheiten sind legitim, wenn sie Menschenrechtsverletzungen im Namen der Struktur billigen. Mehrheiten sind illegitim, wenn sie die Menschenrechte gegen magische Strukturen verteidigen.

Hanna Ahrendt befürchtete bereits sehr früh, die Demokratie könne Gefahr laufen, mit dem Staatsterrorismus in Einklang gebracht zu werden:

> Denn es ist durchaus denkbar und liegt sogar im Bereich praktisch politischer Möglichkeiten, daß eines Tages ein bis ins letzte durchorganisisertes, mechanisiertes Menschengeschlecht auf höchst demokratische Weise, nämlich durch Majoritätsbeschluß, entscheidet, daß es für die Menschheit im ganzen besser ist, gewisse Teile derselben zu liquidieren.[4]

In solchen Begriffen ist selbst ein kollektiver Selbstmord der Menschheit demokratisch legitimierbar.

Aus der Trennung von Demokratie und Menschenrechten ergibt sich die Möglichkeit, Demokratie und Staatsterrorismus miteinander in Einklang zu bringen. In Lateinamerika gibt es bereits eine Reihe von Demokratien dieser Art. Der Staatsterrorismus wird zu einem legitimen Mittel, die utopistische Demokratie zu garantieren, die mit den Freiheit produzierenden Privatunternehmen identifiziert wird. Die Demokratie wird selber totalitär, und sie hat sogar ihren eigenen Gulag. Man findet ihn in den Elendsvierteln der Großstädte der Dritten Welt. Damit folgt die Demokratie einer bedrohlichen Logik, die Hanna Ahrendt so beschrieben hat:

> Weil die Sehnsucht moderner Massen nach wissenschaftlichen Beweisen eine so große Rolle in moderner Politik überhaupt spielt, ist man auf die Idee gekommen, das ganze Phänomen als ein Symptom jener Wissenschaftsbesessenheit zu erklären, die die westliche Welt seit dem Aufkommen der neuzeitlichen Mathematik und Physik befallen habe. In diesem Zusammenhang scheint das totalitäre Phänomen nur das letzte Stadium eines Prozesses anzuzeigen, in dessen Verlauf »Wissenschaft zum Götzen geworden ist, der magisch alle Übel des Lebens beseitigen und die Natur des Menschen selbst verändern wird«.[5]

## Die Logik der Mehrheiten: Das Recht aller auf Leben

Damit die Menschenrechte Bedeutung gewinnen, müssen sie im Raum der Beziehungen zwischen dem menschlichen Subjekt und der gesellschaftlichen Struktur angesiedelt werden, um diese zu relativieren. Andernfalls werden die Menschenrechte im Namen der Menschenrechte verletzt. Erst im Spannungsfeld zwischen Mensch und Struktur entsteht Freiheit. Sie kann niemals in blinder Identifizierung mit einer Struktur bestehen.

Damit wird zugleich ausgeschlossen, daß Politik durch Anwendung technischer Normen ersetzt werden kann. Diese stehen immer in engster Verbindung mit abstrakten Utopismen, welche die wunderbaren Wirkungen gesellschaftlicher Technologie preisen, aber die Gewalt verbergen, mit deren Hilfe diese abstrakten technischen Normen durchgesetzt werden sollen.

Politik hat sich auf die Beziehung zwischen Subjekt und Struktur einzulassen. In diesem Raum fordert das menschliche Subjekt die Befriedigung der vitalen Grundbedürfnisse in ihrer ganzen Breite. Damit sind technische Normen nicht ausgeschlossen – nicht einmal solche, die der Neuen Rechten so sehr gefallen –, ausgeschlossen ist lediglich, das Leben auf diese technischen Normen zu reduzieren und einigen davon auch noch absolute Geltung zuzuschreiben.

Strukturen sind Vermittlungen für die Beziehungen zwischen Subjekten. Die Technifizierung menschlicher Beziehungen verschlingt die Subjekte. Der Ersatz der Politik durch die Technik schafft ein Gesetz, das tötet.

In diesem Sinne ist Demokratie als Regierungssystem für Mehrheiten unmöglich, wenn dem institutionellen Gefüge nicht das Interesse der Mehrheit zugrunde liegt. Alle müssen leben können, damit Mehrheiten human entscheiden können, aber nicht die einen sterben lassen, damit die anderen zu leben haben. Eine demokratische Politik, die diesen Namen verdient, hätte das Leben aller effektiv zu garantieren, statt es zu verschieben auf jenen Sankt Nimmerleinstag magischer Utopien, der nie in Erfüllung geht, und diesen magischen Utopien zu gehorchen, die nur das Bestreben einiger weniger nach unumschränkter Macht tarnen.

Das heißt aber auch, daß eine demokratische Politik nicht auf die blinde Erfüllung einiger Prinzipien gegründet werden kann, sondern nur auf die ständige Vermittlung zwischen einander entgegengesetzten Prinzipien, mit dem Ziel, das Leben aller Subjekte zu ermöglichen. Deshalb muß ständig zwischen Markt und Plan vermittelt werden, zwischen Privateigentum und öffentlichem Eigentum, zwischen Autonomie und Staat usw. Eine solche Vermittlung fordert Weisheit und ethische Überzeugungen, nicht fixe Ideen technologischer Art. Totalitäre Herrschaft breitet sich aus, wenn sich solche fixen Ideen durchsetzen. Ganz gewiß ist es eine neue Erfahrung, daß der Totalitarismus heutzutage im Gewand einer Freiheit daherkommt, die vom Privatunternehmen produziert wird. Aber er wiederholt nur mit entsprechenden Modifizierungen die vorangegangenen Formen totalitärer Herrschaft. Deshalb sollte es diesmal möglich sein, rechtzeitig offenzulegen, was auf uns zukommt.

# Kapitel 6:
# Politisches Projekt und Utopie
# vor der Postmoderne

Die Diskussion über die Möglichkeit einer Kultur der Postmoderne deutet einen tiefen Einschnitt in der Kultur der Moderne an und scheint nach der Veränderung des bisher gültigen Zivilisationsmodells zu rufen. Die im 15. Jahrhundert entstandene Kultur der Moderne hat Krisen und Katastrophen von solchen Ausmaßen hervorgerufen, daß nun das gesamte Modell der westlichen Zivilisation in eine Krise zu geraten scheint.

Die totalitären Systeme des 20. Jahrhunderts – ob Nationalsozialismus, Stalinismus oder Terrorismus der Staaten der Nationalen Sicherheit – sind geradezu westliche Zivilisationen »in extremis«, wie Galtung sagt. Sie scheinen das logische Resultat der Moderne selbst, die engstens verquickt ist mit dem vorausgehenden jahrhundertealten Kolonialismus, dem Rassismus, der wachsenden Verelendung der Dritten Welt, der Umweltkrise und auch noch mit den Mitteln, die als Ausweg aus der Krise angeboten werden. Es scheint nötig, ganz andere Lösungen zu suchen, die von einer Fundamentalkritik der Moderne ausgehen und mit ihren kulturellen Mustern selber brechen.

Noch gibt es keine etablierte Kultur der Post-Moderne, wohl aber die Suche nach einer solchen, die aus der Einsicht erwächst, daß ein Bruch notwendig wird. Wir leben mitten in der Moderne, können ihr aber nicht mehr trauen, worauf schon das Wort *Post-Moderne* hinweist. Eine *neue* Epoche würde sich selbst nicht als Post-Epoche der vorangehenden bezeichnen, so wie die bürgerliche Gesellschaft sich nicht als post-feudal bezeichnet und die sozialistische Gesellschaft sich nicht post-bürgerlich nennt.

Mit dem konkreten Projekt einer neuen Epoche erscheint auch ihr neuer Name. Offenbar haben wir weder ein solches Projekt noch wissen wir einen Namen für das, wonach wir Ausschau halten. Die Bezeichnung *Post-Moderne* ist geradezu ein Beleg dafür.

Das Chile der Unidad Popular hatte ein ähnliches Problem. Weil ein konkreter Entwurf des gesuchten Entwicklungsmodells noch nicht sichtbar war, sprach man vom nicht-kapitalistischen Entwicklungsweg. Der Ausdruck selber offenbart die Vorläufigkeit des Entwurfs.

Mit dem Ruf nach einer Kultur der Postmoderne reagiert man noch sehr verschwommen auf die wahrgenommene Krise der Moderne. Deshalb hat unsere Analyse bei der Diskussion über die Grundzüge der Moderne anzusetzen. Zur Untersuchung ihrer Krise werden wir uns mit den Ideologien des Liberalismus, des Sozialismus und des Faschismus/Nazismus befassen.


### Der Liberalismus

Die Krisis der Moderne scheint engstens zusammenzuhängen mit der Wechselbeziehung zwischen der zentralen Utopie, die sie beseelt, und dem politischen Projekt, das diese zu realisieren sucht. In der ganzen Moderne gilt die Idee von einer vollkommenen Gesellschaft, die zu realisieren sei, als Utopie.

Der Liberalismus formulierte die für die gesamte Moderne entscheidende Utopie. Die liberale Utopie ist eine Säkularisierung, ein säkularisierter Ausdruck der millenaristischen Utopien des 15. und 16. Jahrhunderts. In aller Deutlichkeit tritt sie im 18. Jahrhundert als Utopie freier Spontaneität auf, die eine libertinistische Vorstellung von der zukünftigen Gesellschaft einschließt. Ihre extremste Gestalt wird der Marquis de Sade.

Libertinismus gilt nun nicht mehr als Randphänomen der Gesellschaft, sondern als Mittel zur Gesellschaftsveränderung, das bewirken soll, daß die freie Spontaneität mit ihrer ganzen libertinistischen Dimension zum Grundzug des gesellschaftlichen Lebens werden kann. Man fordert eine Veränderung aller Strukturen, damit alle jederzeit die grenzenlose Freiheit einer spontanen Ordnung leben können.[1]

Die universale Utopie muß zugleich institutionalisiert werden, damit sie zu einem politischen Projekt umgearbeitet werden kann. Es gilt, die Institutionen zu benennen, die mit der Realisierung der Utopie beauftragt sind. Eben darin besteht die Bedeutung von Adam Smith. In seinen Werken bezeichnet er das Privateigentum und die Handelsbeziehungen als die geeigneten Vermittler dieser großen Utopie, als Wege zu ihrer Verwirklichung. Er weist ihnen eine unsichtbare Hand zu, die spontan die Beziehungen zwischen den selbständigen Individuen ordnet, und verspricht als Ergebnis die Verwirklichung einer natürlichen Freiheit, einer Freiheit, die durch nichts anderes mehr eingeschränkt wird als durch die Erfordernisse ihrer eigenen Institutionalisierung, d.h. durch das Privateigentum und die Einhaltung von Verträgen. Die in solch einem Gesellschaftsentwurf enthaltene Extremutopie formuliert zur gleichen Zeit Mandeville: Private Laster sind öffentliche Tugenden. Die Menschen erfreuen sich einer absoluten Freiheit, wenn sie die strukturellen Mechanismen, d.h. die Marktmechanismen, respektieren, die dafür sorgen, daß sich die Laster in Tugenden verwandeln können. Es gibt keine Laster mehr, falls der Markt respektiert wird. Er sorgt für die Identität aller Interessen. Die Strukturen machen frei: Je blinder man ihnen folgt, um so sicherer ist die Freiheit.

Das Gegenteil dieser Freiheit ist der Staat. Deshalb ist die liberale Ideologie grundsätzlich anti-staatlich. Die Freiheit, die durch den Markt abgesichert wird, realisiert sich in der Auflösung des Staates. Solange diese jedoch nicht erreichbar ist, will man den Staat marginalisieren, ihn zu einem Nachtwächter-Staat machen, dessen Aufgabe sich darauf beschränkt, die Marktbedingungen zu sichern: das Privateigentum und die Einhaltung von Verträgen. Als solcher ist er ein Staat, der die Freiheit absichert.


## Anarchismus und Kommunismus

Die Kritik am Liberalismus entzündet sich nicht an der ihm zugrundeliegenden Vorstellung von Freiheit oder Utopie der Spontaneität, sondern am politischen Projekt zu ihrer Realisierung. Die Utopie der Spontaneität geht vom Liberalismus auf den Anarchismus über. Die Anarchisten sind es, die den Ausdruck »spontane Ordnung« prägen. Sie kritisieren, daß das Privateigentum die Freiheit vernichtet und in Ausbeutung verwandelt, d.h. zur freien Ausbeutung wird. Der Anarchismus wendet sich also gegen die bürgerliche Gesellschaft, indem er die utopische Grundlage der bürgerlichen Gesellschaft übernimmt. Er verwendet die Utopie gegen die Gesellschaft, die sich in ihrem Namen konstituierte. Der Anarchist sieht also ein: Die Utopie wirkt zerstörend, wenn sie der bürgerlichen Gesellschaft verhaftet bleibt. Deshalb muß man sie aus der bürgerlichen Gesellschaft befreien, um sie wirklich realisieren zu können. Es genügt aber nicht, nur den Staat aufzulösen oder zu marginalisieren; das Privateigentum selbst als Wurzel des Staates und die Ehe als eine der tragenden Institutionen müssen beseitigt werden. Hier geht es also um das anti-institutionelle Verständnis der Utopie, das aber nicht zum politischen Projekt wird, weil jedes Projekt einer Institution bedarf, die der Verwirklichung der Utopie zu dienen hat. Der Anarchismus kann nur ankündigen, daß die Zerstörung kreativ sei, kann aber politisch nichts bewirken.[2]

Gegenüber dem Anarchismus tritt dann die antikapitalistische Kritik auf den Plan, die behauptet, der Kommunismus müsse durch den Sozialismus geschaffen werden. Auch er wendet sich gegen Markt und Staat, aber bezeichnet jetzt die Planung als die wirksamste Institution, um das Privateigentum zu überwinden und den Staat aufzulösen.

Der Wirtschaftsplan gilt jetzt als die mit der Realisierung der ursprünglichen Utopie von der spontanen Ordnung und ihrer Freiheit beauftragte Institution. Von neuem wandert die Utopie aus, um sich den Weg zu ihrer Verwirklichung zu suchen.

Friedrich Engels beschreibt die Vorstellung von der institutionellen Realisierung spontaner Freiheit, indem er sagt, der Sozialismus wird die Verwaltung der Menschen durch die Verwaltung von Sachen ersetzen. Indem also die Wirtschaftsplanung nur Sachen verwaltet, ermöglicht sie es, von der Verwaltung der Menschen frei zu machen und folglich auch vom Staat und der Ausbeutung zu befreien.

Diese Konzeption von Planung ist antistaatlich und offenbart so ihre Bindung an die ursprüngliche Idee von der freien Spontaneität. Aber sie ist ebenso widersprüchlich wie die liberale Ideologie, gegen die sie sich richtet. Wer Sachen verwaltet, verwaltet die Menschen mit Hilfe der Sachen. Das müßte klar sein, insbesondere für den Denkansatz des historischen Materialismus, der die Sicherung des konkreten menschlichen Lebens als oberste Instanz der Gesellschaft betrachtet.

Der Liberalismus will die Auflösung des Staates durch die Institution Markt. Der Kommunismus will den Markt durch die Institution Wirtschaftsplan ersetzen. Beiden geht es dabei um die freie Spontaneität, die in ihren Augen zum Staat nur ein vollkommen negatives Verhältnis haben kann.

## Der Anti-Rationalismus des Faschismus/Nazismus

Die Ideologie des Faschismus/Nazismus erscheint bereits in der Romantik zu Beginn des 19. Jahrhunderts und ist eng mit dem Konservatismus verbunden. Von Friedrich Nietzsche in eine endgültige Form gebracht, wird sie von Karl Schmitt und anderen auf die Politik angewendet. Sie präsentiert sich als Überwindung des Rationalismus, in dem sowohl der Liberalismus als auch der wissenschaftlich-marxistische Sozialismus verwurzelt sind. In ihr wird die Moderne am extremsten zur Sprache gebracht.

Liberales Denken als auch der sozialistische Ansatz eines Karl Marx entstammen dem Rationalismus des 18. Jahrhunderts und suchen dementsprechend die Totalität denkend zu erfassen. Im Liberalismus wird die Totalität von der unsichtbaren Hand des Marktes geordnet, im Sozialismus vom Wirtschaftsplan. Die faschistisch-nazistische Ideologie widersetzt sich dieser Totalitätsvorstellung, geht jedoch von der gleichen Grundidee der spontanen Freiheit aus, die in eine Freiheit zum Kriege gewendet wird. Deshalb ist der »Wille zur Macht« das Motto ihrer spontanen Ordnung. Der Krieg schafft Ordnung – wozu weder der Markt noch der Plan imstande sind. Die Freiheit besteht im Willen zur Macht durch Krieg, durch Kampf in jeder Gestalt. Seine Ergebnisse werden ständig verändert, eine ewige Wiederkehr.

Der Anti-Rationalismus leugnet die Möglichkeit, die Totalität denkend zu erfassen. Er wendet sich gleichermaßen gegen den Liberalismus und den Sozialismus, da er beide als Denksysteme zur Erfassung der Totalität identifiziert, d.h. auch als denkerische Grundlage für die Menschenrechte und eine Universal-Ethik, die von ihm als Sklavenmoral abgelehnt werden. Indem er jede Universal-Ethik, die aus dem denkerischen Bemühen um die Erfassung der Totalität hervorgeht, mit der jüdisch-christlichen Tradition in Verbindung bringt, wird der Anti-Rationalismus häufig antichristlich und fast immer antijüdisch, denn in der jüdischen Tradition sieht er letztlich die Wurzel dafür. Er stellt die folgenden Realitäten antithetisch gegeneinander: Rom und Judäa, Krieg und Frieden, Freiheit und Menschenrechte, der Teil und das Ganze (die Totalität). Der Anti-Rationalismus ist ebenso anti-staatlich, weil er den Staat ersetzt durch die Einheit von Führer und Volk im Krieg aufgrund des Willens zur Macht.

Folglich liegt allen Ideologien der Moderne die große Utopie von der freien Spontaneität mit ihrem libertinistischem Szenario zugrunde.

Diese Utopie bewahrt ihre Kontinuität, auch wenn sie durch Bestätigungen bzw. Umkehrungen ihr Gewand wechselt. Aber der springende Punkt in der Beziehung zwischen einer Utopie und einem politischen Projekt ist stets die Frage, wie man die Utopie in der Realität erfahrbar machen kann.

Man will einen Weg aufzeigen, der zur vollen Verwirklichung der Utopie führen soll, und zwar so, daß die Utopie bereits vom ersten Schritt an als gegenwärtig und wirksam erfahren werden kann.

Mit dieser empirischen Interpretation der Utopie treten die Forderungen nach endgültigen Lösungen auf den Plan, die ein für allemal die Utopie verwirklichen wollen. Mag man auch anfangs die Utopie nur durch langfristige Prozesse hindurch in der Zukunft realisiert sehen, im Moment einer gesellschaftlichen Krise wird doch wieder nach der kurzfristigen endgültigen Lösung gerufen. Durch das Verlangen nach solchen Lösungen wird die Utopie destruktiv, und zwar indem sie als Aufbau von Neuem ausgibt, was in Wahrheit Zerstörung bedeutet, und die Ausweitung der Zerstörung wiederum damit begründet, den Aufbau beschleunigen zu müssen.

Im Namen dieser Utopie zieht das Bürgertum nur noch in »letzte Kriege«. Ein letzter Krieg folgt dem anderen.

Im Namen der gleichen Utopie besingt *Die Internationale* »das letzte Gefecht«, mit dem sie für immer das Menschenrecht erkämpfen will. Im Namen eben dieser Utopie, nun aber als Gegensatz zu Totalitätsdenken und Rationalismus interpretiert, erscheint dann auch »die Endlösung« auf der Bildfläche.

Gerade die staatsfeindliche Option der modernen Ideologien führt zur Konstitution absoluter, später »totalitär« genannter Staaten. In diesem Zusammenhang betrachtet, ist es schon eine recht merkwürdige Dialektik, daß ausgerechnet das sozialistische und liberale Denken eine besondere Variante des letzten Gefechts hervorrufen: Danach kann nur der Staat den Staat an den Rand drängen oder abschaffen; deshalb setzt die Aufhebung des Staates die Konzentration aller Macht auf den Staat voraus. Die Interpretation Stalins für diese Beziehung zwischen der Aufhebung des Staates und der Konstitution eines unbegrenzt absoluten Staates ist wohlbekannt:

Wir sind für den Tod des Staates und wollen zugleich doch die Diktatur des Proletariats stärken, die mächtigste und fähigste Staatsform, die es bisher gegeben hat. Die höchstmögliche Entwicklung der Staatsgewalt schafft die Bedingungen dafür, daß der Staat abstirbt: das ist die marxistische Formel.[3]

Weniger bekannt dagegen ist, daß eine solche von der heutigen Sowjetunion aufgegebene Staatsauffassung plötzlich im neoliberalen Verständnis der lateinamerikanischen Diktaturen der Nationalen Sicherheit wieder auftaucht. Bei Friedrich A. Hayek ist folgendes zu lesen:

> Wenn eine Regierung stürzt und es gibt keine anerkannten Spielregeln mehr, dann müssen Regeln geschaffen werden, um zu bestimmen, was man darf und was nicht. Unter solchen Umständen ist es praktisch *unvermeidlich, daß jemand die absolute Macht* hat, eine absolute Macht, die dazu eingesetzt werden sollte, jegliche absolute Macht in Zukunft zu beschränken oder zu vermeiden.[4]

Beide Auffassungen stimmen überein; der eine könnte beim anderen abgeschrieben haben, wenngleich dies kaum der Fall sein dürfte. Sie stimmen sogar mit der Auffassung überein, die Reagan vom Staat hat: »Wir *haben* keine Probleme mit dem Staat; der Staat *ist* das Problem.«

In den bürgerlichen Gesellschaften ist inzwischen so etwas wie die Schule eines »Anarchokapitalismus« entstanden, um dieses staatsfeindliche Staatsverständnis zu verbreiten, das letztlich nichts weiter ist als eine Ideologie für den totalitären Staat. Damit taucht das Jakobinertum wieder auf, das in der Tat vielen Diktaturen der Nationalen Sicherheit zugrunde liegt.

Wenn Popper dazu auffordert: »Keine Toleranz für die Feinde der Toleranz«, wiederholt er ganz einfach das Motto eines Saint-Just in der Französischen Revolution: »Keine Freiheit für die Feinde der Freiheit.« Deshalb beriefen sich die Diktaturen der Nationalen Sicherheit, insbesondere die von Uruguay und Chile, gerne auf Popper als geistigen Vater ihrer Philosophie. Hinzukommt, daß die gesamte Gesellschaft nur noch in Kategorien des Marktes definiert wird: Der Markt ist alles, ersetzt alle anderen gesellschaftlichen Beziehungen und wird so der eigentliche institutionelle Stützpfeiler für diese Art von Totalitarismus.

Der Nationalsozialismus kennt eine solche Dialektik nicht, aus dem einfachen Grunde, weil sein Denken anti-rationalistisch ist. Er begründet die Stützungsfunktion des Staates für seine Macht, die dazu dienen soll, die Endlösung herbeizuführen, direkt aus der Einheit von Führer und Volk. Mit der Negation jeder rationalen Utopie bringt seine Gegen-Utopie alle utopische Dimension des Lebens vollständig zum Verschwinden und erzeugt eine Gesellschaft ohne Utopie, in der rationalistische Utopien nicht mehr zur Ursache für gesellschaftliche Katastrophen werden können. Deshalb bedeutet Endlösung die Beseitigung jeder rationalen Utopie und damit jeder Art von Utopie.

Seine anscheinend humane Perspektive stützt der Nationalsozialismus auf die Tatsache, daß seine geistigen Vorgänger als erste die mögliche Zerstörungskraft rationalistischer Utopien hervorheben, besonders deutlich Karl Schmitt. Aber ohne rationale Beziehung zur Gesellschaft mündet seine Kritik schließlich in die schlimmste Gestalt eines »letzten Gefechts«, nämlich in die Endlösung. Sein Anti-Rationalismus ist nicht postmodern, sondern die brutalste Gestalt der Moderne.

Trotz alledem gibt es wieder gewisse Konzeptionen, die den faschistischen Staat mit dem Verschwinden des Staates identifizieren und postulieren, daß mit dem Errichten des totalen Staates der Staat selber überwunden und zum Verschwinden gebracht worden sei. Gentile beschreibt das, sich auf den faschistischen Staat beziehend, folgendermaßen:

> Nach dieser Auffassung ist der Staat nichts anderes als der Wille des Individuums, und zwar in seinem universalen und absoluten Aspekt, so daß man sagen könnte, das Individuum verschlingt den Staat. Und unter der Voraussetzung, daß sich die legitime Autorität nicht über den realen Willen des Individuums hinwegsetzen kann, löst sich Autorität vollständig in Freiheit auf.
> So wird der Absolutismus umgekehrt, und es scheint, als habe er sich in sein Gegenteil verwandelt. Die wahre und absolute Demokratie ist also nicht jene, die dem Staat Grenzen auferlegt, sondern jene, die dem Staat überhaupt keine Grenze mehr setzt, weil er sich im tiefsten Herzen des Individuums entfaltet, das seinen Willen mit der absolut universalen Kraft des Gesetzes identifiziert.[5]

Aus der Konzeption von Endgefechten und absoluten Staaten zur Abschaffung aller absoluten Staaten entstehen so die verschiedensten Arten totalitärer Herrschaft. Kein totalitärer Staat hat je eine etatistische Ideologie, und nie ist seine Politik etatistisch. Totalitäre Herrschaft ist das Phänomen gewaltsamer und irrationaler Staaten, eines schrankenlosen staatlichen Terrors. Die verschiedenen Totalitarismen entwerfen eine idealisierte, vom Staat befreite Gesellschaft, deretwegen der Staat in einen Terrorapparat verwandelt wird. Freiheit als freie Spontaneität, idealisierte bzw. perfekte Gesellschaft und totalitärer Staat bilden eine explosive Einheit. Gerade weil der italienische Faschismus höchst etatistisch agierte, ist sein Autoritarismus niemals als totalitäre Herrschaft angesehen worden.

Der totalitäre Staat hat insofern utopischen Charakter, als er die Utopie – im Sinne der »vollkommenen Gesellschaft« – als technisch machbar ansieht. Darum stößt man in diesem Kontext so häufig auf Begriffe wie »Sozialtechnik« oder »gesellschaftliche Ingenieurwissenschaften«. Stalin bezeichnete die Kader der Kommunistischen Partei als

Sozialingenieure. Popper übernahm den Ausdruck und führte ihn in die bürgerliche Gesellschaft ein, wo man alsbald auch von gesellschaftlicher Ingenieurstechnik und -wissenschaft zu sprechen begann. Mit ihrer Hilfe wollte man unter allen Umständen die Utopie verwirklichen. Dieser Eifer führte dazu, daß der Mensch zunächst als »Menschenmaterial« und dann als »Humankapital« betrachtet wurde.[6]

Der Begriff »totalitäre Herrschaft«, den wir hier verwenden, kommt von Hanna Arendt. Sie formulierte ihn, um zunächst die totalitäre Herrschaft der Nazis und dann die Stalins zu interpretieren. Die Übertragung ihrer Analyse auf die Herrschaft der USA und ihre Politik, die das erklärte Ziel verfolgt, staatlichen Terror in sogenannten kritischen Regionen zu entfesseln, liegt auf der Hand. Natürlich unterscheidet sich diese Theorie totalitärer Herrschaft erheblich von derjenigen, die von C.J. Friedrich entwickelt und von Brzezinski sowie der öffentlichen Meinung der westlichen Welt weiter verfolgt wurde. Deren Theorie dient eigentlich nur dazu, die totalitären Prozesse zu verschleiern, die im Herrschaftsbereich der USA gegenwärtig entfesselt werden.

Die Übergangsphase zu totalitären Bewegungen im liberalen westlichen Abendland hat ein interessantes Zwischenspiel in den vorwiegend von Studenten getragenen Protestbewegungen der sechziger Jahre unseres Jahrhunderts. Diese Bewegungen haben vieles gemeinsam mit den anarchistischen Bewegungen des 19. Jahrhunderts, wenn sie auch nicht ausschließlich Arbeiterbewegungen sind. Sie protestieren gegen das System, gegen das *Establishment*. Jegliche Institution – z.B. Staat, Markt, Ehe – wird als Teil des Systems abgelehnt, das es insgesamt zu überwinden gilt. Die offenkundig antistaatliche Überzeugung führte zur Distanzierung der kommunistischen Parteien, die gerade das staatsfeindliche Konzept Stalins hinter sich gelassen hatten und den Staat nun als relativ autonome Einrichtung gesellschaftlicher Infrastruktur bezeichneten. Auch wenn es sich dabei um eine theoretisch zweifelhafte vorläufige Lösung des Staatsproblems handelte, konnte damit doch die Distanz zu diesen Protestbewegungen zum Ausdruck gebracht werden. Deshalb wurden neue Parteien der Linken gegründet, die sich selber als maoistisch apostrophierten und in aller Deutlichkeit die alte Feindseligkeit dem Staat gegenüber wiederbelebten. Damit waren die staatsfeindlichen Parteien der Linken mit den kommunistischen Parteien konfrontiert, die eine etatistische oder zumindest staatsfreundliche Ideologie entwickelt hatten. Die Protestbewegung der sechziger

Jahre bewies dennoch sehr bald dieselbe Unfähigkeit wie die anarchistischen Bewegungen des 19. Jahrhunderts. Ihre Parteien waren nicht in der Lage, ein politisches Projekt zu entwerfen, weil ihr antiinstitutioneller Affekt sie daran hinderte. Um aus dieser Sackgasse herauszufinden, mußten sie die Ziele neu formulieren. Einerseits kommt es zu terroristischen Lösungen, die sich wieder die alte, von Bakunin verteidigte These zu eigen machen, daß Zerstörung eine schöpferische Leidenschaft sei. Andererseits findet man jedoch keinen Ausweg in Richtung auf einen Sozialismus: Die maoistischen Parteien fallen schnell in sich zusammen, die Umstürzler werden arbeitslos. Ihre Staatsstürmerei gestattet ihnen jedoch eine große ideologische Beweglichkeit. Weil sie keinen Weg finden, den Staat von links abzuschaffen, orientieren sie sich nach rechts. Der Neoliberalismus bietet ihnen eine neue Perspektive, den Staat zu schleifen, und am Ende glaubt man sogar, einen »realistischeren« Weg gefunden zu haben.

Eine beachtliche Zahl von Maoisten, die immer noch entschlossen waren, den Staat abzuschaffen, landete beim aufkommenden Neoliberalismus. Und natürlich werden sie weiterhin das »letzte Gefecht« gewinnen wollen, und zwar mit jenem unvermeidlichen Despotismus, der allem Despotismus eine Ende machen soll. Neoliberale, Maoisten und viele andere aus den Protestbewegungen, sogar Hippies, haben sich diesem neuen Realismus zur Abschaffung des Staates angeschlossen.

Aus diesem glücklichen Zusammentreffen stammt sowohl der Anarchokapitalismus, den David Friedman, ein Sohn Milton Friedmans, begründet, als auch eine große Anzahl von Predigern der Religion des Marktes, die in den siebziger Jahren auftreten, unter ihnen Nozick und Glucksmann. Die Ideologie wurde völlig unbedeutend; es kam einzig und allein darauf an, den Staat abzuschaffen. Mit wem, das war völlig egal.[7]

Der Maoismus übt natürlich keinen Einfluß auf den Neoliberalismus aus. Hier hat sich vielmehr gleich zu gleich gesellt, weil eine gemeinsame Frontstellung gegen den Staat und für seine Abschaffung entdeckt wurde. In diese Reihe gehört auch die maoistische Rekonstruktion des Stalinismus. Ronald Reagan, Margret Thatcher, Friedrich A. Hayek, Mao und Stalin – alle in einer einzigen Front zur Aufhebung des Staates und auf der Suche nach *der* realistischen Methode, sie durchzusetzen.

Selbst Vargas Llosa und Octavio Paz haben sich dieser mächtigen Falange angeschlossen. Heute mit Hilfe des Kapitalismus, gestern und vielleicht auch morgen wieder mit Hilfe des Sozialismus und, wenn's denn sein muß, mit Hilfe von Faschismus und Nationalsozialismus, weil nichts anderes zählt als die Aufhebung des Staates. Getrennt marschieren, vereint schlagen.

Unübersehbar ist die Krise der Moderne, die die Menschheit in den Abgrund des Nihilismus zu stürzen droht. Aber ebenso unübersehbar ist, daß es einen fatalen Versuch zur Lösung dieser Krise gibt, von vielen als Beendigung der Moderne oder als Kultur der Postmoderne angepriesen: Es ist der Versuch, das Problem totalitär, ein für allemal zu lösen.

Es ist die Wiederkehr des Anti-Rationalismus und der Anti-Aufklärung. Alle totalitären Bewegungen leiten sich her aus dem Rationalismus des 18. Jahrhunderts; einige positiv, wie Liberalismus und Kommunismus, andere negativ, wie vor allem der Nationalsozialismus. Also folgert der Anti-Rationalismus, das Problem sei der Rationalismus, mit ihm müsse man ein für allemal Schluß machen, denn ohne ihn gäbe es das Problem erst gar nicht. Keine Utopie mehr, kein Bezug zur Gesellschaft als Totalität, keine universale Ethik, die abgeleitet wird aus der Rationalität der gesellschaftlichen Beziehungen zwischen den Menschen, kein Menschenrecht, wie es aus dem rationalistischen Denken abgeleitet worden war. Man muß das Problem an seiner Wurzel pakken, d.h. beim Rationalismus.

So verwandelt sich die angestrebte Postmoderne in die Wiederholung der schlimmsten Form der Moderne, in die der Endlösung. Die Postmoderne wird zum neuen Endkampf, in dem der Rationalismus und seine Konsequenzen ausgerottet werden sollen, damit endlich die Freiheit gewährleistet ist, den Kampf zwischen Freund und Feind zu Ende zu bringen, ohne von irgendwelchen Werten gebremst zu werden. Das ist die Rückkehr zu den Quellen des Nationalsozialismus. Und es ist bemerkenswert, bis zu welchem Grad die Diskussion über die Postmoderne beeinflußt wird von der Philosophie Nietzsches und den Theorien Karl Schmitts,[8] die in Deutschland das kulturelle Klima der Vor-Nazizeit bestimmten.

Auch heute verfolgt man die Idee weiter, den Staat abzuschaffen, jedoch gestützt auf die Abschaffung des Rationalismus selbst; immer aber geht es ums Abschaffen. Den eben zitierten Reaganschen Ausdruck paraphrasierend, könnten wir sagen: Man hat keine Probleme mit dem Rationalismus, der Rationalismus *ist* das Problem. Es gibt keine Probleme mit der Konzeption von der Gesellschaft als einer Totalität, diese

Konzeption vielmehr *ist* das Problem. Es gibt keine Probleme mit den Menschenrechten, die Menschenrechte *sind* das Problem. Mit dem Namen Postmoderne tarnt sich der Wunsch nach der Rückkehr zu den schlimmsten Formen der Moderne: Probleme mit der Dialektik? Die Dialektik abschaffen. Probleme mit dem Rationalismus? Abschaffen! Probleme mit dem Staat? Abschaffen! Probleme mit den Menschenrechten? Abschaffen! – Menschenrechte, die es nicht gibt, kann man auch nicht verletzen. Und wiederum Endgefecht und Despotismus, um den Despotismus endgültig abzuschaffen.

An eben diesem Punkt der Diskussion über die Postmoderne gibt es eine neuartige Verbindung zwischen Liberalismus und Anti-Rationalismus. Der Anti-Rationalismus ist nicht mehr anti-liberal. Das ist darauf zurückzuführen, daß der Liberalismus selbst eine Wandlung durchgemacht hat. Der Liberalismus hatte ja damit begonnen, die Gesellschaft als eine Totalität zu denken, hatte daraus einen ethischen Universalismus hergeleitet und ihn durch die Proklamation der Gleichheit aller Menschen zum Ausdruck gebracht. In diesem Sinne beginnt der Rationalismus mit dem Liberalismus, und dieser entsteht zusammen mit jenem. Anti-Rationalismus und Liberalismus müßten also frontal miteinander kollidieren, jedoch die Wandlung des Liberalismus nähert beide einander an.

Der Liberalismus ist in seiner neoliberalen Gestalt ist anti-rationalistisch und weigert sich, eine universale, aus der Vernunft abgeleitete Ethik der Menschenrechte anzuerkennen.

Diese Veränderung im Liberalismus selber kann man am besten verstehen, wenn man die Defizite des Anfangs anschaut. Die universale Erklärung der Gleichheit aller Menschen hatte niemals einen eindeutigen Universalismus zum Inhalt. Von Anfang an wurden ganze Gruppen von Menschen von der Gleichheit ausgegrenzt. Alle Menschen sind gleich, aber viele sind keine vollwertigen Menschen. Folglich gilt für sie die proklamierte Gleichheit nicht. Diese Ausgrenzung wird auf verschiedene Weise vorgenommen, deren schlimmste und bedeutsamste der Rassismus ist. Menschenrassen werden in ihrer Gesamtheit aus der Gleichheitserklärung ausgeschlossen. In gewissem Sinne ist der Rassismus selber eine Konsequenz aus der Proklamation der Gleichheit aller Menschen. Denn von da an konnte man die weiterhin existierende Ungleichheit – sogar in ihrem bürgerlichen und formalen Sinn – nur dadurch leugnen, daß man eine Reihe von Menschen aus der Menschheit ausschloß. So ist es in einer Gesellschaft, die sich der Erklärung der Gleichheit anschließt, viel leichter, die Sklavenhaltung mit dem Rassismus zu legitimieren. Es gibt Sklaven, weil sie keine wirklichen Menschen sind. Deshalb kann man die Gleichheitserklärung nicht auf sie beziehen.

Das macht verständlich, warum der ideologische Rassismus in enger Beziehung zur liberalen Erklärung der Gleichheit steht. In der Zeit vor dieser Erklärung gab es keinen ideologischen Rassismus, später jedoch wird er notwendig, damit es offene Ungleichheit geben kann, die nicht als Widerspruch zur Gleichheitserklärung empfunden wird.[9]

Ähnliche Erklärungen sorgen dafür, daß auch andere gesellschaftliche Gruppen aus dem Geltungsbereich der Gleichheit ausgeschlossen bleiben: Arbeiter, Frauen, andere Nationen. Stets wird für die Gleichheit das Kriterium von Rasse, Klasse, Geschlecht und Nationalität so interpretiert, daß sie nur für die Gruppe der Herrschenden Geltung haben. Deshalb gibt es anscheinend den Widerspruch zwischen Gleichheit und Sklaverei, Ausbeutung und Herrschaft nicht. Aber der Widerspruch existiert und wird besonders von den ausgeschlossenen Gruppen empfunden.

Im Laufe des 19. Jahrhunderts wird immer lauter die Forderung nach einer Gleichheit erhoben, die die eben beschriebenen Einschränkungen überwindet, und zwar dadurch, daß man sich beständig auf die liberale Erklärung der Gleichheit beruft. Die Gleichheit wird nun zur rationalen Quelle für einen Katalog von Menschenrechten. Im Namen der Gleichheit wächst der Widerstand gegen den Rassismus, gegen den Kolonialismus, gegen die Zwangsarbeit der Sklaverei, gegen die Unterdrückung von Klassen und Frauen. Der Gleichheitsgrundsatz wird zum Ausgangspunkt emanzipatorischer Bewegungen, die die bürgerliche Gesellschaft selbst bedrohen, an deren Ursprung die Erklärung der Gleichheit aller Menschen steht. Wie diese am Anfang den Anspruch des Bürgertums gegenüber der feudalen Aristokratie formulierte, so wird sie jetzt zur Reklamation der Unterdrückten und Ausgestoßenen gegenüber dem Bürgertum.

Das Bürgertum beginnt nun die Gleichheit mit anderen Augen zu betrachten. Das merkt man zuerst an der anti-liberalen und anti-sozialistischen Reaktion des Anti-Rationalismus, der jetzt in Erscheinung tritt. Diese Reaktion schafft jenes Klima, in dem am Beginn dieses Jahrhunderts die faschistische und nationalsozialistische Bewegung gedieh. Sie richtet sich im Namen der Freiheit des Krieges gegen die Gültigkeit der Menschenrechte selbst. Das Leben ist nicht friedlich, das Leben ist Krieg. Der Krieg ist das eigentliche Leben, deshalb muß man den Krieg gegen den Frieden verteidigen. Man muß *gefährlich leben* können. Die Gegenbewegung gegen die Menschenrechte richtet sich konsequenterweise auch gegen die Vorstellung von einer Gesellschaft, in der diese Rechte geschützt sind, und wird damit anti-rationalistisch.

Die Befreiung der Sklaven nach dem Bürgerkrieg in den Vereinigten Staaten hinterläßt in Europa einen tiefen Eindruck. Nietzsche konfrontiert sich mit der rationalistischen Tradition, indem er alle universalistische Ethik und die aus ihr folgenden Menschenrechte als »Sklavenmoral« denunziert. Das ist ein Protest gegen die Aufhebung der Sklaverei. Er weitet den Protest noch aus gegen alle möglichen Emanzipationen: »Wenn du zum Weibe gehst, vergiß die Peitsche nicht.« – Hinter allen Emanzipationen entdeckt er nichts anderes als die »Moral der Schlechtweggekommenen«. Menschenrechte und universalistische Ethik erscheinen ihm wie ein Aufruhr gegen die Menschenwürde und gegen Gott; sie sind das Produkt eines Mangels an Demut, einer Überheblichkeit der Unterdrückten.

In der Tat, die universale Ethik ist im wahrsten Sinne eine Ethik des Schwachen. Die Mächtigen bedürfen ihrer nicht, die Schwachen dagegen wohl. Deshalb führt die universalistische Ethik aus innerer Notwendigkeit hin zu dem, was die Theologen der Befreiung heute »die vorrangige Option für die Armen« nennen.[10] Diese Ethik wird nur dann universal, wenn und insofern sie eine besondere Wirkung zugunsten der Schwachen hat. Sobald jedoch dieser Tatbestand ans Licht kommt, tritt auch die anti-rationalistische Ideologie auf den Plan, die notwendigerweise anti-universalistisch ist.

Der Aufstand des Bürgertums gegen die Menschenrechte zersetzt bald auch den Liberalismus; es kommt zu seinem Bankrott. Auf der einen Seite gibt es nun einen Liberalismus, der den zugunsten der Schwachen veränderten Gleichheitsbegriff übernimmt, sich damit fortschreitend selber schwächt, aber bis heute seine Bedeutung nicht verloren hat. Auf der anderen Seite und mit wesentlich größerer Kraft kommt es zu einem neuformulierten Liberalismus, der sich heute als Neoliberalismus präsentiert. Ausdrücklich verzichtet er auf die rationalistische Tradition des Liberalismus und geht über zu anti-rationalistischen Positionen.

Der Neoliberalismus entdeckt heute selber, was vor ihm schon die faschistischen Ideologien aufgespürt hatten: Das Leben ist ein Kampf; der Friede ist der Tod. In diesen Krieg bezieht der Neoliberalismus auch alle Marktkämpfe ein. Der Markt selbst gilt als ein Schlachtfeld, auf dem keine Menschenrechte mehr gelten. Es gibt nur ein einziges Menschenrecht: das Recht, in der Marktwirtschaft zu leben. Es ist zugleich das Recht, im Krieg zu leben, im Krieg der Märkte oder Menschen. Die Schwachen haben die Schlacht bereits verloren. Der Markt und das Ergebnis jeder Schlacht beweisen, daß sie mit Recht das Schicksal erleiden, das ihnen blüht: gefährlich zu leben.

Der Neoliberalismus vollzieht den Umschwung in die Reihe des Anti-Rationalismus mit einer Attacke auf die Interpretation der Gesellschaft als einer Totalität. Seine anti-rationalistische Position ist also hauptsächlich eine totalitätsfeindliche Einstellung. Er spricht einfach von totalisierenden Ideologien und identifiziert dadurch die Interpretation der Gesellschaft als einer Totalität mit totalitärem Denken. Gesellschaft als Totalität zu interpretieren ist – nach Meinung des Neoliberalismus – ausschließlich ein Anliegen des Marxismus, als Theorie des Sozialismus. Folglich sind der Marxismus und der Sozialismus totalisierende Ideologien, d.h. sie sind die Feinde der Freiheit. Insofern die Interpretation der Gesellschaft als Totalität aber ein Basisprinzip des Rationalismus und seiner universalistischen Ethik ist, folgt daraus, daß nach dem Neoliberalismus auch diese sich in Feinde der Freiheit, ja der Menschheit selber verwandeln. Rationalismus und universalistische Ethik werden zu absoluten Feinden. Um sie zu beseitigen, bedarf es von neuem eines letzten Gefechts, diesmal eines wirklichen Endkampfes. Auf dieser Basis begann Ronald Reagan an Harmagedon zu denken, an eine neue Götterdämmerung. Ein für allemal muß man diesen Feind beseitigen, damit uns der Krieg frei macht.[11]

Die bürgerlichen Theorien des letzten Jahrhunderts entwickeln sich alle in der Richtung dieses Arguments. Das beginnt bei der Methodologie für die Gesellschaftswissenschaften von Max Weber. Im Namen der Wissenschaftlichkeit lehnt er es ab, die Gesellschaft als Totalität zu interpretieren, und fordert ein wissenschaftliches Vorgehen, das sich ausschließlich auf die Analyse von Teilphänomenen gründet. Popper vereinfacht dieses Argument und macht es zum Gemeinplatz, indem er von der empirischen Wissenschaft eine Methode fordert, die nur noch falsifizierbare Aussagen als zulässigen Realitätsbezug anerkennt. Methodologisch stehen sich demnach falsifizierbare bürgerliche Theorien und nicht-falsifizierbare, auf die Totalität bezogene marxistische Theorien gegenüber: Wissenschaft auf der einen und Ideologie auf der anderen Seite. Die Wissenschaft fördert die Freiheit, die Ideologie

totalitäre Herrschaft. Die bürgerliche Wissenschaft erhebt den Anspruch, *die* Wissenschaft zu sein, die sich mit anderen, wissenschaftlich
bedeutungslosen Denkansätzen konfrontiert. Die Wissenschaft *ist* bürgerlich; folglich darf man nicht einmal von bürgerlicher Wissenschaft
reden.

Eine solche Wissenschaftstheorie führt ganz schnell eine vollständige Scheidung zwischen Methodologie und Wissenschaften herbei. Auch
die bürgerlichen Theorien beziehen sich auf die Gesellschaft als Totalität, unterlassen es aber, dieses Faktum zu reflektieren. Wissenschaft gibt
es nur, weil falsifizierbare Aussagen auf nicht-falsifizierbare Theoreme
bezogen werden, die man stets aus der Auffassung der Gesellschaft als
einer Totalität ableitet. Die bürgerlichen Wissenschaften geben vor, an
den marxistischen Theorien deren Bezug auf die Gesellschaft als Totalität zu kritisieren. Auf diese Weise endet die Kritik bei der Leugnung
der Wissenschaftlichkeit jeder Gesellschaftswissenschaft, auch der der
bürgerlichen Theorien selber. Keine dieser Theorien entspricht dem
wissenschaftlichen Kriterium dieser Wissenschaftstheorie. Die allgemeine Gleichgewichts-Theorie von Walras-Pareto, der Keynesianismus,
die Input-Output-Theorie, die Wachstums-Theorie, sogar die goldene
Regel von Milton Friedman – all diese Theorien werden entwickelt
aus dem Rekurs auf die Totalität gesellschaftlicher und wirtschaftlicher
Phänomene.

Ein so bekannter Vertreter dieser Wissenschaftstheorie wie Hans
Albert[12] neigt dazu, sie alle aus dem Kanon der empirischen Wissenschaften auszuschließen.

Andere, wie z.B. Mario Bunge, anerkennen, daß die Prinzipien der
empirischen Wissenschaften nicht falsifizierbar sind, weigern sich aber,
dieses Faktum zu reflektieren. Statt dessen konstruieren sie eine ad-hoc-
Lösung für das Problem, indem sie die Falsifizierung durch die Kontrastierung ersetzen. Selbst die Mathematik wird damit zu einer kontra-
stierbaren Wissenschaft – so großzügig ist diese Lösung.[13]

Der Eifer, dem marxistischen Denken Unwissenschaftlichkeit
nachzuweisen, machte aus der Wissenschaftstheorie ein Monstrum, das
sich selbst schließlich auch verschlingt, weil es schon im Bereich der
empirischen Wissenschaften keine real existierende Wissenschaft mehr
übrigläßt. Der ideologische Überschwang der Wissenschaftstheorie
lähmt das Reflexionsvermögen derart, daß über die methodologischen
Probleme der empirischen Wissenschaften ernsthaft nicht mehr nach-
gedacht werden kann.

Eine solche Spaltung zwischen Wissenschaftstheorie und wissenschaftlichem Procedere selber ist leicht nachweisbar bei den Hauptautoren der Methodologie. Max Weber respektiert seine eigene Methodologie nicht, wenn er die gesellschaftliche Realität analysiert. Und die in den Analysen implizit angewandte Methodologie hat nur wenig zu tun mit der Methodologie, die er in seinen Arbeiten zu diesem Thema vorstellt.[14] Ähnliches gilt für Popper, der bei seinen Analysen ständig Methoden verwendet, die er in seiner Methodologie als unwissenschaftlich verurteilt.[15] Der ideologische Übereifer, dem marxistischen Denken Unwissenschaftlichkeit vorwerfen zu können, zerbricht stets die logische Kohärenz des Denkens jener, die solchen Beweis erbringen wollen. Aber der Beweis ist notwendig, will man den Liberalismus in ein antirationalistisches Denken umwandeln.

Aus diesem Grunde hält man an einer solchen Wissenschaftstheorie fest, auch wenn man damit Schiffbruch erleidet. Denn nur durch die Übernahme solcher methodologischer Positionen kann der Anti-Rationalismus mit dem Liberalismus versöhnt, ja identifiziert werden. Der Anti-Rationalismus hört auf, sich gleichzeitig mit dem Liberalismus und dem Sozialismus zu konfrontieren und übernimmt neoliberale Positionen, um sich ausschließlich zum Gegner von Sozialismus und Marxismus zu machen. Nun gilt nur noch jene liberale Strömung als Gegner, die sich nicht in den Neoliberalismus integriert hat.

Die Proklamation einer Kultur der Postmoderne ist zu einem guten Teil nichts weiter als die Bekanntgabe der Fusion zwischen Anti-Rationalismus und neoliberal gewordenem Liberalismus. Dabei handelt es sich gar nicht um eine Post-Moderne. Es ist vielmehr die Rückkehr zur extremsten Gestalt der Moderne, zur westlichen Zivilisation »in extremis«, wie Galtung sie nennt. Diese Wende beerbt gewissermaßen den Nationalsozialismus als eine totalitäre Bewegung, die eben nicht aus der Interpretation der Gesellschaft als Totalität entsteht, sondern aus der Ablehnung dieser Interpretation und damit aus der Verwerfung des Rationalismus, der universalen Ethik und der Menschenrechte.

Die Gesellschaft totalitär im Griff haben durch die Verwerfung der Gesellschaft als Totalität[16] – in der Tradition eines solchen Totalitarismus kommt es gerade heute zu millenaristischen Bewegungen. Der Nationalsozialismus ist millenaristisch und verspricht das Tausendjährige Reich als Ergebnis der Ausrottung des Rationalismus. Der heute in den USA verbreitete Konservatismus ist ebenfalls millenaristisch und verspricht wiederum ein Tausendjähriges Reich nach der Ausrottung des Rationalismus.[17] Der Sozialismus dagegen ist nicht einmal in seiner totalitären Periode während der Stalin-Zeit millenaristisch, es sei denn höchstens in einem analogen Sinn. Deshalb sind nicht drei totalitäre Herrschaftsformen miteinander konfrontiert, sondern nur zwei: auf der einen Seite der Sozialismus mit seiner totalitären Stalin-Epoche, auf der anderen Seite der bürgerliche Anti-Sozialismus und Anti-Kommunismus, zunächst in der Form der totalitären Nazi-Herrschaft, dann in der Gestalt der totalitären Herrschaft der Nationalen Sicherheit. Sie stehen nur über ihre Haltung zum Rationalismus in Verbindung miteinander: Der Sozialismus ist offenkundig rationalistisch, die bürgerliche Gesellschaft heute offenkundig anti-rationalistisch. Nur diese antirationalistische und antikommunistische bürgerliche Gesellschaft ist auch millenaristisch.

## Die Aufhebung der Moderne – Einige Thesen

Wir müssen die Moderne hinter uns lassen, aber das kann niemals heißen: den Rationalismus abzuschaffen. Vielmehr werden wir die rationalistische Tradition neu untersuchen müssen, und zwar im Lichte der großen gesellschaftlichen Katastrophen, die von ihr mitverursacht wurden. Die Wende zum antirationalistischen Totalitarismus ist geradezu ein Beweis dafür, daß wir die Moderne nicht hinter uns lassen können ohne oder gar gegen den Rationalismus. Die notwendige Veränderung kann nur von innen her erfolgen, und zwar durch die rationale Untersuchung der beiden gegensätzlichen Formen von Totalitarismus: Auf der einen Seite geht es dabei um den rationalistischen Totalitarismus, der geleitet ist vom Versuch der Erfassung gesellschaftlicher Totalität; auf der anderen Seite handelt es sich um den anti-rationalistischen Totalitarismus, der sich vom Prinzip der Verwerfung der gesellschaftlichen Totalität leiten läßt, d.h. der Totalitarismus der Stalin-Epoche einerseits und der Totalitarismus der Nazis bzw. der Nationalen Sicherheit andererseits.

In Thesenform will ich nun einige Gesichtspunkte zusammenfassen:

*1 Die Aufhebung der Moderne ist engstens gebunden an die Aufhebung der ihr zugrundeliegenden Fortschrittsmetaphysik.*

Es gibt keinen unbegrenzt zunehmenden, kumulativen Fortschritt, von dem man die Lösung menschlicher Probleme erwarten könnte. Es gibt eine technische Entwicklung und ein kumulatives Wirtschaftswachstum, deren Bedeutung ausschließlich davon abhängt, was man in jedem Augenblick damit macht. Unter qualitativem Gesichtspunkt betrachtet, existiert also kein selbsttätiger Fortschritt, wohl aber ein Prozeß, der uns in jedem Moment neu vor die Aufgabe stellt, Gesellschaft und zwischenmenschliche Beziehungen möglichst human zu gestalten. Das bedeutet zugleich, den negativen Fortschritt zu verwerfen, von dem sich die antirationalistischen Bewegungen leiten lassen. Heute tritt er auf in der Idee vom unvermeidlichen Unheil, das die christlichen Fundamentalisten predigen. Für sie existiert ein absolutes Geschichtsgesetz, das sehr bald in die Katastrophe des Harmagedon führt; die Wiederkunft Christi läßt dann daraus ein neues Tausendjähriges Reich entstehen. Die Fortschrittsmetaphysik muß also in diesem doppelten Sinne überwunden werden: als Fortschritt im Sinne der rationalistischen Metaphysik des unvermeidlichen Aufstiegs zu absoluter Glückseligkeit und im Sinne der antirationalistischen Metaphysik des unvermeidlichen Niedergangs bis zur totalen Vernichtung.

*2. Die Aufhebung der Fortschrittsmetaphysik impliziert notwendigerweise den Verzicht auf Endlösungen.*

Die Fortschrittsmetaphysik drängt zur Suche nach solchen Lösungen. Dabei handelt es sich in Wahrheit nur um das Trugbild einer totalen Lösung. Je mehr es verspricht oder androht, um so gewalttätiger wirkt die ideologische Entschlossenheit bei der Suche danach.

*3. Die Freiheit als freie Spontaneität ist immer noch die Utopie, über die hinaus wir auch heute nicht die Freiheit denken können.*

Jedoch die Aufhebung der Fortschrittsmetaphysik ist die Bedingung dafür, die Wiederholung des falschen Versprechens zu vermeiden, man könne diese absolute Utopie mit menschlichen Mitteln verwirklichen. Dazu ist keine Gesellschaft fähig. Man muß die Utopie wieder als das völlig Unmögliche begreifen lernen, das eben als solches alle menschlichen Möglichkeiten inspirieren kann. Das Versprechen, absolute Freiheit sei herstellbar, zerstört die Möglichkeiten der Freiheit. Diese werden nur erfahrbar, wenn man sich von der Utopie selber inspirieren läßt. Die Grenzen der Freiheit jedoch ergeben sich erst aus der Erfahrung, nicht aus vorweggenommener Reflexion.

In diesem Sinne ist die Utopie der freien Spontaneität transzendental und nicht immanent, auch wenn sie aus der Immanenz hervorgeht.

*4. Die Aufhebung der Fortschrittsmetaphysik verlangt auch die Abkehr von antistaatlichen Positionen, die nur die Kehrseite der Idee von der Machbarkeit der Utopie darstellen.*

Ist die Utopie machbar, muß sie zur Abschaffung des Staates führen. Antistaatliche Grundeinstellung ist jedoch die ideologische Wurzel für jede Art von Totalitarismus. Zivile Gesellschaft und Staat sind nicht zwei Pole, die sich gegenseitig ausschließen, sondern ergänzen. Die Entwicklung der zivilen Gesellschaft setzt die entsprechende Entwicklung des Staates voraus, und die Entwicklung des Staates verlangt die Entwicklung der zivilen Gesellschaft, damit der Staat nicht totalitär wird. Das gleiche gilt für die Wahl zwischen Markt und Plan. Ihre Beziehung zueinander ist auch komplementär. Die Entwicklung des Marktes gegen alle Planung führt zu den schweren makroökonomischen Ungleichgewichten von Erwerbslosigkeit, Verarmung und Zerstörung der Umwelt. Die Entwicklung der Planung gegen den Markt führt zu exzessiver Bürokratisierung und übertriebener Planung, welche die wirtschaftliche Dynamik blockieren. Man muß zu einem Denken finden, das beide ins Gleichgewicht bringt: Die Planung ist legitim zur Überwindung der erwähnten makroökonomischen Ungleichgewichte; der Markt ist legitim als dynamisierende dezentrale Kraft.

Sowohl in der Beziehung zwischen ziviler Gesellschaft und Staat als auch in der Beziehung zwischen Markt und Planung geht es darum, das jeweilige Gleichgewicht zu finden, das der größtmöglichen Freiheit der Menschen dient.

*5. Die mögliche Freiheit ergibt sich aus der Wechselbeziehung zwischen verschiedenen subjektiven Spontaneitäten und der Autorität, die zwischen diesen vermittelt, um eine Ordnung herzustellen, auch wenn diese immer provisorisch bleibt und niemals vollendet ist.*

Die Beziehung zwischen Spontaneität und Autorität gehört zu den Lebensbedingungen des Menschen. Sie wird abgeleitet aus der Kritik an der anti-staatlichen Einstellung. Scheitert das Bemühen um das Gelingen der Wechselbeziehung, kommt es zur Konfrontation zwischen Luzifer und der Bestie, zwischen Anarchie und Totalitarismus.[18] Dem Rationalismus ist es nicht gelungen, die Autorität zu legitimieren, weil er sie stets durch das Versprechen, sie abzuschaffen, untergräbt. Das ist eine Folge der Fortschrittsmetaphysik selber.

Diese Thesen belegen die zentrale Rolle der Fortschrittsmetaphysik für die gesamte Moderne. Aber sie belegen ebenso, daß die Aufhebung dieser Metaphysik das Kernproblem der Aufhebung der Moderne ausmacht. Dieses Problem wird man nur lösen können, indem man den Rationalismus selber verändert. Dabei geht es um eine tiefgreifende Veränderung, welche die Kontinuität nicht übersieht. Erst mit dieser Umwandlung wird sich der Rationalismus über die engen Grenzen hinaus öffnen können, die ihm die Fortschrittsmetaphysik auferlegt. Das ist von erstrangiger Bedeutung. Nur so wird der Rationalismus in der Lage sein, mythische und sogar religiöse Elemente zu interpretieren. Daß ihm diese Fähigkeit abging, ist eine der Hauptursachen für die große Anziehungskraft, die antirationalistische Bewegungen ausstrahlen. Diese haben ihre Wurzeln nicht nur in Klassengegensätzen, sondern auch im Protest gegen einen metaphysisch beschränkten Rationalismus.

# Anmerkungen

## Anmerkungen zu Kapitel 1:
## Der Glaube Abrahams und der Ödipus des Westens

[1] Ich folge, was die Schriftstellen anbetrifft, *Pablo Richards* Vortrag, den er hierüber im März 1989 im DEI in San José hielt. Vgl. auch *Julio de Santa Ana,* Costo social y sacrificios a los ídolos, in: Pasos, DEI, Nr. 6, Juni 1986.

[2] Diese Art der Umdeutung ist eine Technik der Macht, sich Befreiungsbewegungen zunutze zu machen und ihnen ihre Stoßkraft zu nehmen. Das passiert in Lateinamerika gegenwärtig mit der Befreiungstheologie. Der Vatikan will sie benutzen und sie so »unschädlich« machen. Er formuliert deshalb eine »echte« Befreiungstheologie, die nur wenig mit der ursprünglichen zu tun hat. Die »echte« Befreiung wird der Befreiung entgegengesetzt. Als man in Peru Bischof Ricardo Durand zum Vorsitzenden der Bischofskonferenz wählte, schrieb der CELAM: »Mons. Ricardo Durand ist in Peru auch bekannt als einer der Hauptverfechter einer Befreiungstheologie in der Linie des Päpstlichen Lehramtes und als einer der schärfsten Kritiker der marxistischen Richtung dieser Theologie« (SELAT, Servicios Latinoamericanos, Nr. 13, 13. Juli 1988). Es scheint, als wolle Ratzinger selbst der echte Befreiungstheologe sein. Damit solche Machenschaften jedoch Wirkung zeigen, muß man Doppeldeutigkeiten selbst in die »echte« Befreiungstheologie einfügen, um andere verwirren zu können. Sie beweisen gerade, daß es sich um eine Entstellung handelt. Die »echte« Befreiung hat nach Ratzinger ihr Fundament in einem Glauben, der den Vater bereit macht, seinen Sohn zu töten. Die gewöhnliche, die sie marxistisch nennen, basiert auf dem Glauben, daß der Vater den Sohn nicht tötet. Man weiß nicht, warum das marxistisch sein soll. Hat etwa Marx einen Glauben abgelehnt, der auf der Bereitschaft des Vaters, seinen Sohn zu töten, aufbaut? Wäre das böse? Worin besteht diese Bosheit?

[3] Das kehrt in der Geschichte immer wieder. Pinochet nannte die »Subversiven« Vatermörder und meinte mit dem Vater natürlich sich selbst. Als er mit dem Militär putschte, sagte er: Entweder bringen sie uns um oder wir sie. Indem er sie umbrachte, kam er dem Vatermord zuvor. Der Kindesmord wird üblicherweise als Abwehr des Vatermordes gerechtfertigt. Im Altertum erfand man dazu die Prophezeiung. Niemand wollte jedoch Pinochet umbringen. Heute ist das anders: Das ist das Resultat des Sohnesmordes.

[4] *Robert von Ranke-Graves,* Griechische Mythologie. Quellen und Deutung, Reinbek bei Hamburg 1960, Bd. I, 203f.

[5] Ebd., Bd. II, 340.

[6] Vgl. ebd., Bd. II, 342.

[7] Der Bibeltext, den ich benutze, gibt dazu folgenden Kommentar: »Es scheint, daß Jakobus und Paulus gegensätzliche Lehren aus dem gleichen Beispiel ziehen. Paulus sagt: Abraham wurde gerecht aufgrund seines Glaubens und nicht aufgrund der Werke nach dem Gesetz, während Jakobus sagt, er wurde gerettet, weil er den Glauben in die Tat umsetzte. Wenn Paulus von den Werken nach dem Gesetz spricht, denkt er an die Riten und religiösen Bräuche der Juden, die nichts nützen, um gerettet zu werden, und bestätigt, daß der Glaube der Grund des ganzen christlichen Lebens ist. Wenn Jakobus dagegen von den Taten spricht, denkt er an die Werke, zu denen die Liebe anregt. Und Paulus sagte dasselbe, als er den Galatern schrieb: ›Der Glaube wird wirksam in der Liebe‹ (Gal 5,6)« (Ediçones Paulinas, Sao Paulo 1972, 413).

Aber wenn Paulus von der Wirksamkeit der Liebe spricht, meint er bei den Werken der Liebe nicht auch das Umbringen des eigenen Sohnes. Im Gegenteil: Er denkt dabei an die Verweigerung des Mordes. Jakobus dagegen kann die Tötung des eigenen Sohnes als Werk der Liebe betrachten. Macht das etwa keinen Unterschied? Jakobus denkt bei der Liebe an die Erfüllung des Gesetzes, während Paulus an die Überwindung des Gesetzes denkt. Deshalb kommen sie zu gegensätzlichen Resultaten.

Es ist sicherlich falsch, zu behaupten, Paulus denke bei den Werken des Gesetzes an die religiösen Riten und Gebräuche der Juden, die dem Heil nicht nützen. Er denkt vielmehr an jedes Gesetz, das Gesetzesgehorsam verlangt. Außerdem besteht das jüdische Gesetz nicht nur aus religiösen Riten. Es konstituiert vielmehr die Verfassung der gesamten Gesellschaft, die im Tempel ihr Zentrum hat. Paulus entwickelt seine Theologie über das Gesetz vornehmlich im Römerbrief. Er richtet sich also an Menschen, die in Rom leben, unter denen es nur wenige oder gar keine Juden gegeben haben mag. Diese standen einem anderen institutionalisierten Gesetz gegenüber, dem römischen Gesetz. Zweifellos bezieht die paulinische Gesetzeskritik auch das römische Gesetz mit ein, das darüber hinaus Fundament aller modernen bürgerlichen Gesetzgebung ist.

Es gibt eine offenkundige Furcht davor, sich der paulinischen Gesetzeskritik zu stellen, denn sie müßte auch unsere eigene Gesetzgebung von heute mit bedenken: Auch sie ist Gesetz, das tötet.

[8] *Bernhard von Clairvaux,* Liber ad milites templi de laude novae militiae. Abschnitt 4. Obras completas de San Bernado. BAC, Madrid 1983, 2 Bde., hier Bd. I, 503 (Hervorhebungen von uns).

[9] Amanecer, Managua, Nr. 36–37, 39.

[10] Nuevo Diario, 13. März 1986.

[11] Studie des IWF »Adjustment Programs for Poverty: Experiences in Selected Countries«, Nr. 58, Occasional Papers, nach: Bulletin des IWF vom 6. Juni 1988, 164.

[12] Daß Laios nicht der Vater des Ödipus gewesen sein kann, ergibt sich aus der Analyse der beiden Familien, aus denen die archaischen Helden stammen. Normalerweise wird die erste Familie – im Falle des Ödipus die des Laios – vom Mythos erfunden. Die Familie, in die er wirklich hineingeboren wird, ist die zweite. Im Falle des Ödipus ist es die Familie des Königs Polybos von Korinth. Deshalb kann Laios nicht sein Vater gewesen sein. Trotzdem unterstellt der Mythos dies. Man muß folglich wissen, wer den

Mythos erzählt. Im Falle des Ödipus-Mythos ist es wahrscheinlich Kreon, der Bruder der Jokaste, der Frau des Ödipus. Anscheinend hat er die Macht an sich gerissen und den rechtmäßigen König vertrieben. Er erfindet dann diese Geschichte, um sich selber zu rechtfertigen. Da ihm Erfolg beschieden war, schreibt er die Geschichte und entscheidet zugleich darüber, was wahr ist.

*Sigmund Freud* benutzt dieses Kriterium in seiner Analyse der Mose-Geschichte in: *Der Mann Moses und die monotheistische Religion,* Frankfurt a.M. 1980, 25–134. Er stützt sich dabei auf *Otto Rank,* Der Mythos von der Geburt des Helden. Danach stellt er die Behauptung auf, Mose müsse ein Ägypter gewesen sein. In der Geschichte des Mose ist die erste Familie jüdisch, die zweite ägyptisch. Folglich, schließt Freud, müßte Mose Ägypter gewesen sein. Er vergißt jedoch, die gleiche Methode auf die Interpretation des Ödipus-Mythos anzuwenden. Daraus ergibt sich, daß Ödipus Sohn des Königs von Korinth und nicht Sohn des Laios, des Königs von Theben, war. Dementsprechend hat er nicht seinen Vater getötet, als er Laios umbrachte.

[13] *Freud,* a.a.O.

[14] Ebd., 131f.

[15] Ebd., 132.

[16] Ebd., 133.

[17] Ebd., 133.

[18] Ebd., 133.

[19] Vgl. *Franz J. Hinkelammert,* Del mercado total al imperio totalitario, in: *ders.,* Democracia y totalitarismo, San José (Costa Rica) 1987, 187–209, hier bes. 200–206.

[20] Vgl. *Franz J. Hinkelammert,* La política del mercado total, su teologización y nuestra respuesta, in: ebd., 167–185, hier bes. 172–180.

[21] *Jan-Hendrik Walgrave,* Oración y mística (Gebet und Mystik), in: Comunio (spanische Ausgabe), Nr. 15 (1986), 29. Wir legen im folgenden die spanische Ausgabe zugrunde, da die deutsche Ausgabe mehrere der zitierten Artikel nicht wiedergibt.

[22] *Victor Gambino Castellano,* Oración y vida cotidiana (Gebet und tägliches Leben), in: Comunio (spanische Ausgabe), Nr. 15 (1986), 14.

[23] *Georges Chantraine,* La plegaria en su ambiente eclesial (Das Gebet im Kirchenraum), in: Comunio (spanische Ausgabe), Nr. 15 (1986), 37.

[24] *Jan Ambaum,* Oración comunitaria o personal. Ensayo sobre sus relaciones (Gemeinsames oder persönliches Gebet. Ein Versuch über ihre Beziehungen), in: Comunio (spanische Ausgabe), Nr. 15 (1986), 44.)

[25] *Bernard von Clairvaux,* Liber de diligendo deo. Abschnitt 28. Obras completas de San Bernardo, Madrid 1983, hier Bd. I, 341.

[26] *Walgrave,* a.a.O., 18.

[27] Ebd., 24.

[28] Messe für die Familie, Cordoba (Argentinien), 9. April 1987.

[29] Ebd.

[30] Vgl. das Kapitel 5 dieses Buches, 169–188.

[31] *Johann Wolfgang von Goethe,* Faust, *hrsg. von Erich Trunz,* München 1972, 57.

[32] Vgl. *Franz J. Hinkelammert,* El concepto de lo político según Carl Schmitt, in: *ders.,* Democracia y totalitarismo, a.a.O., 113–131.

[33] Vgl. *Franz J. Hinkelammert,* Die ideologischen Waffen des Todes. Zur Metaphysik des Kapitalismus, Fribourg/Münster 1985.

Paulus beginnt bereits mit der Analyse des Wertgesetzes. Aber auch in diesem Fall legt er größeres Gewicht auf die innere Zerstörung des Subjekts. Das entspricht der Situation, die er zu seiner Zeit erlebt. Paulus redet davon in einem Schlüsseltext:

»Wer aber reich werden will, gerät in Versuchungen und Schlingen, er verfällt vielen sinnlosen und schädlichen Begierden, die den Menschen ins Verderben und in den Untergang stürzen. Denn die Wurzel aller Übel ist die Liebe zum Geld. Nicht wenige, die ihr verfielen, sind vom Glauben abgeirrt und haben sich viele Qualen bereitet« (1 Tim 6,9f).

Es handelt sich um das Wertgesetz. Aber es wird analysiert als Geld-Askese, die das Subjekt auf ähnliche Weise zerstört wie die Moral-Askese des rituellen Gesetzes. »Nicht wenige ... sind vom Glauben abgeirrt und haben sich viele Qualen bereitet.« Damit bezieht er sich auf die Selbstzerstörung durch die Geld-Askese. Wenn sich die Marktbeziehungen jedoch verallgemeinern und vertiefen, kommt zur Selbstzerstörung immer noch stärker die Zerstörung der anderen hinzu. Heute könnte man also ergänzen: Sie sind vom Glauben abgeirrt und haben sich und anderen viele Qualen bereitet. Das ist die neue Dimension des Wertgesetzes heute.

[34] Vgl. *Franz J. Hinkelammert,* Der Schuldenautomatismus, in: *Kuno Füssel u.a.,* »... in euren Häusern liegt das geraubte Gut der Armen«. Ökonomisch-theologische Beiträge zur Verschuldungskrise, Fribourg 1989, 79–190.


**Anmerkungen zu Kapitel 2:**
**Der Opferkreislauf in der Legitimation der okzidentalen Herrschaft: Die Iphigenie des Westens**

[1] *Aischylos,* Die Orestie, Agamemnon, Stuttgart 1987, 11.
[2] *Euripides,* Iphigenie in Aulis, Stuttgart 1984, 52f.
[3] *Euripides,* Iphigenie bei den Taurern, Stuttgart 1985, 40f.
[4] Ebd., 55.
[5] Ebd., 27.
[6] Ebd., 29.
[7] Ebd., 46.
[8] Ebd., 69.
[9] Ebd., 68.
[10] *Friedrich Heer,* Gottes erste Liebe. Die Juden im Spannungsfeld der Geschichte, Frankfurt a.M./Berlin 1986, 548.
[11] *Micha Josef Bin Gorion,* Sagen der Juden zur Bibel, Frankfurt a.M. 1980, dort das Kapitel: Von der Opferung Isaaks, 113–121.
[12] Ebd., 117.
[13] Ebd., 118.
[14] Ebd., 119f.
[15] Ebd., 121.
[16] *Léon Poliakov,* Geschichte des Antisemitismus, Worms 1979, Bd. I: Von der Antike bis zu den Kreuzzügen, 81.
[17] Ebd., 81.

[18] Ebd., 82.

[19] *Adam Smith,* Der Reichtum der Nationen, Leipzig 1924, Bd. II, 4. Buch, 7. Kapitel, 2. Teil, 173.

[20] Ebd., 173f.

[21] Ebd., Bd. I, 1. Buch, 8. Kapitel, 80f.

[22] *Friedrich A. Hayek,* Interview in: *Mercurio,* 19. April 1981, Santiago de Chile (Hayek gewährte dieses Interview anläßlich seines Aufenthaltes in Chile zur Tagung der Mont-Pellerin-Gesellschaft).

[23] *Friedrich Nietzsche,* Morgenröthe. Gedanken über die moralischen Vorurtheile. Zweites Buch, in: *ders.,* Sämtliche Werke, 15 Bde., *hrsg. von Giorgio Colli/Mazzino Montinari,* München 1988, hier Bd. 3, 9–331, hier 137f.

[24] *John Locke,* An Essay concerning Human Understanding. 2 Vol., Dover/New York 1959, hier Bd. II, 352.

[25] *Hayek,* Interview in: *Mercurio,* 19. April 1981.

[26] Vgl. *La Nación,* 20. Dezember 1985, San José (Costa Rica).

[27] Es ist nicht Hegel, der hier auftaucht, sondern gerade die liberale Tradition, die einfach umgewendet wird, indem das Privateigentum durch das Staatseigentum ersetzt wird. Wyschinski, der Chefankläger der Moskauer Prozesse, sagt nicht ein Wort, das irgendwie an Hegel erinnern könnte. Aber er sagt viele Worte, die an John Locke und Adam Smith erinnern (vgl. *Theo S. Pirker,* Die Moskauer Schauprozesse 1936–1938, München 1963).

[28] *Johann Wolfgang von Goethe,* Iphigenie auf Tauris, 1. Akt, 3. Auftritt.

[29] *La Nación,* 8. Dezember 1987, San José (Costa Rica).

[30] *Goethe,* Iphigenie auf Tauris, 1. Akt, 2. Auftritt.

[31] Ebd., 2. Akt, 2. Auftritt.

[32] Ebd., 1. Akt, 3. Auftritt.

[33] Ebd., 5. Akt, 3. Auftritt.

[34] Übers.: Niemand kann gegen Gott sein außer Gott selbst. So beginnt der 4. Teil von *Johann Wolfgang von Goethe,* Aus meinem Leben. Dichtung und Wahrheit, *hrsg. von Ernst Beutler,* Zürich/Stuttgart 1949, 727.

**Anmerkungen zu Kapitel 3:**
**Religionskritik im Namen des Christentums: Dietrich Bonhoeffer in befreiungstheologischer Sicht**

[1] Vgl. *Gustavo Gutiérrez,* Die historische Macht der Armen, Düsseldorf 1984; vgl. auch seinen Artikel »Die Grenzen der modernen Theologie. Ein Text von Bonhoeffer«, in: *Concilium,* Heft 5 (1979) 291–297.

[2] Brief vom 27. Juni 1944, in: *Dietrich Bonhoeffer,* Widerstand und Ergebung, *hrsg. von Eberhard Bethge,* München 1964, 225–227 (im folgenden zitiert als WE).

[3] Ebd., Brief vom 30. April 1944, 182.

[4] *Dietrich Bonhoeffer,* Bonhoeffer-Auswahl, *hrsg. von Otto Dudzus,* 4 Bde., München/Hamburg 1970, Bd. 4, 116.

[5] WE 259f.

[6] BA 4, 89.

[7] BA 4, 123.

[8] BA 4, 23.

[9] BA 4, 37f.

[10] BA 4, 20.

[11] BA 4, 119.

[12] BA 4, 121.

[13] BA 4, 141.

[14] WE Brief vom 14. August 1944, 263f.

[15] WE 21.

[16] WE 259.

[17] WE Brief vom 25. Mai 1944, 211.

[18] WE Brief vom 30. April 1944, 181.

[19] WE Brief vom 8. Juni 1944, 216.

[20] WE Brief vom 8. Juli 1944, 233.

[21] WE Brief vom 27. März 1944, 168.

[22] WE Brief vom 5. Mai 1944, 184.

[23] WE Brief vom 8. Juni 1944, 217.

[24] WE Brief vom 8. Juli 1944, 236.

[25] WE Brief vom 27. Juni 1944, 225.

[26] WE Brief vom 5. Mai 1944, 183f.

[27] WE Brief vom 25. Mai 1944, 211.

[28] WE Brief vom 30. April 1944, 181f.

[29] WE Brief vom 2. Juni 1944, 213.

[30] WE Brief vom 18. Juli 1944, 246.

[31] WE Brief vom 16. Juli 1944, 241f.

[32] WE, 260.

[33] BA 3, 103.

[34] WE Brief vom 18. Juli 1944, 246.

[35] WE Gedanken zum Tauftag von D.W.R., Mai 1944, 207.

[36] WE, 10f.

[37] BA 4, 150 u. 153.

[38] BA 4, 146.

[39] BA 4, 141.

[40] Vgl. *Dietrich Bonhoeffer*, Was heißt: Die Wahrheit sagen?, BA 4, 154f.

»Es ist der Zyniker, der unter dem Anspruch, überall und jederzeit und jedem Menschen in gleicher Weise ›die Wahrheit zu sagen‹, nur ein totes Götzenbild der Wahrheit zur Schau stellt. ... Er sagt, die Wahrheit sei zerstörerisch und fordere ihre Opfer, und er fühlt sich wie ein Gott über den schwachen Kreaturen und weiß nicht, daß er dem Satan dient. Es gibt eine Satanswahrheit« (BA 4, 156f).

»Lüge ist Widerspruch gegen das Wort Gottes, wie er es in Christus gesprochen hat und in dem die Schöpfung beruht. Lüge ist demzufolge die Verneinung, Leugnung und wissentliche und willentliche Zerstörung der Wirklichkeit, wie sie von Gott geschaffen ist und in Gott besteht« (BA 4, 160).

»Besser als die Wahrheit im Munde des Lügners ist noch die Lüge, besser als die Tat der Bruderliebe des Menschenfeindes ist der Haß. ... Daß das Böse in Gestalt des Lichtes, der Wohltat, ... des sozial Gerechten erscheint, ist für den schlicht Erkennenden eine klare Bestätigung seiner abgründigen Bosheit« (BA 4, 81).

[41] WE Brief vom 27. Juni 1944, 225.

[42] Vgl. dazu *Hugo Assmann u.a., Die Götzen der Unterdrückung und der befreiende Gott*, Münster 1984.


## Anmerkungen zu Kapitel 4:
## Die Todesfalle des Fortschritts: Betrachtungen zu einem Buch von Eugen Drewermann

[1] *Eugen Drewermann, Der tödliche Fortschritt. Von der Zerstörung der Erde und des Menschen im Erbe des Christentums*, Regensburg 1981.

[2] Ebd., S. 62.

[3] Rupert Riedl sagt hingegen: »Schon unser Auge bildet die Gesetze der Optik nach« (*Rupert Riedl*, Biologie der Erkenntnis. Die stammesgeschichtlichen Grundlagen der Vernunft, Berlin/Hamburg 1981, 12). Es ist genau umgekehrt. Die Gesetze der Optik bilden das Auge nach. Riedl scheint zu glauben, daß die Naturgesetze genau das wiedergeben, was »die Natur im Innersten zusammenhält« (ebd.). Die Naturgesetze sind das Produkt des Menschen, das Auge hingegen nicht. Darum ist das Auge das Wahrheitskriterium der Naturgesetze, nicht umgekehrt. Diese simple Tatsache enthält schon die Wiederlegung der gesamten Erkenntnistheorie von Riedl und vielen anderen. Was Riedl macht, ist daher eine Metaphysik des Ding an sich.

Gesetze, an denen die Evolution sich orientieren kann, müßten absolut wahre Gesetze sein. Wenn die Gesetze der Naturwissenschaften falsch sein können und sich selbst in Entwicklung befinden, kann sich das Auge nicht an ihnen orientieren. Es wüßte ja nicht, an welchem Stand der Erkenntnis es sich orientieren soll.

Sollte sich das Auge an irgend etwas orientieren, kann es nur etwas sein, das für den Menschen nicht erkennbar ist und mit dem sich die Erfahrungswissenschaft in einem schlechthin unendlichen Prozeß beschäftigt. Im strengen Sinne sind die Gesetze der Naturwissenschaft überhaupt keine Naturgesetze, sondern menschliche Gesetze, die unerkennbare Naturgesetze nachbilden. Wenn sie aber nicht erkennbar sind, welchen Sinn hat es dann, diese nicht erkennbaren Gesetze überhaupt Gesetze zu nennen? Besser: Ding an sich.

[4] *Mihailo Mesarovic/Eduard Pestel*, zit. nach *Drewermann*, a.a.O., 10.

[5] Ebd., 10.

[6] Ebd., 10.

[7] Ebd., 68.

[8] Ebd., 78, unter Anlehnung an Leibniz.

[9] Ebd., 103.

[10] Ebd., 104.

[11] Ebd., 104.

[12] Ebd., 105f.

[13] Léon Poliakov erzählt von einem Spiel der polnischen Juden, das sich »Pilpul« nannte. »Pilpul‹ (wörtlich: Pfeffer) nannte sich die geistreiche Dialektik, die darin bestand,

zwei talmudische Texte zu finden, die sich nach den Gesetzen der formalen Logik widersprechen, und dieselben dann, nachdem man deutlich ihre Unvereinbarkeit herausgestellt hat, mit Hilfe irgendeines subtilen Sophismus miteinander auszugleichen, auch wenn man dabei die Haare in vier, acht oder sechzehn Teile spalten sollte« (*Léon Poliakov*, Geschichte des Antisemitismus, Worms 1978, Bd. II, 154). Ich meine, daß dieses Spiel eine ganze Kultur der Vermittlungen zusammenfaßt. Drewermann sieht nur einen Pol, entweder den einen Schöpfungsbericht oder den anderen. Die jüdische Tradition wie die jüdische Geschichte vermitteln beide im Handeln.

[14] *Drewermann,* a.a.O., 78.

[15] Ebd., 10, spricht vom »Ende des Wachstums«.

[16] *Friedrich Engels,* zit. nach ebd., 63, dort Anm. 5.

[17] Ebd., 64.

[18] *Karl Marx,* Das Kapital, Bd. III, MEW 23, Berlin 1975, 528–530.

[19] *Drewermann,* a.a.O., 62f.

[20] Ebd., 10.

[21] »Nicht 8 oder 10 Milliarden Menschen, sondern höchstens 2 Milliarden Menschen kann unser Planet beim derzeitigen Stand der Technik und der Lebensansprüche ohne nachhaltigen Schaden vertragen« (ebd., 47). Folglich sind wir schon heute 4 Milliarden zu viel. Die heutige Bevölkerungsexplosion – die Weigerung der Geburtenbeschränkung – ist der »Sieg der Gewissenlosen« (*Herbert Gruhl,* zit. nach ebd., 61) und gibt als Beispiel die Türkei. Die Kirche spricht umgekehrt bei der Geburtenbeschränkung von Gewissenlosigkeit und hat es seit mehr als einem Jahrtausend getan. Wenn tatsächlich nur 2 Milliarden Menschen auf dieser Erde leben können, auf der es heute bereits etwa 6 Milliarden gibt, ist völlig klar, was die westliche Gesellschaft tun wird, um dieses Problem zu lösen. Sie wird das tun, was sie immer gemacht hat: Lösung durch Gewalt. Die Macht dazu hat sie. Und darf man nicht alles tun, was machbar ist?

[22] *Thomas a Kempis,* Imitatio Christi, 1492, III, cap. 48,6.

[23] Ebd., II, cap. 56,2.

[24] Ebd., II, cap. 12,11.

[25] *Drewermann,* a.a.O., 94.

[26] Ebd., 71.

[27] Man kann das alles bei *Friedrich A. Hayek* nachlesen, vor allem in seiner Nobelpreisrede: The pretention of Knowledge.

[28] Zit. nach *Poliakov,* a.a.O., 52; vgl. auch ebd., 50: »Denn es ist besser zu sterben, als einem Juden sein Leben zu verdanken.«

Anmerkungen zu Kapitel 5:
Totaler Markt und Demokratie: Demokratie und Neue Rechte in Lateinamerika

[1] *Noam Chomsky/Edward S. Herman,* The Washington Connection and Third World Fascism, Boston 1979, Vol. I, X; vgl. auch *dies.,* Manufacturing Consent, New York 1988.

[2] *Félix von Cube,* zit. nach *Helmut E. Spinner,* Popper und die Politik, Berlin/Bonn 1978, 173.

³ *La Nación*, 6. Oktober 1988, San José (Costa Rica).
⁴ *Hanna Ahrendt*, Elemente und Ursprünge totaler Herrschaft, München/Zürich 1986, 465f.
⁵ Ebd., 553.


## Anmerkungen zu Kapitel 6:
## Politisches Projekt und Utopie vor der Postmoderne

¹ Vgl.*Franz J. Hinkelammert*, Ideologícas del Desarrollo y Dialéctica de la Historia, Buenos Aires 1970; *Juan Velarde Fuentes*, El libertino y el nacimiento del capitalismo, Madrid 1981.
² Vgl. *Franz J. Hinkelammert*, Critica a la Razon Utopica, San José (Costa Rica) 1984, Kap. III: El marco categorial del pensamiento anarquista, 95–122.
³ *Stalin*, zit. nach *Hanna Arendt*, Los origenes del totalitarismo, Madrid 1974. In der deutschen Ausgabe, *Hanna Arendt*, Elemente und Ursprünge totaler Herrschaft, München/Zürich 1986, fehlt diese Textstelle. Sie wird ebd., 567, dort Anm. 32, dahingehend zusammengefaßt, daß die »höchstmögliche Entwicklung der Staatsgewalt die Bedingungen dafür schafft, daß der Staat abstirbt.«
⁴ *F.A. Hayek*, Interview mit der Tageszeitung El Mercurio, Santiago de Chile, 23. April 1981 (Hervorhebung von F.J.H.).
⁵ *Gentile*, zit. nach *Leonardo Schapiro*, El Totalitarismo, Mexiko 1972, 59.
⁶ Die Moral dieser gesellschaftlichen Ingenieurswissenschaften, die den Menschen als »Menschenmaterial« oder humanes Kapital betrachten, bringt Hayek auf folgende Formel: »Eine freie Gesellschaft braucht eine bestimmte Moral, die sich letztlich auf die Erhaltung des Lebens beschränkt: nicht auf die Erhaltung allen Lebens, denn *es könnte notwendig werden, das eine oder andere individuelle Leben zu opfern zugunsten der Rettung einer größeren Anzahl anderen Lebens*. Die einzig gültigen moralischen Maßstäbe für die Kalkulation des Lebens können daher nur sein: das Privateigentum und der Vertrag« (*F.A., Hayek*, Interview mit El Mercurio, 19. April 1981, Santiago de Chile [Hervorhebung von F.J.H.]).

Hier haben wir es mit der Moral von Menschenopfern zu tun, die derjenigen der Azteken weit überlegen ist. In Chile hat man gegenüber dem Präsidentenpalast »La Moneda« einen »Altar des Vaterlands« mit einer ewigen Flamme errichtet, weil die katholische Kirche sich weigerte, die Altäre ihrer Kathedralen den Militärs zur Feier dieser Menschenopfer zu überlassen. In Argentinien geschah das jedoch, deshalb erübrigte sich dort der Bau eines Altars des Vaterlandes. Bemerkenswert ist die tiefe Verwurzelung der Opferidee in der Ideologie der Nationalen Sicherheit, die mit der Opferidee Hayeks völlig übereinstimmt. Die Militärs machen jedoch aus ihrer Idee des Menschenopfers ein Selbstopfer, indem sie darauf bestehen, daß sie sich selbst zum Opfer brachten, als sie den schmutzigen Krieg entfesselten. Sie haben sich dafür geopfert, andere zu opfern. Himmler interpretiert in seiner berühmten Posener Rede von 1943 die Opfermoral der SS ebenso.
⁷ Hans Albert nimmt es auf sich, diesen Prozeß theoretisch zu erfassen: »Der Traum von der Abschaffung staatlicher Macht ist jedoch nicht mehr nur ausschließlich Teil

der sozialistischen Vision von der Zukunft. Auf der rechten Seite des politischen Spektrums entsteht ein radikales Konzept von Kapitalismus, das in dieser Beziehung ähnliche Begriffe entwickelt. Diese Einheit von Anarchismus und Kapitalismus ist einleuchtender als der romantische Anarchismus sozialistischer Observanz. ... Offenbar kann man plausibel machen, daß mit der Privatisierung ehemals staatlicher Funktionen ein solches Ziel (die Anarchie) wenigstens prinzipiell erreichbar ist« (*Hans Albert,* Traktat über rationale Praxis, Tübingen 1978, 97f).

Das alles präsentiert sich als neuer Realismus, als der Realismus der Forderung nach einem absoluten Staat, um für alle Zeit den absoluten Staat unmöglich zu machen; als der Realismus von Menschenopfern, damit in Zukunft mehr Menschen mehr Lebenschancen haben; als der Realismus, die gegenwärtige Generation zu opfern zugunsten der zukünftigen, und als der Realismus der Abschaffung des Staates, der jetzt endlich das adäquate Mittel gefunden hat: einen radikalen Kapitalismus statt des romantischen Anarchismus eines Bakunin. Aber unserer Meinung nach ist dieser neue Realismus nichts weiter als eine alte Fiktion, nur vielleicht noch viel gefährlicher. Er ist für mich eine totalitäre Ideologie, die Moderne im Extrem. Abschaffung des Staates durch Verabsolutierung des Marktes; Menschenopfer jetzt für mehr Menschenleben morgen; vom totalen Markt zum totalen antisubversiven Krieg. Das Schema, das zweifellos den meisten Theorien über die Postmoderne zugrunde liegt, ist komplett. Hinter einem scheinbar sanften Denken verbirgt sich eine extrem rigorose Einstellung, die das letzte Gefecht plant. Zu dem strukturellen Mechanismus dieses totalitären Prozesses vgl. *Franz J. Hinkelammert,* Vom totalen Markt zum totalitären Imperium, in: *Das Argument,* Nr. 158, Juli/August 1986.

[8] Siehe *Karl Schmitt,* Der Begriff des Politischen, Berlin 1963.

[9] Vgl. *Maria Teresa Ruiz,* Racismo algo mas que discriminación, in: *Pasos,* San José (Costa Rica), Nr. 7, August 1986.

[10] Vgl. *Jorge V. Pixley/Clodovis Boff,* Option für die Armen, Düsseldorf 1987.

[11] Vgl. dazu *Meinrad Scherer-Emunds,* Die letzte Schlacht um Gottes Reich. Politische Heilsstrategien amerikanischer Fundamentalisten. Mit einem Vorwort von Franz J. Hinkelammert, Münster 1989.

[12] Vgl. *Hans Albert (Hrsg.),* Theorie und Realität, Tübingen 1964, mit einer Einleitung von Hans Albert, 3–72.

[13] Vgl. *Mario Bunge,* Filosofía de la Cienca, Barcelona 1978. Er sagt: »Die Prinzipien sind im strengen Sinne nicht mehr kontrastierbar. In der Tat können sie aus sich selbst kein Teilproblem lösen, und zwar dadurch, daß sie keine spezifischen Voraussagen treffen können« (ebd., 62). Er hätte sagen sollen, daß diese Prinzipien im strengen Sinne nicht falsifizierbar sind. Deshalb greift er auf die Kontrastierung zurück. Dieser Begriff führt jedoch in die Nacht, in der alle Katzen grau sind. Selbst die Mathematik wird zur konstrastierbaren, wenn auch niemals falsifizierbaren Wissenschaft. Vgl. dazu *Franz J. Hinkelammert,* El criterio de la falsabilidad en las Ciencas Sociales, in: El sujeto como objeto de las ciencias sociales, Serie Teoría y Sociedad, Nr. 8, Bogotá 1982.

Bei dem Bemühen, den Marxschen Theorien Unwissenschaftlichkeit nachzuweisen, gibt es folglich nur die Alternative: entweder alle Gesellschaftswissenschaft für unwissenschaftlich zu erklären, um damit auch die Marxsche Theorie zu treffen (Hans Albert), oder völlige Willkür in der wissenschaftlichen Beurteilung von Theorien walten zu lassen, die es gestattet, Theorien als unwissenschaftlich zu deklarieren, sobald sie nicht falsifizierbar sind (Mario Bunge). Erschossen oder gehenkt – das ist hier die Alternative. Daß das Bemühen, der Marxschen Theorie Unwissenschaftlichkeit nachzuweisen, bei solcher Alternative endet, diese reductio ad absurdum beweist geradezu die Wissenschaftlichkeit der Marxschen Theorie.

[14] Vgl. *Franz J. Hinkelammert,* La metodología de Max Weber y la derivación de estructuras de valores en nombre de la ciencia, in: *ders.,* Democracia y totalitarismo, San José (Costa Rica) 1987, 81–111.

[15] Vgl. *Franz J. Hinkelammert,* Critica a la razon utopica, Kap. 5, 157–228.

[16] Durch Verwerfung der Totalität soll ein Denken möglich werden, das angeblich frei ist von der Idee der Totalität. Diese Grundentscheidung vollzieht sich stets in drei Schritten: 1. Wie gut wäre es, die Totalität erfassen zu können? 2. Die menschliche Natur ist dazu jedoch nicht fähig, deshalb ist es unmöglich. 3. Wir haben also zu denken, ohne uns auf die Totalität zu beziehen.

Das Argument ist nicht haltbar, denn es ergibt sich eben aus dem Bezug zur Totalität. In dem Maße, in dem eine Reflexion bestimmt wird von ihrem Bezug zur Totalität, in eben dem Maße wird auch die Reflexion aller Einzeltatsachen von der Idee der Totalität mitbestimmt. Das ändert sich auch dann nicht, wenn man die Erfassung der Totalität als unmöglich bezeichnet.

An dieser Widersprüchlichkeit leidet die ganze analytische Philosophie. Das gilt auch für das politische Denken von Karl Schmitt. Seine entschiedene Zurückweisung der Totalität kann nicht darüber hinwegtäuschen, daß die These, die Erfassung von Totalität sei unmöglich, konstitutiv ist für seine gesamte Theorie. Ist diese These konstitutiv, dann ist es auch die Idee der Totalität. Nähme man diesem Denken, das angibt, sich von der Idee der Totalität gelöst zu haben, die Grundthese von der Leugnung jeder Totalität, dann bliebe nichts anderes zurück als ein Torso.

[17] Vgl. *Franz J. Hinkelammert,* La Historia del Cielo: Problemas del Fundamentalismo Cristiano, in: *ders.,* Democracia y totalitarismo, 241–256.

[18] Vgl. *Franz J. Hinkelammert,* El Dios mortal: Lucifer y la Bestia. La legitimación de la dominación en la Tradicion Cristiana, in: *Elsa Tamez/Saul Trinidad,* Capitalismo: Violencia y anti-vida, San José (Costa Rica) 1978, 199–313.

# €l)( *edition liberación*

**Buch des Monats**
(in: Publik-Forum Nr. 23/1988)

Renold J. Blank
**Der Aufstand des domestizierten Gottes**
Mit einem Vorwort von Leonardo Boff.
Illustrationen – ausgewählt und erläutert von
Franz Joseph van der Grinten
176 S., kt., DM 22,80, ISBN 3-923792-27-1

Norbert Copray schreibt zum Buch des Monats:
»Der in Brasilien lebende Schweizer Renold Blank
hat eine an Intensität und Sprachgewalt beein-
druckende Textcollage entwickelt, ein Zeugnis für
die persönliche Auseinandersetzung mit dem
Gottesbild. Für Blank ist der Wohlstandsgott, der
Konsum und Wohlstand religiös garnieren und
überhöhen soll, ein Götze, ein »domestizièrter
Stubengott«. Er wurde auf die zahme Größe einer
Westentasche gebracht, so daß er nicht stört und
bei Gefallen gebraucht werden kann. Dagegen
steht Gott, der Störenfried, der Gerechtigkeit will,
der den Pakt zwischen Wohlstand, Geld, Macht
und Religion als falschen Frieden sprengt. Blanks Collage verbindet biblische
Sentenzen und Werbesprüche unserer Konsumgesellschaft mit den zwiespältigen
Erfahrungen und Gedanken eines Menschen, der mit je einem Bein in beiden Welten
steht.«
Illustriert ist der Text des Buches mit 25 Bildern von Joseph Beuys, Jürgen Brodwolf,
Herbert Falken, Rudolf Hoflehner und Arnulf Rainer. »Die Abbildungen vertiefen die
Collagetheologie Blanks, weil sie den Konflikt um Gott als Streit des Menschen um
seine Würde und Zukunft durchsichtig machen« (Norbert Copray).
Franz Joseph van der Grinten, der diese Bilder auswählte, schreibt dazu: »Wahrheit,
die nicht provozieren würde, wäre tot: nur Berührung zeugt von Leben, und die irri-
tierende ist wohl auch die lebendigere. Die Stimme des Rufenden in der Wüste trägt
weiter als die an Fürstenhöfen und aus weichen Kleidern, das ist eines der Paradoxa,
die uns ins Stammbuch des Bewußtseins geschrieben worden sind: wenn unsere
großen Wahrheiten nicht mehr provozieren, liegt es an ihrer Verpacktheit, der Ein-
wicklung, die auch uns einwickelt; wo nur ja niemand gestört werden soll, schläft
alles ein, und wenn alle Guten schlafen, kommt – auch das ist uns ins Bewußtsein
geschrieben worden – der böse Feind und sät die Saat des Übels, und nach
Maßgabe dessen, wie sehr wir uns gegenwärtig mit dieser Saat herumzuschlagen
haben, muß dieser unser guter Schlaf tief gewesen sein. Und wird nicht immer noch
geschlafen, wird nicht immer noch einschläfernd gesummt?«
Leonardo Boff schreibt in seinem Vorwort: »Das drohendste Problem heute ist nicht
der Atheismus, sondern der Götzendienst; die Manipulation des Gottesbildes und
die Domestizierung jener befreienden Kraft, die im biblischen Gott gegenwärtig ist.
Dieser Gott wird manipuliert zum Vorteil der Interessen von Klassen und religiösen
Gruppen, welche ihrerseits die anderen ausschließen und so den Weg zur Befreiung
der Unterdrückten verunmöglichen. Den Weg jener, die aus dem Glauben heraus
ihre Kraft beziehen und die Begründung für ihren Kampf zur Veränderung der
Gesellschaft, für ihre Suche nach Teilnahme und Gerechtigkeit.«

**Bitte fordern Sie unser Gesamtverzeichnis an:**
**edition liberación · Hafenweg 26b · Postfach 1744 · D-4400 Münster · Tel. 02 51/66 20 98**

# ⊕X *edition liberación*